宽容

Tolerance

〔美〕亨德里克·威廉·房龙 / 著
吴奕俊 陈丽丽 / 译

江西人民出版社
Jiangxi People's Publishing House

Tolerance

Hendrik Willem Van Loon

据 Boni&Liveright 1925 年英文原版译出

前言

亨德里克·威廉·房龙1882年生于荷兰鹿特丹，他曾在美国康奈尔大学和德国慕尼黑大学求学并获得博士学位。在成为专职作家之前，他曾当过教师、编辑、记者和播音员。年轻时，房龙靠写书维持生计，他根据自己的博士论文改写的《荷兰共和国的衰亡》虽然因为风格新颖而备受好评，但销量惨淡。然而，一位芝加哥的书评家却认为如果房龙接着写历史，将来畅销书排行榜上必有历史类图书的一席之地。

从1913年起，房龙笔耕不辍，他接连写了《文明的开端》《人类的故事》《圣经的故事》和《宽容》等著作。他的作品先是在美国畅销，后又被译成多种文字出版，成为畅销世界的经典。中国自上世纪20年代开始翻译出版房龙的著作。

房龙的作品基本上都围绕着人类生存与发展最本质的问题展开讨论，勇于揭示人类的无知与偏执。其作品的独特之处在于它通俗易懂，并赋予历史人物血肉和灵魂，普罗大众都能通过房龙的作品读懂历史。

《宽容》以独尊教权的欧洲对思想自由的倡导为主线，展示了人类社会为了追求思想自由的权利而经受的苦难，谱写出一部波澜壮阔的人类思想解放史。

《宽容》于1925年出版。1940年再版时，正是法西斯势力如日中天的时候。面对大行其道的法西斯，房龙说："宽容的理想在近十年内惨淡地破灭，我们如今的时代还没有超脱仇恨、残忍和偏执。纳粹主义、法西斯主义以及各种形形色色的偏见与片面的民族沙文主义和种族歧视开始让抱有希望的人们相信，我们已经不知不觉地回到了中世纪。”宽容不是纵容，房龙提倡宽容，意味着跟不宽容的法西斯势力毫不妥协地斗争。

房龙非常清楚一部《宽容》无法扭转乾坤。因为恐惧是不宽容的根源，是人类与生俱来的本能。但他坚信人类完全战胜恐惧的那天一定会到来，所以他在书的最后一章写道：“宽容总有一天会大行其道……为了这一天，我们可能要等一万年，也可能要等十万年。但是，只要人类战胜自己的恐惧，这一天就不会遥远。”为了证明人类是有希望的，是可以战胜恐惧的，他从十三章开始用大量的篇幅勾勒出以伊拉斯谟、拉伯雷、索齐尼、蒙田、斯宾诺莎等人为代表的宽容斗士的群像。房龙不是在简单地介绍历史，而是想通过历史来分析不宽容现象的根源。

总体来看，书中的不宽容大致可以分为三类。第一类是因为人们固执地坚持陈旧的世界观而无法接受不同的事物。本书开篇的序言说的便是这种不宽容，作者用一篇开宗明义的寓言生动地描述了新旧势力之间的斗争，具有超前思想的人往往会受到守旧势力的极力反对，继而成为旧世界的敌人。第二类不宽容是因为无知。无知的人面对未知的恐惧会建造城堡来保护自己，在城堡之中，这类无知的人因为恐惧而变得嗜血，同时又喜欢以上帝的子民自居。在宗教势力的控制下，大部分人从不怀疑这种思想的正确性。教权独裁者们建立裁判所，以神的名义去折磨他们所谓的敌人。教皇乌尔班二世以参加远征的人可以赦免罪孽而战死者可以升入天堂为诱惑，鼓励民众参加十字军。从此，教权统治下的欧洲与阿拉伯世界开始了长达百年的血腥战争。第三类不宽容是因为专制者只维护自己的利益。当他们自己的利益受到侵犯时，自然就产生了失去利益的恐惧，从而导致了不宽容。

无论是哪一类不宽容，基本都是以某种神圣的名义垄断真理，扼杀个体的权利和自由。虽然人类文明发展到如今早已摆脱了宗教偏执的恐怖，但人们依然得忍受种族不宽容、社会不宽容以及许多其他的不宽容。无论是因为对新思想的忌惮而导致的不宽容，还是对未知的害怕而导致的不宽容，又或是为了维护自己的利益而导致的不宽容，在房龙的笔下，都可以归结为恐惧。人正是因为无知而恐惧，因为恐惧而不宽容。在不宽容的笼罩下，无数人惨遭迫害，不管被迫害的方法和形式是什么，都源自恐惧。被迫害的凶残程度与施加迫害者的恐惧程度成正比。

在原始社会，人类是没有宽容可言的。因为人类每时每刻都要面对无法生存的恐惧，因此必须遵守上一辈传下来的“律法”以确保种族的延续并防止有人破坏“律法”。之后从希腊到罗马，宽容都是主流思想。“自己活，也让别人活”这句谚语正是来自古罗马。在罗马帝国宣布基督教合法后，随着基督教势力与日俱增占据绝对主流，西方的文化开始被基督教禁锢。教会之所以大权在握，是因为本来对下层人民布施的教会在罗马衰落时与世俗权力做了交易，而教会产生于相对无知的阶层，这一阶层认为自己的无知才是纯洁的信仰，只有杀掉异己，毁掉其他宗派的庙宇和典籍才能让上帝赐福于自己。因此，整个西方世界陷入无知和恐惧之中，社会也因此变得极不宽容。教会对科学和不同观点异常恐惧，直到文艺复兴和宗教改革后，这一情况才得到缓解。但令人遗憾的是，宗教改革之后的新教对其他的异己仍然极不宽容。所以房龙说：“在中世纪，出现了囚禁精神和心智的监狱，它无处不在。新教徒摧毁了旧的牢笼，他们用废墟中的材料建起了自己的监狱。”1517 年后，各种教派的禁区越来越多，而追求思想自由的人只能在不同禁区之间的“无人区”生存。

当我们面对扑朔迷离的世界而感到困惑时，翻开房龙的《宽容》，你会发现这部超前的著作早就给我们指明了方向。在最后一章，作者阐释了“宽容”更广泛的意义，这种“宽容”不仅仅是东方传统意义上的宽容，更是“容许别人有行动和判断的自由，对不同于自己或传统观点的见解要耐心公正地容忍”。

思想的束缚、嗜血的战争和种族的歧视等不宽容现象都在呼唤宽容，我们渴望和平的日子，但同时我们也有责任和义务，并不能将宽容视为冷漠，宽容不是对邪恶的一味容忍和退让。在探讨宗教冲突的电影《天国王朝》中，主人公在诠释骑士精神时说的一段话给出了很好的解释——“即使处于王权之下霸者之前，人，不可不问一己良知。当你站在上帝面前时，你不可推说迫于无奈，不可推说当时是权宜之计。很多事情推卸不得。”

房龙说：“凡是为宽容而战的人，不论彼此有什么不同，至少有一点是相同的，他们的信仰总是存在怀疑。他们真心相信自己是正确的，却又不会太绝对。”他相信，任何只顾自己而让他人走投无路的做法最终都会让当权者自取灭亡。在历史发展的长河中，任何时代的进步与繁荣总是伴随着宽松的气氛和宽容的精神。无论哪个国家和民族，但凡排斥宽容，不管它们曾经在历史上有多么辉煌，最终都会不可避免地走向衰落。

要想真正地实现宽容，必须要遏制人们对新事物的恐惧。先贤思想的火花正是点燃人们心中良知的火种。《宽容》虽然是在回顾历史，但我们可以从中解读当下与未来。唯有鉴古知今，跳出历史悲剧的循环，才有向前发展的希望。

吴奕俊

2016 年 2 月于广州

目录
contents

序 / 01

第一章 / 无知的暴虐 001

第二章 / 希腊人 010

第三章 / 禁锢的开始 041

第四章 / 诸神之黄昏 051

第五章 / 禁锢 069

第六章 / 生活的纯洁 077

第七章 / 宗教法庭 087

第八章 / 求知的人 101

第九章 / 向书籍开战 112

第十章 / 关于一般历史书，尤其是本书 118

第十一章 / 文艺复兴 122

第十二章 / 宗教改革 129

第十三章 / 伊拉斯谟 140

第十四章 / 拉伯雷 153

第十五章 / 换掉旧招牌的新招牌 162

第十六章 / 再洗礼派教徒 180

第十七章 / 索齐尼一家 188

第十八章 / 蒙田 197

第十九章 / 阿米尼乌斯 202

第二十章 / 布鲁诺 211

第二十一章 / 斯宾诺莎 216

第二十二章 / 新天国 228

第二十三章 / 太阳王 239

第二十四章 / 腓特烈大帝 243

第二十五章 / 伏尔泰 246

第二十六章 / 百科全书 264

第二十七章 / 革命的不宽容 271

第二十八章 / 莱辛 280

第二十九章 / 托马斯·潘恩 291

第三十章 / 过去一百年 296

01

序

在宁静祥和的“无知山谷”中，人类幸福地生活着。

“永恒山脉”向东西南北蜿蜒绵亘。

一条知识的小溪缓缓地流过深邃破败的溪谷。

它源自昔日的群山。

它消失于未来的沼泽。

这条小溪并不像大江大河一样波涛滚滚，但对于需求浅薄的村民来说已经绰绰有余。

晚上，村民们喂毕家畜，灌满了水桶，便满意地坐下来享受生活。

守旧的老人们被搀扶出阴凉的角落，他们在那儿度过了整个白天，对着古书里神秘莫测的内容沉思冥想。

他们向儿孙们说着奇怪的话，可是孩子们的心思却都放在从远方带来的漂亮卵石上面。

这些话往往含糊不清。

不过，它们是一千年前由一个被遗忘的民族写下的，因此很神圣。

因为在“无知山谷”里，古老的东西总是备受尊敬，敢否认祖先智慧的人会被所有的正人君子冷落。所以，大家都和睦相处。

但恐惧总是伴随着人们。他们要是得不到园中果实中应得的那份，该怎么办呢?

深夜，在小镇的狭窄街巷里，人们轻声讲述着关于那些敢于提问的男男女女情节模糊的故事。

后来他们走了，再也没有人见过他们。

另一些人曾试图攀上挡住太阳的高耸石墙。

但他们的累累白骨却留在了石崖脚下。

年复一年。

在宁静祥和的“无知山谷”中，人们幸福地生活着。

—※—

黑暗中爬出来一个人。

他双手的指甲已经磨破。

他的脚上缠满了破布，长途跋涉时流出的鲜血已将布浸泡成了红色。

他跌跌撞撞地敲了最近一间小屋的门。

然后他昏了过去。借着颤动的烛光，他被抬上一张小床。

到了第二天早晨，全村都已经知道“他回来了”。

邻居们站在周围，摇着头。他们一直都知道一定会有这样的结局。

对于敢于离开山脚的人而言，失败与屈服在等待着他们。

在村子的一角，守旧老人们摇着头，悄悄地说着恶言恶语。

他们并不是天性残忍，但律法就是律法。这个人违背了守旧老人们的意愿，他犯了大错。

他的伤一好，就必须接受审判。

守旧老人们想宽大处理他。

他们想起了他母亲那双奇异而闪亮的眸子，也回忆起他父亲三十年前在沙漠里失踪的悲剧。

不过，律法就是律法，必须遵守。守旧老人们会执行到底。

—※—

他们把流浪者抬到集市，人们都毕恭毕敬，安静地站在周围。

流浪者由于饥渴，身体还很虚弱，守旧的老人们要求他坐下。

他拒绝了。

他们命令他闭嘴。

但他偏要说。

他背对着老人们，目光搜寻着不久以前还和他同道的人。

“听我说……”他恳求道，“听我说，大家都高兴起来！我从群山的那边回来，我的双脚踏上了新鲜的泥土，我的双手接触到了其他的民族，我的双眼看到了各种奇景。

“小时候，父亲的花园就是我的整个世界。

“早在创世之初，花园东西南北四个方向的边界就已确定。

“当我问那边藏着什么，大家都在不停地摇头，要我噤声。可我偏要问，他们便把我带到岩石上，让我看那些敢于蔑视上帝的人留下的森森白骨。

“我喊着‘撒谎！上帝喜欢勇敢的人！’，这时守旧老人们走过来，对我读起圣书中的内容，他们解释说律法已经决定了天堂与人间中万物的命运。山谷是我们的，由我们掌管。野兽、花朵、果实和鱼群都属于我们，都听从我们的命令。但群山是上帝的，我们永远都不应该去探寻群山那边的事物，直到世界末日。

“所以他们撒了谎，他们在欺骗。他们对我撒谎，就像对你们撒谎一样。

“那边的山中有牧场，草地同样肥沃，男男女女和我们一样有血有肉，城市都经过了千年的精心雕琢，宏伟壮丽。

“我已经找到了一条路，能通往更美好的家园。我已经看到了幸福生活的曙光。跟我来，我会带领你们去那边。因为上帝不仅爱这里，他爱所有的地方。”

—※—

他停住了，人群里发出一声恐怖的喊叫。

“亵渎！”守旧的老人们叫喊着：“这是在亵渎神灵！这是罪行！给他应有的惩罚吧！他已经丧失了理智，竟然敢嘲笑一千年前定下的律法。他死有余辜！”

他们举起了沉重的石块。

他们杀死了这个人。

他的尸体被扔到了山崖脚下。杀一儆百，他们以此告诫所有质疑祖先智慧的人。

—※—

没过多久，一场大旱爆发。知识的小溪干涸，牲畜因为干渴死去，庄稼在田野里枯萎，“无知山谷”里饥荒肆虐。

不过，守旧老人们并没有灰心。他们预言说这一切最后都会转危为安，因为那些最神圣的篇章里就是这样写的。

另外，他们自己只要一点食物就足够了。他们已经很老了。

—※—

凛冬降临。

村庄里变得人烟稀少。

超过半数的人因为缺衣少食已经死去。

活着的人的唯一希望在群山那边。

但是律法却说，“不行！”

必须遵守律法。

—※—

一天夜里，叛乱爆发。

绝望将勇气赋予了那些因为恐惧而沉默的人。

守旧老人们无力地反对着。

他们被推到一旁，继续抱怨。他们诅咒子孙们忘恩负义。不过，当最后一辆马车驶出村子时，他们叫住车夫，强迫他把他们也带走。

向未知世界的逃亡开始了。

—※—

那个流浪者归乡已经是很多年以前的事情了，要找到他开辟的道路并非易事。

成千上万人死于饥渴后，人们才找到第一座用石子堆起的路标。

之后的旅程轻松了一点。

那个细心的先驱者已经在丛林和无边无际的乱石荒野中掘出了一条清晰的路。

这条路一步一步把人们引向新世界的绿色牧场。

人们面面相觑，无言以对。

“他到底是对了！”他们说：“他对了，守旧的老人们错了……”

“他说了实话，守旧的老人们撒了谎……”

“他的尸骨还在山崖下腐烂，但守旧的老人们却坐在我们的车子里，吟唱着那些老掉牙的诗……”

“他救了我们，而我们杀了他……”

“我们对这件事很内疚。如果当时我们知道的话，当然就……”

然后，他们解下了马匹和牛群的套具，把奶牛和山羊赶进牧场。他们给自己建起房屋，规划好自己的土地。从此之后的很长一段时间里，他们又过起了幸福的生活。

—※—

几年后，人们建起了一座新大厦作为智慧老人的住处，并尝试将勇敢先驱者的遗骨埋在其中。

庄严肃穆的队伍回到如今荒无人烟的山谷。但当人们到达先驱者的遗骨所在地时，遗骨却不知所踪。

饥饿的豺狼早已把尸首拖入了自己的洞穴。

于是，人们在先驱者足迹的尽头（现在那儿已成了一条大道）放了一块小石头，石头上刻着先驱者的名字——一个最先向未知世界的黑暗恐怖发起挑战的人的名字。是他引导人民走进了新的自由。

石头上还写明了它是由感激不尽的后人所立。

—※—

这类事情过去有，现在有，但我们希望将来不再重演。

第一章　无知的暴虐

公元 527 年，弗雷维厄斯・阿尼西厄斯・查士丁尼成为东罗马帝国的统治者。

这个塞尔维亚的农夫（他来自乌斯科布，这里在后来的战争中是铁路交通要道，争议频出之地）对书本知识一窍不通。在他的命令下，古雅典的哲学学派最终被压制。也正是他关闭了唯一的一座埃及庙宇。自从信仰新基督教的教士入侵尼罗河谷之后，这座庙宇依然延续了百年香火。

庙宇坐落在一个叫菲莱的小岛上，离尼罗河的第一个大瀑布很近，有史以来，这儿就是朝拜伊西斯的圣地，不知出于什么原因，只有这位女神香火不断，而非洲、希腊和罗马诸神早已可悲地不见踪影。直到六世纪，这座岛屿一直是解读古老而神圣的象形文字的唯一场所，在奇奥普斯法老治下的其他地方早已忘却了这项工作，只有为数不多的教士不懈地坚持着。

而现在，在被称为“皇帝陛下”的文盲农夫的命令下，庙宇和毗邻的学校被宣布为国家财产，神像和塑像被送到君士坦丁堡的博物馆，教士和象形字书法家被投入监狱。当他们中的最后一个人由于饥寒交迫而死去，具有悠久传统的象形文字书法便成了失传的艺术。

实在是可惜。

假如查士丁尼（遭咒的家伙）当时手下留情，将几个古老的象形文字专家救到类似“诺亚方舟”的安全之处，那会使历史学家的工作容易得多。虽然我们能再次拼出古怪的埃及词汇（都拜商博良[①]的天才所赐），却仍然很难理解它们传递给后代的信息的内在含义。

在古代世界的各民族中，这类事情数不胜数。

蓄有大胡子的奇怪巴比伦人给我们留下无数座刻满宗教文字的砖场，让我们不禁想象他们曾虔诚地呼喊：“将来有谁能够理解天堂中诸神的忠告？”他们不断祈求圣灵的庇护，力图理解圣灵的律法，把圣灵的旨意刻在他们最神圣城市的大理石柱上。他们是怎样看待这些圣灵的？他们有时无比宽容，鼓励教士们研究天国，探索陆地和海洋；同时他们又是最残忍的刽子手，邻居稍微疏忽了如今早已无人注意的宗教礼节，这些刽子手便将骇人听闻的惩罚施行在他们头上。这又是为什么？

到现在我们也不明白。

我们派出了探险队去尼尼微，在西奈的沙漠上发掘古迹，解读了长达几英里的楔形文字书版。在美索不达尼亚和埃及各地，我们都竭尽全力寻找能打开神秘智慧宝库大门的钥匙。

---

①让-弗朗索瓦·商博良（1790—1832）。法国著名历史学家、语言学家、埃及学家。

突然，也完全是偶然的机会，我们发现宝库的后门其实一直对人们敞开，我们随时都可以进去。

然而，这扇小小的方便之门并不在阿卡达或孟菲斯附近。

它耸立在丛林的深处。

异教庙宇的木柱几乎把它隐藏了起来。

我们的祖先在寻找易于抢掠的目标时，接触了他们喜欢称之为“野人”或“野蛮人”的人。

这次遭遇并不愉快。

可怜的野蛮人，误解了白人的用心，还举着长矛和弓箭欢迎他们。

来访者却用大口径霰弹枪回敬。

从那以后，心平气和、不带偏见的思想交流变成了奢望。

野蛮人总是被描写成肮脏、懒惰的废物，信奉鳄鱼和枯树，任何灾难都是他们应得的报应。

之后便是十八世纪的转折。让－雅克·卢梭首先透过布满伤感泪水的蒙胧双眼观察世界。同时代的人被他的思想打动了，纷纷掏出手绢加入啜泣者的行列。

愚昧的野蛮人是他们最喜欢谈及的对象，在他们看来（尽管他们从未见过），野蛮人是环境的不幸牺牲品，是人类各种美德的真正体现，三千年腐败的文明制度已经剥夺了人类的这些美德。

现在，至少在这个特别的调查领域里，我们知道得更清楚。

我们研究原始人就像在研究较高级的家畜，其实他们离我们并不久远。

一般来说，我们的辛苦总能换来回报。野蛮人实际上正是身处恶劣环境中的我们自己，只是没有被上帝感化而已。通过对野蛮人的仔细研究，我们开始了解尼罗河谷和美索不达尼亚半岛的早期社会；对野蛮人彻底的研究使我们能管中窥豹，了解埋藏在人类五千年形成的风俗习惯薄壳下怪异的本能。

这些发现并不总能让我们感到自豪。再者，我们了解到许多环境我们没有经历过，前人在很多方面已经取得了业绩，这只能给予我们新的勇气对待手中的工作。除此之外，如果还有别的什么，那就是新发现会让我们对落后的异族兄弟们要宽容一些。

这本书不是人类学指南。

这是一本奉献给“宽容”这个主题的书。

但是宽容是个很宽泛的命题。

人喜欢发散思维，一旦脱离惯常的轨迹，只有天知道思绪将飘向何方。

所以，我用半页的篇幅，确切地解释一下我所谓的“宽容”。

语言是人类社会最富有欺骗性的发明之一，所有的定义都是武断的。因此谦逊的学生就应该向大多数人认为是权威的著作请教。而权威著作正是用这些人的语言写就的。

我说的是《大英百科全书》。

该书第 26 卷 1052 页这样写道：“宽容（来源于拉丁文 tolerare，意为忍受）：容许别人有行动和判断的自由，对不同于自己或传统观点的见解有着耐心而公正的容忍。”

也许还有其他定义，不过就这本书的目的，我很乐意接受《大英百科全书》的解释。

既然我基本上已经将自己（不论好坏）固定在了某个明确的宗旨上，我还是回到野蛮人身上，告诉你们我从已有记载的原始社会形态中发现了什么样的“宽容”。

人们现在依然认为，原始社会非常简单，原始语言只是由几声简单的咕哝组成,原始人的自由只是在社会变得“复杂”起来时才不复存在。

近五十年来，探险家、传教士和医生对中非、北极地区和波利尼西亚进行了考察，得出的结论截然相反。原始社会很复杂，原始语言的形式、时态和变格比俄语和阿拉伯语的还要多，原始人不仅现在是奴隶，在过去和将来也是奴隶；总之，原始人是悲惨的生灵，生于恐惧，死于战栗。

相比通常对野蛮人的想象，我的观点似乎大相径庭，不再是勇敢的红肤色的人悠闲自得地在大草原上漫游，寻找野牛和敌人的头皮，不过这更接近于事实。

情形会怎么样呢?

我读过许多神奇的故事，但其中缺少了关于人类生存的传奇。

人这种最脆弱的物种是以什么方式，能抵御细菌、柱牙象、冰雪和炎热的侵袭，最终成为万物的主宰，我在本章就暂不回答这些问题了。

不过可以肯定的是，仅靠一个人是绝不可能完成的。

为了获取成功，人不得不放弃个体特性，而融入复杂的部落中。

原始社会被一个信条主导，即至高无上的生存欲望。

但这也并非易事。

因此，所有其他欲望都得服从于这唯一的最高要求——生存。

个体无足轻重，集体事关重大。于是，部落成了活动的堡垒，自成一体，群策群力，只有在排斥一切异类的东西后，才能安全地生存。

但问题实际上比表面看起来的更复杂，我的话只适用于有形世界，但在人类发展初期，有形世界与无形世界相比，实在微不足道。

为了充分理解这一点，我们必须牢记，原始人与我们不同，他们并不懂因果法则。

如果我坐在有毒的常青藤中，我会怪自己太粗心，派人去请医生看病，并让人尽快除去那些东西。辨明因与果的能力让我明白，有毒的常青藤会引发皮疹，医生会给我开药止痒，除去毒藤可以避免痛苦的经历再次发生。

真正的野蛮人的反应却迥然不同。他不会把皮疹和毒藤联系起来。他生活在一个过去、现在和未来盘根错节的世界里。死去的首领都变成了天神，死去的邻居则成了幽灵，仍然是部落中看不见的成员。无论活着的野人到哪儿，这些幽灵都一路跟随，与活人同吃同睡，一起看守大门。野人必须与他们保持距离或是友好相处，否则就会立即遭到惩罚。由于活人不可能知道怎样才能取悦那些幽灵，便总是害怕天神将灾难报复在自己头上。

所以，野蛮人没有把平常小事归咎于最初的原因，而是归结于看不见的幽灵在作祟。他发现手臂上的皮疹时，不是说："该死的毒藤！"而是喃喃道："我冒犯了天神，是他惩罚我了。"他跑去找巫医，不是去要一剂治疗藤毒的药，而是要一张必须比愤怒的神（不是毒藤）降在他身上的咒语灵验百倍的符咒。

至于让他受罪的毒藤，他却依然任其像往常一样生长。如果有个白人带来一罐煤油，将其烧掉，他还会咒骂白人的行为。

因此就出现了这样的情况，如果一切都被认为是由看不见的幽灵在直接起作用，自然而然地，社会为了继续维持下去，就必须绝对服从能平息天神怒火的律法。

在野蛮人看来，律法确实存在。他们的祖先制定了律法，流传给他们，到了他们这一代，最神圣的使命就是将律法完好无损地传给下一代。

这在我们看来当然荒唐透顶，我们相信的是进步、发展和持续的改进。

不过，"进步"是近年才开始被引用的一种概念，在低级社会形态里，典型的特点是，人们认为眼前的世界已经完美无瑕了，没有理由再改进，因为他们从来都不知道还有别的世界。

如果这一切确实如此，那么，人们怎样防止律法和已经建立的社会模式发生改变呢？

答案很简单。

就是将拒绝承认公共法规就是上天旨意的人立即惩处，说得露骨一点，就是靠不宽容的严刑苛政。

如果我就这么说野蛮人是最不宽容的人，并非是要侮辱他们，因为我会马上补充，在他们所处的环境中，不宽容是理所当然的事。如果他们容忍别人干预用来保护他们安全与安宁的清规戒律，便会陷入危险之中，这可是弥天大罪。

但值得探讨的是，为数不多的部落如何保持了一整套复杂的靠口口相传的规矩？今天我们拥有数以百万计的军队、成千上万的警察，为何却仍然难以推行几条普通法律？

答案同样很简单。

野蛮人比我们聪明得多，他们精明地算到了用武力无法推行的东西。

他们发明了“禁忌”这一概念。

也许“发明”这个词有些不贴切，这类东西很少源自一时的灵感。它们是多年来不断发展实践的结果。不管怎么说，非洲和波利尼西亚的野蛮人想出了“禁忌”这个概念，他们因此避免了很多麻烦。

“禁忌”一词起源于澳大利亚，我们多少都知道一些它的含义。如今的世界里也充满了禁忌，即不能做的事或不能说的话。譬如在吃饭时谈及刚做的手术或把勺子放入咖啡杯不拿出来。但我们的这些禁忌都没有特别重大的意义，只是一些礼节而已，很少会影响个人幸福。

而对于原始人，禁忌是至关重要的。

它意味着存在超然于这个世界的人或物，用希伯来语说，它们是“神圣”的，即刻死去的痛苦或长期的折磨是冒犯的代价，人们绝不能冒着这样的风险谈论或接触它。胆敢违抗神灵意志的人，必定会遭受严苛的惩罚。

是教士发明了禁忌，还是为了维护禁忌才产生了教士，这是尚未解决的问题，由于传统习俗比宗教的历史更为悠久，因此，很可能早在巫师和巫医出现之前，禁忌就已经存在了。但是巫师一出现，就立即成了禁忌的顽固拥护者，并且十分巧妙地利用了这个概念，使禁忌成为史前的“禁物”象征。

我们第一次听说巴比伦和埃及的名字时，这些国家还处在禁忌习俗大行其道的时期。这些禁忌并不像后来在新西兰发现的那样粗陋原始，而是都严肃地变成了带有“汝不能……”这种负面行为的戒律，就像我们熟悉的基督教《十诫》中的六条一样。

毋庸置疑，宽容的概念在早期历史中完全不为人知。

我们有时误判为宽容的，其实只是因为蒙昧而导致的冷漠。

我们从没有发现国王和教士能心甘情愿地（哪怕只有一点点）同意别人行使“行动或判断的自由”，或者“耐心而公正地容忍不同于自己或传统观点的见解”，而这已经成为现代社会的理想。

因此，这本书研究的不是史前的历史或是一般所说的“古代历史”。争取宽容的斗争，直到个性的价值被发现后才开始。

个体，这个现代最伟大的发现，其荣誉当归于希腊人。

第二章 希腊人

在地中海偏远的角落里，有一个面积很小的岩石半岛，它在近两个世纪中勾勒出如今世界的轮廓，包括政治、文学、戏剧、雕塑、化学、物理（天知道还有别的什么东西），这是怎么实现的？多少个世纪以来，这一问题不知困扰了多少人，哲学家一直在苦苦搜寻这个问题的答案。

可敬的历史学家与化学、物理、天文和医学的专家不同，历史学家对任何像发现所谓“历史规律”的做法总是报以轻蔑的态度。在蝌蚪、微生物和流星等领域的研究中有用的东西，在研究人类时就无用武之地了。

也许是我错了，但是我认为这种法则一定存在。迄今为止，我们收获甚微，不过，我们也从未认真地探究过。我们一直忙于收集资料，却无暇将其煮沸、溶解、蒸发，从中过滤出剩下的、对人类有用的知识。

我以惶恐的心态涉足这个新的研究领域。我借科学家的一纸名言，奉上如下历史原理。

根据现代科学家的最新研究成果，当物理和化学的成分达到完美的比例时产生了第一个活细胞，从而诞生了生命（有生命的和无生命的出现了差异）。

上述原理如果用历史术语表达，就是：

“在这个不健全的世界中，当所有种族、气候、经济和政治条件接近或达到理想的比例时，高级形式的文明才会突然产生。”

我举几个反例来阐释这一观点。

大脑还处于穴居人水平的种族是不会发展的，即使在天堂也不会。如果在乌佩尼维克的爱斯基摩人的圆顶冰屋里出生，每天大部分时间只是盯着冰原上的海豹洞穴，伦勃朗就画不出大作，巴赫谱不出受难曲，普拉克西特列斯也塑不出好的雕塑。

假如达尔文不得不在兰开夏郡的工厂谋生，他在生物学上就不会有贡献；亚历山大·格雷厄姆·贝尔如果是一个身不由己的奴隶，生活在罗曼诺夫领地的一处偏僻村庄里，他也不会发明电话。

埃及是第一个高级文明的发祥地，这里气候宜人，但土著居民的体魄却不是很强壮，也不富有进取心，政治和经济条件非常差，巴比伦和阿西利亚也是如此。后来迁居到底格里斯河和幼发拉底河流域的闪米特族倒是体格强壮、富有活力，那里的气候也不成问题，不过政治和经济的环境却依然差得太远。

巴勒斯坦的气候没什么可夸耀的，农业也很落后。除了贯穿非洲到亚洲的商道，其他地区的商业活动极其稀少。另外，巴勒斯坦的政治完全由耶路撒冷圣殿的僧侣控制，这当然不利于个人积极性的发挥。

腓尼基的气候倒是无可厚非，人民身强体健，经商条件也不错。然而，这个国家的经济体系严重不平衡。少数船主把持了全部财富，建立了森严的商业垄断制度。所以，早期泰尔和西顿的政权就落入了巨富之手。穷苦百姓连起码的劳动权都被剥夺，从而变得冷淡和漠然。腓尼基最后重蹈迦太基的覆辙，毁在了鼠目寸光、自私贪婪的统治者手中。

总而言之，在各个早期文明的中心，成功的必要因素总是不足。

公元前五世纪，完美平衡的奇迹终于在希腊出现，但只维持了很短的时间，奇怪的是，就连这种现象也不是发生在本地，而是发生在爱琴海彼岸的殖民地。

在另一本书中，我对连通亚洲大陆和欧洲大陆的著名岛屿桥梁进行了描述。在很古老的时代，埃及、巴比伦和克里特的商人就通过这些桥梁来到欧洲。他们既将亚洲的商品带到了欧洲，也把亚洲的思想传播到了欧洲，他们的登陆地点就在小亚细亚西岸的一个狭长地带上，这个地方叫爱奥尼亚。

这时离特洛伊战争还有几百年，希腊大陆的一些部落征服了这块长九十英里、宽仅数英里的狭长山地，先后建立了许多殖民地，其中以弗所、福西亚、厄里特赖和米利都最为著名。这些城市走向成功的条件最终以完美的比例臻于成熟，从而出现了很高级的文明，后世的其他文明最多可以与之并驾齐驱，但却从未超越。

首先，这些殖民地的居民是来自十多个民族中最活跃、最富有进取心的人。

其次，这里拥有新旧世界之间和欧亚大陆之间互通贸易所创造的财富。

最后，殖民者组建的政府给予大多数自由人充分发挥个人才能的机会。

我没有提到气候也是有原因的，因为对于只经商的国家来说，气候的影响不大。无论是阴是晴，照样可以制造船只，货物也都可以卸舱，只要不是冷到港口封冻，只要城镇没有被洪水淹没，居民们就不会对每日的天气预测感兴趣。

爱奥尼亚的气候对知识阶层的发展十分有利，在书籍和图书馆出现之前，知识是靠口述一代代相传的。城镇中的井台成了最早的社会活动中心，是最古老的大学所在地。

在米利都，人们一年有三百五十天围坐在井台周围。爱奥尼亚那些早期的教授后来都成了科学发展的先驱，这在某种程度上得益于当地良好的气候条件。

我们要说的第一个人——现代科学的真正创立者，是一个背景不明的人。这并不是说他抢了银行或谋杀了家人，然后从一个无人知晓的地方逃到米利都。谁也不了解他的身世。他是皮奥夏人还是腓尼基人？是游牧民族还是闪米特人（用博学的人类学专家的行话来说）？

这表明，位于曼德尔河口的这座古城在当时是一个著名的国际中心。它的居民来自四面八方（就像如今的纽约），因此人们只是凭外表来判断自己的邻居，对家庭根源并不深究。

这本书不是数学史，也不是哲学指南，因此无需在泰勒斯的思想上多加阐释，但要指出他对新思想采取了宽容的态度。这种风气曾在爱奥尼亚十分流行。那时罗马还只是远方一座不为人知的泥泞小河旁的小商镇，犹太人还是亚述的俘虏，北欧和西欧还是一片充满鬼哭狼嚎的荒原。

为了弄清楚这种变化是如何发展的，我们必须明白自希腊首领们渡过爱琴海掠夺特洛伊的宝藏以来希腊所发生的变化。当时那些闻名遐迩的英雄依然是原始阶段的产物，他们犹如四肢过于发达的孩子，将生命视为一个漫长而光荣的竞技场，充满了刺激的角斗、田径以及所有我们如今热爱的竞技项目，我们现在如果不是为了养家糊口而埋头于日常工作，倒也愿意乐在其中。

这些血气方刚的武士与他们的神之间关系既坦率，又质朴，就像是对待日常生活中的严肃问题一样。奥林匹斯山上的诸神在公元前十世纪曾经统治过希腊人的世界，这些神的世俗色彩很浓，和普通人并无太大区别。人是何时何地与神分道扬镳的，其中的详细情况一直是个谜，从未有人将其搞清楚过。但高高在上的神对匍匐在地面的臣民所怀有的深厚情谊却从未间断，这种情谊一直带有亲切的色彩，使希腊人的宗教表现出独特的魅力。

希腊孩子都受过这样的教育，说宙斯是个蓄着长胡须的、非常强大的统治者，有时他会狂暴地呼风唤雨，打出闪电霹雳，仿佛世界末日就要到来。尽管孩子们在摇篮里就听别人讲过神灵的故事，但是等他们再长大一点，自己能读懂古老的传说时，就会开始思考这些可怕神灵的缺点。他们看到神灵变化成普通人，出现在愉快的家庭晚会上，像凡人一样，相互取笑，而且还像凡人一样就政治问题激烈争论，由于各有各的支持者，于是希腊凡间每发生一次争论，就必然会在天国诸神之间引起轩然大波。

当然，尽管宙斯具有人类的弱点，但他仍然不失为一位法力强大的伟大天神，为了安全起见，谁都不敢触犯他。不过，他还是“通情达理”的，在美国国会，专门进行院外游说活动的说客们对这个词的含义非常清楚，宙斯也确实通情达理，如果分寸得当，还是可以接近的。而且，最主要的是，他有幽默感，并没有把自己或他的天国看得太重。

也许这并不是对宙斯的最好评价，但其中却有着显而易见的好处。在古希腊，对真理和谬误从未有过条例森严的规定。由于没有现代概念中的“信条”，也没有严酷的教理和靠绞刑架推行教义的职业教士，各地的民众都可以按照自己的好恶来修改符合自己需要的宗教思想和道德观念。

居住在奥林匹斯山附近的塞萨利人对奥林匹斯山诸神的崇拜，远不如住在遥远的拉科尼亚湾偏僻村庄的阿索庇人，雅典人自以为得到守护神雅典娜的直接保护，便可以对她的父亲宙斯不以为然。而住在远离通商要道的山谷里的阿卡迪亚人在宗教方面则坚持更为纯朴的信仰，厌恶对待宗教的轻浮态度。福西斯的居民靠人们对德尔斐的朝圣维持生计，所以他们坚信，阿波罗那块有利可图的圣地让他成为了接受朝拜的所有天神中最伟大的一个，不远千里而来的人，只要口袋里还有一两个德拉克马，都应该去向阿波罗表示敬意。

只信仰一个神是犹太人区别于其他民族的标志。犹太人当时都聚集在一座城市，势力日渐强大，这座城市最终击败了所有与之竞争的朝圣地，从而垄断宗教达千年之久，否则，独神论就不会形成。

在希腊，这样的条件并不具备。雅典人和斯巴达人都想使自己的城市成为全希腊公认的首都，但都失败了。他们在这方面的努力仅仅导致了毫无益处的长年内战。

崇尚个人主义的民族肯定会为独立思考精神的发展提供广阔的领域。

《伊利亚特》和《奥德赛》有时被称为是“希腊人的圣经”。其实它们与《圣经》风马牛不相及，只不过是普通读物而已，从未被列入“圣书”的行列。这两本书讲述了叱咤风云的英雄们的冒险经历，当时人们总喜欢把他们认作是希腊人的祖先。这两本书汇集了一些宗教知识，因为天神们无一例外地在凡人的争吵中各助一方，对其他事情不管不顾，只顾着尽情欣赏在自己领域中发生的罕见搏杀。

希腊人从未考虑过荷马的著作是直接或间接地在宙斯或密涅瓦或阿波罗的启示下才写就。荷马史诗是文学史上的精品，在漫漫冬夜，它是伴人左右的优秀读物，还能激起孩子们的民族自豪感。

这就是所有的一切。

在充满求知气息和精神自由的气氛中，弥漫着来自世界各地的船只上的呛人气味，奢华的东方绸缎点缀其间，生活优裕的人们的欢声笑语不绝于耳，泰勒斯就在这样的环境中诞生了。他在希腊工作、学习，最后离世。米利都人一般都知道泰勒斯，就像纽约人熟悉爱因斯坦的大名一样。如果问纽约人爱因斯坦是谁，被问的人会说，爱因斯坦是个留着长发、叼着烟斗、会拉小提琴的人，他还写过一个人从火车这头走到那头的故事，并将其刊登在一份星期日的报纸上。

这个叼着烟斗、会拉小提琴的怪人抓住了真理瞬间即逝的光，最终推翻了（或者说至少是大大改变了）六千年以来形成的科学定论。但千百万随遇而安的纽约人并没有注意到，他们只是在自己喜欢的击球手努力想推翻万有引力定律而受到阻碍时，才会想起还有数学这门学问。

古代史课本通常避开这个难题，只是敷衍地印上“米利都的泰勒斯（公元前 640—前 546），现代科学的奠基人”而已。我们甚至可以想象当时《米利都报》上可能会出现的大字标题："本地大学生发现了真正的科学的秘密"。

泰勒斯究竟是何时何地用什么方法另辟蹊径地超越了前人，我也说不准，不过有一点可以肯定的是，他不是生活在没有知识的真空世界里，他的智慧不是凭空臆造的。公元前七世纪，人们已经开始在许多新的科学领域进行探索，有大量数学、物理学和天文学的资料，随时可供学者们研究用。

巴比伦的天文学家已经在探索星空。

埃及的建筑师经过精心测算，把百万吨的花岗岩砌在了金字塔核心位置的小墓室顶部。

尼罗河谷的数学家们认真地研究了太阳的运动，能预测雨季、旱季，为农民提供日历，使农业劳动规律化。

然而，解决这些实际问题的人依然认为，自然界的力量体现了神的意志。这些无形的神灵掌管着四季变化、行星运转和潮起潮落，就像总统的议会议员掌握着农业部、邮电部和财政部一样。

泰勒斯反对这种看法。不过，像当时大多数受过良好教育的人一样，他不愿意在公开场合对此加以讨论。滨海的水果贩子看到日食，因为怪异的景象而恐惧地跪倒在地乞求宙斯，那是他们自己的事，泰勒斯绝不会去告诉他们稍微了解天体运行规律的小学生也会预测在公元前 585 年 5 月 25 日的某个时间会发生日食，米利都城会陷入几分钟的黑暗。

在发生这次著名日食的当天下午，波斯人和吕底亚人正在战场上厮杀。人们认为，他们停止相互残杀是由于光线不足。泰勒斯不相信这是吕底亚的诸神在重演几年前著名的阿迦隆峡谷之战，是吕底亚人崇拜的神创造了奇迹，突然熄灭了天国的光芒，以便让他们支持的一方获胜。

泰勒斯达到的境界（这正是他的伟绩所在），就是敢把一切自然现象看成是受“永恒法则”支配而产生的结果,是“永恒意志”的具体表现，而不是人们根据自己想象出来的神灵施加的影响。在他看来，那天下午就算只有以弗所大街上的狗打架，或者哈利卡纳苏斯举行了一场婚宴，而没有发生更重大的事，也会照样出现日食。

泰勒斯通过自己科学的观察，得出了一个符合逻辑的结论。他把万物的产生归结于一条普遍而必然的规律，并做出了推测（从某种程度上讲，他的推测是正确的），即世间万物始于水，水似乎遍布世界的各个角落，也许从一开始就已经存在。

可惜，我们没有泰勒斯留下的手稿，那时他完全有可能用文字表达他的思想（希腊人从腓尼基人那儿学会了使用字母），但如今他的文稿片纸无存，我们对泰勒斯及其思想的了解主要是靠与他同时代著作中极其稀少的资料，通过这些资料，我们才对泰勒斯的个人生活略知一二。泰勒斯是个商人，与地中海各地的人都有接触。对于早期大多数哲学家来说，这是普遍现象。哲学家是“智慧的恋人”，但对现实生活中的秘密却并不会视而不见。他们认为“为智慧而寻求智慧”如同“为艺术而艺术，为吃饭而吃饭”的观点一样贻害无穷。

在他们看来，世界上凡是具有多种品质的人，无论好坏，还是不好不坏，都是衡量世间万物的最高尺度。因此，他们在空闲时间不会先入为主进行想象，而是耐心地研究人这种难以捉摸的动物的本来面目。

这样，他们就能与其他人保持密切关系，扩大自己的影响。这要比不厌其烦地向邻居传道，并向人们指出通向大同世界的捷径要好得多。

他们极少提出清规戒律以限制人们的活动。

但是，他们以自身作为榜样向人们表明，一旦真正理解了自然界的力量，就必然会获得寄托着一切幸福的心灵安宁。就这样，哲学家在自己的周围博得了人们的好感以后，便有了充分的自由去研究、探索和调查，甚至能在普遍被认为是神的领域里去探险。作为这个新福音的先驱之一，泰勒斯把毕生精力献给了这项有益的事业。

尽管他把希腊人眼中的世界分解得支离破碎，分别研究了每一个细微的部分，并对亘古以来大多数人一直认为是天经地义的事情提出公开的疑问，但人们还是容许他平静地躺在床上寿终正寝。当时即使有人让他对自己的异端邪说做出解释，如今我们也无从考证了。

一旦泰勒斯指明了道路的方向，无数追随者便紧随其后。

比如阿那克萨哥拉，他三十六岁时离开克拉佐曼纳来到雅典，随后几年，他一直在希腊的几座城市里当“诡辩家”或私人教师。他对天文颇有研究。他在授课时指出，太阳不是常人普遍认为的那种由天神驾驭的马车，而是一个又红又烫的火球，比整个希腊大千万倍。

这个理论并没有给他带来祸端，他也没有因此遭受天神的雷击。于是，他又把自己的理论推进了一步，大胆提出月球表面遍布山脉和峡谷。最后他甚至暗示说，世间有一种“原物质”，是万物的起源，也是万物的归宿，亘古以来就存在了。

但是，像他之后的许多科学家一样，阿那克萨哥拉涉足到了一个危险的领域，因为他谈论的是人们熟悉的事情，后来的不少科学家也有过类似的经历。太阳和月亮离地球很遥远，希腊百姓并不在乎哲学家怎样称呼它们。但是阿那克萨哥拉提出世间万物的不断产生和发展都来源于某种“原物质”，毫无疑问，人们觉得他的言论太过牵强。他的断言与丢卡利翁和皮拉的故事背道而驰。传说两位天神在大洪水后投下石子，变出无数男女，让人类在世界重新繁衍。希腊所有的孩子在童年时就听到过这个传说，因此，否认最神圣传说的真实性会极大地危害现有社会的安宁，也会使孩子们怀疑长辈的智慧，所以这是万万使不得的。于是，阿那克萨哥拉成为雅典父母同盟大肆攻击的对象。

假如当时正处于君主制或共和制的早期阶段，雅典城邦的统治者们还会竭力保护一名宣扬不受欢迎学说的老师，使他免受目不识丁的雅典农民的愚蠢迫害。但当时雅典的民主制已经发展到了顶峰，个人自由早已不同。而且，当时备受冷落的伯里克利正是这位伟大天文学家的得意门生，这又为法庭治阿那克萨哥拉的罪提供了便利，同时掀起了一场反对雅典城老独裁统治者的政治运动。

一名叫狄俄菲忒斯的教士，在一个人口最稠密的郊区当行政长官，他提议通过了一条法律。法律要求对所有不相信现有宗教并对神圣理念持有不同见解的人立即治罪。根据这条法律，阿那克萨哥拉被投入监狱。不过，最后城邦中的开明势力占了上风。阿那克萨哥拉只缴了一笔数目很小的罚款便获释出狱。他迁居到小亚细亚的兰普萨库斯，在那里颐养天年，享尽美誉，到公元前 428 年才与世长辞。

阿那克萨哥拉一案表明，官方试图压制科学理论的发展纯属徒劳无功。虽然阿那克萨哥拉被迫离开了雅典，但他的思想却留给了后世。两个世纪后，一位叫亚里士多德的人注意到了他的思想，并把它作为自己科学假设的基础。经过一千年的漫长黑暗，亚里士多德的思想又直接传授给了阿布·瓦利德·穆罕默德·伊本·艾哈迈德（通常称阿威罗伊），一位伟大的阿拉伯医学家，他在西班牙南部摩尔大学的学生中大力传播亚里士多德的思想。他还把亚里士多德的理论与自己的观察相结合，写下了许多著作。这些书穿越比利牛斯山，被及时地运送到了巴黎和博洛尼亚。在那里，这些书被译成拉丁文、法文和英文。西欧人和北欧人对书中的观点全盘接受，如今它们已成为科学入门级书籍中必不可少的内容，在人们眼里就像乘法表一样有益无害。

现在我们回到阿那克萨哥拉的话题。在他接受审判之后差不多整整一代人的时间里，希腊科学家们被获准可以讲授与人们普遍接受的信仰有所出入的学说。到了公元前五世纪末，又发生了第二件事。

这次受害的是普罗塔哥拉，他是一位流浪教师，来自希腊北部爱奥尼亚殖民地阿夫季拉村。这个地区因为是“微笑哲学家”德谟克利特的出生地而名声不佳。德谟克利特曾提出过一条法则：“只有能够给绝大多数人带来最大幸福和最小痛苦的社会才是有价值的社会。”因此，他被视为激进分子，应该受到治安人员的监视。

普罗塔哥拉深受这一思想的影响。他来到雅典，经过几年的研究，最后宣布人是衡量万物的尺度，生命转瞬即逝，因此不要把宝贵的时间浪费在探究神是否存在上，应该用全部精力来使生活更加美满快乐。

这个观点无疑是击中了要害，必然会震惊那些忠实的信徒，比以往任何文字或辩论都更能动摇人们的信仰。而且，这一学说产生的时候正值雅典和斯巴达战争胜败攸关之际，人民经历了许多失败和疾病的折磨，已经极度绝望。很明显，这时对神的超凡能力提出质疑，激起神的怒火，显然不合时宜。普罗塔哥拉被指控为无神论者，同时被勒令必须改变自己的观点。

本来可以保护他的伯里克利已经去世。普罗塔哥拉虽然是科学家，却对科学殉道毫无兴趣。

他逃跑了。

不幸的是，在驶往西西里的途中，他的船失事了。他可能溺水而亡，因为从那以后再也没有听到过他的消息。

惨遭雅典人迫害的另一个人是狄雅戈拉斯。其实他并不是哲学家，而是个青年作家。因为在一次官司中没有得到神的帮助，他便对神心怀不满。他默默地苦思冥想了很久，最后思想发生了很大变化。他四处奔走，大肆诋毁受希腊北部敬仰的圣仪礼。他的胆大妄为让他被判处死刑。临刑前，这个可怜虫竟然找到机会得以逃脱。他逃到科林斯继续诅咒奥林匹斯诸神，最后他因为肝火太旺而死去。

希腊人不容其他学说的偏见愈演愈烈，其典型例子就是法庭冤死苏格拉底一案，历史对此有详尽的记载。

只要一谈到世界依然没有改变，说古代雅典人的心胸并不比后人宽广多少，人们就必然会拿出苏格拉底作为希腊人顽固不化的力证。但在今天，经过对该案十分细致的研究，我们对情况有了更清楚的了解。这位才华横溢，但常常触犯众怒的演说家对公元前五世纪盛行于古希腊各地的自由思想精神做出了直接的贡献。

当时的普通人仍然坚信天神的存在，苏格拉底便把自己说成是天神的唯一代言人。雅典人尽管不能完全理解他所说的“精灵”（即内心深处的声音告诉他应该说什么，应该做什么），但人们完全清楚他对周围人坚信天神的理念持否定态度，对传统秩序也不屑一顾。最后，当权者杀死了这位老人，而他的神学观点（尽管官方为了说服大家而牵强地将其作为加罪之辞）实际上与审判的结果几乎毫无关系。

苏格拉底是石匠的儿子。他的父亲子女众多，收入微薄。因此他小时候没钱念正规学校，因为当时大多数哲学家都很现实，讲授一门课经常索取两千元的报酬。另外，在年轻的苏格拉底看来，追求纯粹的真理，研究没用的科学现象简直是在浪费时间和精力。他认为，如果一个人不断培养自己的信念，没有几何学的知识也无关紧要，要拯救灵魂，不一定要认识彗星和行星的自然规律。

然而，这位鼻梁塌陷、衣衫褴褛的朴实小个子，白天在街头巷尾与无业游民辩论，晚上则耐心倾听妻子的唠叨（他的妻子为了养活一大家子人，不得不给别人洗衣服，而丈夫却把谋生看作是生活中最无关紧要的小事）。苏格拉底多次参加战争和远征，是个可敬的老兵。他还是雅典参议院的前议员，在同时代的许多教师中，只有他因为信仰被判处死刑。

为了弄清楚事情的原委，我们必须了解当时雅典的政治情况，苏格拉底到底做出了什么样的努力以至于推动了人类知识与进步事业的发展。

苏格拉底在他的一生中（他被处死时已年逾七旬），竭力告诉人们，他们正在虚度时光，浪费过多的时间在空虚的欢乐和徒劳的胜利上，白白挥霍了伟大而神秘的神赐与恩典，只求几个小时的虚荣和满足。他完全相信人的崇高使命，从而打破了旧哲学界设置的所有束缚，比普罗塔哥拉走得更远。普罗塔哥拉教给人们："人是衡量万物的尺度。"苏格拉底则声称："人的无形意识是（或者应该是）世间万物的终极尺度；决定人类命运的不是神，而是人类自己。"

苏格拉底在法官面前的慷慨陈词（准确地说，法庭上共有五百名法官，是苏格拉底的政敌精心挑选出来的，其中不乏精通文墨者），他的演讲，对任何听众来说，不管他们是不是持同情态度，都是一场鼓舞人心、通俗易懂的精彩演讲。

这位哲学家争辩说："世界上谁也无权命令别人应该信仰什么，或剥夺别人自由思考的权利。"他继续说："如果一个人问心无愧，有自己的信念，即使没有朋友的认可，没有金钱、家庭，甚至没有住所，他也会取得成功。但如果不彻底研究问题的来龙去脉，任何人都不会得出正确的结论。因此，人们必须有充分的讨论各种问题的自由，并且不受官方的干涉。"

遗憾的是，这个被告是在错误的时间发表了不合时宜的演讲。自伯罗奔尼撒战争以来，雅典富人与穷人之间及主人与劳动者之间的关系便一直处在激烈斗争的状态。苏格拉底是个温和派，他既看到双方利弊，又力图寻找折中方案去满足有理智人士的愿望。这自然使他在任何一方都不受欢迎，只是因为那时双方势均力敌，还腾不出手来对付他。

到了公元前 403 年，纯粹的民主派完全控制了希腊，并赶跑了贵族，苏格拉底也就注定要倒霉了。

他的朋友知道了此事，建议苏格拉底趁早离开这座城市。这是明智之举。

苏格拉底的朋友多，但敌人也不少。他充当"口头评论家"长达大半个世纪，是个聪明绝顶的大忙人。他的爱好是把那些自我标榜为雅典社会之栋梁的人的伪装和文化骗术曝光。结果，他的名字在希腊东部家喻户晓。他早晨谈到的一些趣事，到了晚上全城便无人不晓了。不少关于他的戏剧开始上演。他被捕入狱时，全希腊的人对他一生中的大小琐事都了如指掌。

那些在审判中起主导作用的人（比如那位出名的粮食贩子，他既不会读又不会写，只因为熟悉神的旨意而在针对苏格拉底的起诉中最为卖力）深信他们审讯苏格拉底是在为社会做重大贡献，为城市清除“知识界”中所谓的高度危险分子，一个只能教给奴隶们懒惰、犯罪和不满的人。

有趣的是，即使在这种环境里，苏格拉底仍然施展辩论才能，竟然使陪审团的绝大多数人都倾向于释放他。他们建议，苏格拉底只要放弃辩论、争吵、说教等恶习，不再干涉别人所偏爱的东西，不再用没完没了的疑问去纠缠他们，就可以得到赦免。

但苏格拉底拒绝接受。

“不行！”他喊道，“只要我良知不灭，只要我微弱的心声还在催我向前，还让我给人们指出真理的方向，我就会向遇到的每一个人阐释我的理论，绝不顾虑任何后果。”

法庭别无选择，只能判处这个囚犯死刑。

苏格拉底被缓刑三十天。一年一度去戴洛斯朝拜的圣船尚未返航，雅典法律规定，在这期间不准行刑。整整一个月的时间，这位老人在囚牢里平静地待着，琢磨如何改进他的逻辑体系。虽然他有许多次逃跑的机会，但他都拒绝了。他觉得不虚此生，履行了自己的职责。他累了，想离世而去。直到临刑前，他还在和朋友们交谈，尽量将自己的真知灼见传授给他们，劝他们不要把心思放在物质世界上，而要多用在精神世界里。

然后他喝下毒药，躺在床上，从此以后一切争论都随着他的安息而结束。

苏格拉底的门徒曾一度被公众的极度愤怒吓破了胆，明智地避开之前经常去的活动场所。

不过等他们看到一切都平息时，便又重操公开讲学的旧业。在这位德高望重的哲学家死后的十多年里，他的思想得到了前所未有的传播。

与此同时，雅典也在苦熬之中。争夺希腊半岛领导权的战争已经结束五年了，在这场战争中雅典人一败涂地，斯巴达人获得了最后的胜利，这完全是体力击败智力的胜利。不用说，好景肯定不长。斯巴达人从没有写下一句流芳后世的话，也没有对人类的知识宝库做过任何贡献（只有军事战术方面是例外，这些战术至今在足球比赛里依然被使用）。斯巴达人认为，敌人的围墙已被推倒，雅典的舰队所剩无几，他们已经大功告成。但是，雅典人的智慧从未消失。伯罗奔尼撒战争结束十年后，古老的比雷埃夫斯港就又云集了世界各地的船只，雅典的海军将领将再度率领联合舰队出战了。

虽然伯里克利的努力没有得到同代人的重视，但却使雅典成为世界文化的中心，就像公元前四世纪的巴黎。罗马、西班牙和非洲的有钱人家都想让孩子接受时髦的教育，即使孩子有幸参观一下卫城附近的学校，家长也会感到受宠若惊。

现代人要正确理解古代社会非常难，在当时，生存问题被看得至关重要。

在早期作为一切异教文明死敌的基督教的影响下，罗马人和希腊人被视为非常不道德的人。他们随意崇拜天神，剩下的时间大摆筵席，喝掉整桶的萨莱诺酒，听埃及舞女的甜言蜜语。只是为了调剂生活，就奔赴战场，残杀无辜的日耳曼人、法兰克人和达契亚人。

当然，无论在希腊还是在罗马，商人和战争贩子数量很多，罗马的数量可能更多一些。他们对苏格拉底在法官面前精辟阐述的伦理道德不屑一顾，一心敛财。正是因为这些人非常富有，人们才对他们忍气吞声。但这并不是说这些人在社会中备受尊重，被推崇为当时文明的化身。

我们发掘了埃帕菲罗迪特的别墅，他曾经帮罗马皇帝尼禄把罗马及其殖民地洗劫一空，积累了大量的财富。这个老投机商用不义之财建起了一座拥有四十间房屋的宫殿，看着这一切的废墟，我不禁摇头叹息："实在是太腐败了。"

接着我们坐下来读爱比克泰德的著作，他曾经当过埃帕菲罗迪特的家仆。然而读了他的书，我们却觉得是在与一个古今少有的高尚而热情的灵魂交流。

我知道，人们喜欢关起门来对自己的邻居或邻国随意评论，但不要忘记，哲学家爱比克泰德不愧是他所在时代的典型代表，和朝中小人埃罗菲罗迪特斯一样具有代表性。两千年前人们追求圣洁,如今也是如此。

毋庸置疑，那时的圣洁与今天的截然不同，当时的概念基本是欧洲思想的产物，与东方毫不相干。但是，我们的祖先，所谓的"野蛮人"，把圣洁视为他们最崇高的理想，他们慢慢发展出了一种生活哲理，并为人们所广泛接受。如果我们以为心地善良、衣食俭朴、身体健康、收入合适便可以保证生活幸福美满，那么，也不妨认可他们的哲理。他们对灵魂的归宿不太感兴趣，只认为自己是一种具有智慧的特殊动物，可以俯视地球上的其他生物。他们平时谈及天神，但那只相当于我们如今经常使用的“原子”“电子”“乙醚”一类的词汇。他们认为，万物的起源必须有名称。因此，爱比克泰德说宙斯只是一个未知数，就像欧几里得在解题时用的 x 和 y 一样，含义可大可小。

生活是这些人最感兴趣的东西，其次便是艺术。

因此，他们研究生活的方方面面，并按照苏格拉底创造推广的推理方法取得了丰硕的成果。

有时他们热衷于建立一个完美的精神世界，并因此走到了荒唐的极端，这是令人遗憾的。不过人非圣贤。但柏拉图是古代众多学者中唯一出于对完美精神世界的热爱而鼓吹不宽容学说的人。

众所周知，这个年轻的雅典人是苏格拉底的得意门生，是传播苏格拉底思想的实际执行者。

他收集了苏格拉底曾经说过或思考过的一切，编成了对话录，可以当之无愧地称为《苏格拉底福音书》。

编纂工作完成后，他便开始对老师理论中的一些晦涩模糊的观点进行研究，撰写了一系列精彩绝伦的文章。最后，他开了许多课，使雅典人有关正义和真理的观念越过希腊边界，向四面八方传播。

在所有这些活动中，他全心全意的忘我精神简直可以与圣徒保罗媲美。不过，圣徒保罗的一生充满了离奇与危险，他东奔西走，不辞辛苦，把上帝的福音传播到地中海的每个角落。柏拉图却从未离开过他舒适花园中的座椅，而是让世界各地的人来拜见他。

柏拉图世家出身，拥有足以自立的财富，让他能够如此行事。

首先，他是雅典人，他母亲的血统可以追溯到索伦。其次，他到了法定年龄就继承了足以让他过上好日子的财产。

最后，他有雄辩之才，任何获准在柏拉图学园听他授课的人，哪怕只听过几次讲课，都会心甘情愿，不辞辛劳来到爱琴海聆听教诲。

至于其他方面，柏拉图像同时代的许多青年人一样。他当过兵，但对军事毫无兴趣。他喜欢户外运动，是一名摔跤和田径运动的能手，却又从未在比赛中获得过名次。他和当时的青年人一样，也把很多时间花在去国外旅行上，像他的外祖父（著名的索伦）一样，柏拉图曾跨越爱琴海，在埃及北部做过短暂访问。不过回国后，他就再也没远行过，而是在雅典郊区赛菲萨斯河畔自己花园的树荫下讲授他的学说长达五十年，“柏拉图学园”因此而得名。

柏拉图最初是数学家，后来渐渐转向政治，在这个领域里，他为现代政治体制奠定了理论基础。其实，他是一个坚定的乐观主义者，坚信人类在逐步进化。他教导学生说，人的生命逐渐从低级向高级过渡，世界从美好的人逐渐发展出美好的制度，再从美好的制度中产生美好的思想。

他的这一想法写在羊皮纸上显得十分在理，但当柏拉图努力把想法变成具体原则，并为他理想的共和国提供理论基础时，他追求真理的渴望和追求公正的热情就变得非常强烈，结果对其他因素都视而不见。空想乌托邦国的建设者认为，他主张的“理想国是人类完美无缺的最高境界”，这个奇怪的联合体不论是在过去还是现在，都反映了一些退伍上校们独有的偏见。这些人享受着稳定的个人收入，生活舒适自在，喜欢出入政治圈，并且极不信任下层社会的人，唯恐忘记自己的“地位”，希望分享只有“上流社会”才有的那些特权。

不过，柏拉图的书在西欧中世纪学者中享有盛誉。在这些学者手里，举世闻名的《理想国》成为向宽容精神开战的强大武器。

这些饱学之士故意要忘记，柏拉图理论形成的背景与他们生活的十二、十三世纪毫不相同。

比如，按照基督教教义，柏拉图根本算不上是一个虔诚的人。他对祖先们崇拜神明的做法深恶痛绝，把他们看成是马其顿的乡巴佬，粗俗不堪。他对特洛伊战争编年史中记载的有关神明的丑恶行径深感耻辱。随着他年龄的增长，年复一年地坐在橄榄树下沉思，对家乡各个城邦之间愚蠢的争吵渐感愤怒，他看到了旧民主理想的彻底失败。他开始相信，对于一般百姓来说，信奉某种宗教是必不可少的，不然他想象中的理想国就会立即陷入混乱状态。于是他坚持认为，模范社会的立法机构应该为所有公民制定出行为规则，而且无论是自由人还是奴隶，都必须服从，违者必将受到惩罚，或处决，或监禁，或流放。看起来，这一主张是对不久前苏格拉底曾为之奋斗的宽容精神和宗教信仰自由的彻底否定。其实柏拉图的本意也是如此。

并不难看出这种世界观转变的原因。苏格拉底来自普通民众，而柏拉图却害怕生活。他为了逃避令人厌恶的丑陋世界，躲到了自己臆想的王国中。当然，他也清楚自己的梦想根本不可能实现。在各城邦各自为政的时代，不论是想象中的还是实际存在的，都已成为过去。集权统治的时代已经来临，整个希腊半岛日后很快会并入辽阔的马其顿帝国，从马里查河一直延伸到印度河岸。

然而，这个古老的希腊半岛上自由独立的城邦尚未落入征服者铁腕的时候，却出现了一位最伟大的思想家，他使整个世界都怀念那一代已经衰败的希腊民族。

我指的当然是亚里士多德，一个来自斯塔吉拉的神童。他在那个时代已经通晓了许多尚不为人知的事情，为人们的知识宝库增添了丰富的内容。他的著作成了智慧的温泉，随后的五十代欧洲人和亚洲人都无需绞尽脑汁，便可以从他的著作中汲取丰盛的智慧。

18 岁时，亚里士多德离开了家乡马其顿，来到雅典的柏拉图学园学习。毕业后，他周游各地讲学。直到公元前 336 年，他才回到雅典，在阿波罗神庙附近的一座花园里开办了自己的学校。这里后来成为著名的吕克昂学园，吸引了世界各地的学生。

奇怪的是，雅典人并不愿意在自己的城内多建学校，那时，雅典城邦开始丧失其传统的商业重镇地位。大批精力旺盛的市民搬迁到亚历山大港、马赛以及其他南部和西部的城市。剩下的都是些穷人和懒汉，他们是老一辈自由民中最顽固保守派的残余。这一派人既为苦难深重的共和国添砖加瓦，又促成了它的衰败。他们不赞成柏拉图学园里发生的一切。在柏拉图去世的十几年以后，他最著名的门生竟然重返故土，公开讲授仍然不为人们接受，关于世界起源和神明威力有限的学说。老守旧派的人煞有介事地指责，低声咒骂，认为这把城邦变成了思考自由和亵渎信仰的场所。

如果这些守旧派一意孤行，就会迫使这位门生远走他乡，但是他们选择明智地克制。因为，柏拉图的这位名徒虽然两眼近视，但是一位以饱览群书和衣着讲究而闻名的绅士，是当时政治生活中举足轻重的人物，并非找几个雇来的流氓打手就能随意赶出城邦的无名小辈。他是马其顿国王御医之子，和王子们一起接受教育。另外，他刚一完成学业，就被任命为王子的家庭教师。整整八年的时间，他每天都和年轻的亚历山大形影不离。这样，他赢得了有史以来世界上最强大的统治者的友谊和保护。而且，在亚历山大前往印度前线期间，掌管希腊各省的摄政王对亚里士多德也是格外关照，唯恐有人伤害了这位帝国主宰的挚友。

然而，亚历山大的死讯一传到希腊，亚里士多德的生命便陷入了险境。他想起了苏格拉底的遭遇，不愿意重蹈覆辙。像柏拉图那样，他谨慎地避免把哲学和现实政治混为一谈。但是，人人都知道，他厌恶政府的民主形式，怀疑普通百姓的自治能力。他看到雅典人突然发怒，赶跑了马其顿的守卫部队，于是他便穿过埃维亚湾，来到卡尔希斯。几个月后，马其顿人再次征服了雅典并惩罚了叛乱，而亚里士多德在此之前已经离开了人世。

由于时间久远，要想找出指责亚里士多德对神不忠的事实背景是非常困难的，不过，一般来说，在一个充斥着业余演说家的国度，他们的活动必然与政治有着千丝万缕的联系，他不受欢迎与其说是因为散布了会使雅典遭受宙斯严厉惩罚的骇人邪说，倒不如说是由于他对偏见很深的少数几个地方的实力派不屑一顾的态度。

不过，这并不重要。

各城邦各自为政的日子即将结束。

不久之后，罗马人继承了亚历山大在欧洲的遗产，希腊从此变成了他们众多省份中的一个。

争执到此结束，因为罗马人在许多事情上比黄金时代的希腊人还要宽容。他们容许臣民自由思考，但是不允许人们对某些为了方便而设立的政治原则提出质问，因为罗马政权之所以从远古时期就能保持繁荣安定，靠的就是这些原则。

但西塞罗同时代人的思想同伯里克利的追随者推崇的理想之间存在着微妙的差别。希腊思想体系的老一代领袖人物把宽容建立在某些理念之上，这些结论是他们经过几个世纪实践和思考才总结出来的。而罗马人则认为，他们用不着在这方面进行探讨。他们对探究毫无兴趣，而且还引以为荣。他们对实用的东西更感兴趣。他们注重行动，看不起高谈阔论。

假如异国人愿意在下午坐在古老的橄榄树下，讨论统治理论或者月亮对海潮的影响，罗马人是欢迎的。

但是，如果异国人的知识可以付诸实践，就会引起罗马人的注意。至于哲学讨论，连同歌舞、烹调、雕塑和科学一类的东西最好还是留给希腊人或其他外国人，丘比特发慈悲创造了他们，正是为了让他们去摆弄这些正统的罗马人不屑于关注的东西。

罗马人要集中精力管理好不断扩大的领土，训练足够的外籍步兵和骑兵来保卫边疆行省，巡察连接西班牙和保加利亚的交通要道。他们通常要花费很大力气，在数以千计的不同部落和民族之间维持和平。

当然，荣誉的桂冠毕竟还是要给无愧于该称号的人。

罗马人努力工作，创建了一套完善的统治系统，时至今日，这个系统依然以这样或那样的形式存在，这本身就是了不起的成就。在罗马人的统治下臣民只要缴纳必要的赋税，表示服从罗马统治者定下的为数不多的行动准则，就可以享受很大的自由。他们可以随心所欲地选择信仰什么或不信仰什么。他们可以信仰一个神，也可以信仰十几个神，甚至崇拜供奉有各种各样神的庙宇，这都没有关系。但是，不管他们信仰什么宗教，在这个世界级的大帝国里，所有人都必须永远记住，“罗马统治下的和平”之所以能实现，是因为不折不扣地实践着这样一条原则，“待人宽容如待己”。在任何情况下，都不得干涉邻居或自己大门内陌生人的事情，即使偶尔认为自己信仰的神遭到亵渎，也不必向法官讨个说法，正如提比略皇帝在一次重大纪念活动上说的那样："若诸神要求惩罚亵渎神明之人，诸神自会处理。”

靠这样一句随意的安慰之言，法庭就拒绝受理所有这类案件，并要求人们不要把涉及个人见解的问题拿来对簿公堂。

如果一群卡帕迪西亚商人在哥罗西人的地盘居住，他们有权继续信仰自己的神，并在哥罗西镇建造自己的庙宇。同样，哥罗西人搬到卡帕迪西亚人的地区居住时，他们也一定能享有同样的权利和同等的信仰自由。

人们时常争辩说，罗马人之所以能够摆出超然的宽容姿态，是因为他们对哥罗西人、卡帕迪西亚人以及其他所有在拉丁姆地区之外的野蛮部落都同样蔑视。这么说也许正确，我拿捏不准。但是，五百年来，宗教上的全面宽容一直在欧洲、亚洲、非洲的文明和半文明的绝大部分地区盛行。罗马人发明了一种统治艺术——最大限度地减少冲突，创造最大的实际成果。

在很多人看来，太平盛世似乎已经到来，彼此宽容的情况将永远延续下去。

但没有东西可以永存，至少靠武力建立起来的帝国就是如此。

罗马征服了世界，同时也毁灭了自身。

罗马帝国年轻战士的白骨留在了无数战场上。

五百年来，罗马帝国有多少社会精英把才华浪费在管理从爱尔兰海延伸到里海的庞大殖民帝国中。

最后，恶果到来。

仅以一城邦之力统治整个世界，这个勉为其难的事业拖垮了罗马人。

然后可怕的事情发生了。罗马人厌倦了生活，失去了生活的热情。

他们已经拥有了曾经希望拥有的住房、游艇和马车。

他们亦拥有了全世界的奴隶。

他们尝遍天下佳酿，踏遍东南西北，玩遍了从巴塞罗那到底比斯的各色美女，他们的图书馆有世界上所有的藏书，他们家的墙上挂满了最漂亮的画。他们用餐时有世界上最优秀的音乐家为他们演奏。孩子们有最好的老师，老师也教授了最有用的知识。结果，所有的美味佳肴都味同嚼蜡，所有的图书都变得枯燥乏味，所有的美人都失去了魅力，甚至生存本身也成了一种负担，很多人宁可选择一个体面的机会抽身而去。

只剩下一种安慰的办法！那就是对未知和无形世界的臆想。

然而，旧神已经死去，聪明的罗马人不会轻信那些儿歌中所唱的丘比特和密涅瓦的故事。

于是，伊壁鸠鲁派、斯多噶学派和犬儒学派的哲学体系应运而生，这些学派宣扬仁爱、克己、无私和奉献。

但是，这些哲学思想过于空洞。芝诺、伊壁鸠鲁、爱比克泰德和普卢塔克的书在街头书店都能找到，在书里他们的观点引人入胜。

从长远来看，这种纯理性的学说缺乏罗马人所需要的营养，他们开始寻求一种可以作为精神食粮的“情感”。

因此，纯哲学的“宗教”（如果我们把宗教思想和追求有意义的高尚生活的愿望联系起来，这确是一种哲学色彩很浓的宗教）只能满足一小部分人，而且这些人基本都属于上层社会，早已长期享有优秀的希腊老师对他们个别授课带来的好处。

对于普通老百姓而言，这些冠冕堂皇的哲学思想一钱不值。他们的思维也发展到了这样的阶段，认为许多古代神话都是粗俗愚昧的祖先编造出来的幼稚产物。但是他们还赶不上那些所谓的知识高人，还不能否认神的存在。

因此，他们采纳了那些没受过多少教育的人在这种环境中会采取的行动——表面上还一本正经崇敬共和国官方认可的神，背地里却把真正的安逸与幸福寄托在某个神秘宗教之上。在过去的两百年里，这种神秘的宗教组织在台伯河畔的古城中受到了真心实意的欢迎。

我前面用的“神秘”一词源于希腊，原意是“受到启示的”人的集会，这群人为了不把最神圣的秘密泄露出去，必须做到“守口如瓶”。只有教会的真正成员才知道这些秘密，这种秘密就像大学兄弟会的咒符和“海鼠独立教”的咒语一样，将人们紧紧地联系在一起。

然而，在公元一世纪，神秘教会不过是一种特殊的崇拜形式，是一种宗派，希腊人或罗马人（这里请原谅时间上的不严谨）离开长老教会，加入了基督教科学教会，便会告诉邻居说他去参加“另一个神秘教会”去了。“教堂”“英国北部教会”和“贵族院”相对来说是新发明的词汇，在当时还无人知晓。

如果你恰好对这个问题特别感兴趣，想弄明白罗马发生了什么，就请在下周六买一份纽约报纸，任何报纸都行。你会看到四五栏从印度、波斯、瑞典、中国以及其他十多个国家引进的新的教旨和新秘密教会的公告，这些公告旨在给人们提供健康、富有和灵魂得到永恒拯救的希望。

罗马和我们的大都市一样，充斥着外来和本地的宗教。因为它与世界各地联系紧密，所以这种情况不能避免。弗里吉亚人从小亚细亚北部覆满青藤的山上开始了对自然女神西布莉的崇拜，并把西布莉尊为所有天神之母。他们对神母的崇拜形式往往是一些不合乎礼仪的、肆意的情感表达方式。因此，罗马当局不得不强迫关闭神母庙，最后还通过了一项严厉的法律，禁止大肆宣传鼓励在公众场合喝得酩酊大醉以及出现其他丑行的宗教信仰。

埃及是一块充满矛盾和神秘色彩的古老土地，它创造了六个奇怪的天神，俄赛利斯、塞拉皮斯和伊希斯这些神的名字在罗马时代就像阿波罗、得墨忒耳和赫耳墨斯一样为人熟知。

至于希腊人，几个世纪前，他们就创造出抽象真理和以道德为基础的行为规则。现在，他们又向坚持偶像崇拜的异国人提供了闻名的阿提斯、狄俄尼索斯、俄尔普斯和阿多尼斯的神秘教会。从公共道德的角度来说，这些神明中没有一个是不值得怀疑的，但普遍受到人们的欢迎。

一千年来，腓尼基商人频繁光顾意大利海岸，使罗马人熟悉了他们信奉的最高神太阳神巴尔（耶和华的大敌）和他的妻子阿斯塔特女神。所罗门在老年时期为这个奇怪的女神在耶路撒冷中心建造了一个祭坛，这使他忠诚的臣民大为震惊。这个令人敬畏的女神在争夺地中海最高神位的长期苦战中，被迦太基城官方选定为该城的保护神。最后，她在亚洲和非洲的庙宇都被毁灭之后，又被引入欧洲，以备受尊敬的基督教圣徒身份再次出现。

但是，最为重要的是另一个神，他誉满全军。从莱茵河口到底格里斯河源头的罗马边境线上，每一堆残砖破瓦之下都有他的破碎雕像。

这就是伟大的米特拉神。

据我们所知，米特拉原来是亚洲古代管理光、空气和真理的神，在我们祖先来到里海占据这块牧草肥沃的低地平原时，就开始膜拜米特拉。人类在山峰峡谷之间得到了栖身之所，这成了人们所知的欧洲。在我们祖先眼里，米特拉是一切善的创造者，他们相信，这块土地的统治者得以施展权力，完全靠的是米特拉的恩赐。米特拉终日被天火环绕，有时他会把一缕天火降在身居高职的当权者身上，作为恩赐的象征。虽然米特拉早已不在，连名字也被忘记了，但是自中世纪起，圣人头上的光环提醒我们，崇拜米特拉作为一个古老的传统，早在基督教问世的一千年前就开始了。

尽管米特拉长期深得人们的崇拜，但要准确地了解他的一生却相当困难，造成这种结果是有原因的。早期基督教传教士非常痛恨米特拉神话,远超过对普通神话的痛恨。他们明白这个印度神是他们最大的敌人。因此，他们竭尽所能要毁掉一切能让人们想起他的东西。他们做得很成功，所有米特拉的庙宇都荡然无存。就像今日美以美教派[①]和长老会在美国盛行一样，这个宗教在罗马盛行了五百年之久，但历史记载却没有保留下来。

不过，当时炸药还没有发明，不可能彻底夷平建筑物，人们通过搜索一些废墟和亚洲古地得到的资料，填补了历史的空白。现在，有关这个有趣天神及其代表的对象，我们都掌握了相当精确的资料。

---

①美以美会（The Methodist Episcopal Church）是1844年至1939年在美国北方的卫理公会所使用的宗派名称。该会属于基督新教的一个较大的宗派——卫斯理宗。

米特拉的故事要追溯到很久很久以前。一天，米特拉神秘地从一块岩石中诞生。他一睡进摇篮，附近的几个牧羊人就过来膜拜，还送礼物哄他开心。

米特拉在孩提时代就经历了各种各样怪异的冒险，其中很多故事让我们联想到大受希腊孩子们欢迎的英雄赫拉克勒斯的事迹，不过，赫拉克勒斯生性残暴，而米特拉总是在做善事。有一次他与太阳神进行摔跤比赛，战胜了太阳神。虽然他胜了，却慷慨大度，和太阳神成了手足兄弟，以致人们常常将他们两人混淆。

当万恶之神引发干旱要毁灭整个人类之时，米特拉向一块岩石射出一箭，顿时水如泉涌，干裂的土地得到滋润。阿赫里曼（罪恶之神的名字）又想引发洪水来达到其邪恶的目的。米特拉闻讯后，便警告了一个人，让他造一只大船，载上亲属和家畜，把人类从毁灭中拯救出来。米特拉直到最后都在尽力从人类各种愚蠢的行为中拯救世界。他被带入天国，永远地成为了正义和公正的主宰。

希望加入崇拜米特拉行列的人就必须通过一种仪式，吃一些面包和酒做的圣餐，来纪念米特拉和他的朋友太阳神一起吃过的著名晚餐。另外，他们还必须接受圣水盆的洗礼，做很多我们现在看来是毫无意义的事情，这种宗教形式早在一千五百年前就完全消失了。

一旦成为米特拉的信徒，所有人一律平等。他们在同一个烛光明亮的祭台前祷告，齐唱一首圣歌，一同参加每年 12 月 25 日纪念米特拉生日的节日聚会。而且他们在每周的第一天什么都不做，来纪念那位伟大的天神。现在，我们称这一天为星期天。这些信徒死后，尸体要摆放整齐，等到最后复活之日的到来，届时好人得到公正的报答，恶人则被丢进永不熄灭的烈火之中。

这些形形色色的神秘教会取得了成功，罗马士兵普遍崇拜米特拉，这说明人们对宗教是非常感兴趣的。实际上，罗马帝国在最初几个世纪里，一直都在寻找能够满足大众精神需求的东西。

到了公元 47 年，发生了一件事。一条小船离开了腓尼基，向前往欧洲陆路通道起点的佩尔吉城行驶，船上有两个没带什么行李的乘客。

他们是保罗和巴纳巴斯。

他们是犹太人，但其中有一个人拿的是罗马护照，通晓犹太族人之外的世界。

一次永垂青史的旅程开始了。

基督教踏上了征服世界之路。

第三章 禁锢的开始

基督教迅速征服了西方世界，常常被人拿来证明基督教思想来源于神。我并不想就此辩论一番，我只是想指出，当时罗马帝国大多数人生活艰辛，早期基督教传教士四处传教，吸引了不少人，这在很大程度上促成了基督教的成果。

至此，我已向读者勾画出了一幅罗马的图画——士兵、政客、富商和科学家组成的世界，这些幸运儿住在拉特山的山坡上，或者在坎帕尼亚山的峡谷与山岗中，又或者住在那不勒斯湾，享受着快乐、文明的生活。

但他们只代表了罗马的一面。

在城郊多如牛毛的贫民窟中，那种能使诗人歌颂太平盛世和激发演说家把屋大维比作朱庇特的繁荣昌盛却鲜有人见到。

在一排排凄惨的看不到尽头的茅屋中，人头攒动，臭气熏天，对这些人来说，生活不过是无休无止的饥饿、劳累和痛苦。这些人只相信那个朴实木匠的传说。这个木匠住在大海彼岸的小村庄，通过辛勤的劳动赚得每天的食物；他热爱贫苦之人和受压迫者，因此残酷贪婪的敌人杀害了他。的确，贫苦的罗马人全都听说过米特拉、伊希斯和阿斯塔特的名字，但是这些神都死了，在千百年前就已经远离人世，人们也只是根据祖先流传下来的故事去了解他们。

可是，拿撒勒的约书亚，也就是希腊传教士称之为“救世主”的基督不久前还活在世上。当时很多活着的人都知道他，在提比略皇帝在位期间，谁要是偶然去了叙利亚的南部，也许还听过他的布道。

当然还有其他事例。街角的面包匠和邻街的水果贩子在阿庇乌古道旁边的黑暗小花园里与某个叫彼得的人谈过话；到过戈尔格塔山附近的渔夫也许看到过先知被罗马士兵钉上十字架的惨状。

我们要弄清楚人们为何突然热衷于这一新的信仰，就应当记住这一点。

正是亲身的接触和人与人之间直接的亲密情感让基督教获得了远远高于其他教派的魅力。耶稣的博爱表达了各国深受压迫的贫民的呼声，因而能传遍四面八方。耶稣的话是否与信徒们所用的词汇相一致并不重要，重要的是，奴隶们洗耳恭听，能够理解。他们在美好的预言面前颤抖了，平生第一次看到了新希望的曙光。

他们终于盼来了让他们获得自由的话语。

在这个世界的权贵面前，他们不再贫穷，不再受蔑视，不再是卑贱的人。

相反，他们成了被仁慈的上帝所宠爱的孩子。

他们将会拥有世间所有的一切。

他们要分享萨姆尼庄园中那些趾高气扬的主人们独有的欢乐。

新信仰的力量由此产生。基督教是第一个实实在在倡导人人平等的宗教。

当然，我并不想把基督教说成是一种灵魂的感受，一种生活和思维的方式。我想说的是，在腐朽的奴隶制社会，这种好消息必然会迅速传播，以燎原之势燃起大众感情上的熊熊烈火。但是，历史的发展除了个别情况外，自由人和奴隶的心灵经历都不会被记述。这些可怜的人被分成不同的民族、行会、教会、军队、兄弟会和同盟性的组织，并开始服从一个统一的指挥，等积累起足够的财富之后就要缴纳赋税。他们还被强制入伍，东征西战。只有在这个时候，他们才会引起编年史家的注意和重视。因此，我们尽管了解基督早期的许多情况，却对其真正的创始人所知甚少。这的确是一件遗憾的事，因为基督教早期的发展在任何史籍里都是最有趣的内容之一。

在古老帝国废墟上拔地而起的基督教是两个对立的利益结合的产物，一方面，它是耶稣自己传播博爱、仁慈和理想的代表，另一方面，基督教又与狭隘僵化的观念融合在一起，在这种观念的束缚下，耶稣的同胞从一开始便与世界上其他地方的人隔离开来。

说得通俗一点，这种狭隘僵化把罗马人的效率和犹太人的专横融合在了一起，结果建立了压抑思想的恐怖统治，它虽然行之有效，但同时又不合情理。

为了弄清楚原委，我们必须追溯到保罗的年代以及耶稣死后的头五十年，我们必须紧紧抓住一个事实——基督教是犹太教内部变革的产物，是纯粹的民族主义运动，这种运动一开始威胁的正是犹太王国的统治者。

耶稣在世时，当权的法利赛人早就清楚这一点。他们自然十分害怕煽动性的宣传会威胁精神垄断，因为基督教对建筑在野蛮武力基础上的这种垄断提出了质疑。为了使自己不被赶走，法利赛人惊慌失措地先下手为强，在罗马当权者还没来得及干预的时候，就处死了这些牺牲品。

谁也不知道，假如当时耶稣不死，他会采取什么对策。他过早地遇害，还没能把信徒组成一个教派，没有写下只言片语以便他的追随者能够猜到他想做什么。

这反倒成了福音。

没有文字性的规定，没有明确的教条，这反而使门徒们可以自由地遵循耶稣的精神，而不是只有白纸黑字的教规。如果他们被一本书束缚，势必会把全部精力都用在争论上，甚至去讨论逗号、分号之类迷惑人的问题。

当然，如果是这样，那么除了几个专业学者外，就没有人会再对这个新的信仰产生兴趣，基督教当然也会步其他教派的后尘，以详细的文字纲领开始，最后以动用治安人员将争吵不休的神学家扔到大街上而告终。

在差不多两千年后的今天，我们才意识到基督教对罗马帝国造成了多大的打击，但令人惊讶的是，既然它对国家安全的威胁就像匈奴人和哥特人入侵一样，为什么罗马当局没有采取镇压行动？他们当然知道，正是因为那个东方先知在家仆中引起了极大的骚动，女人们也在喋喋不休地谈论天国之王即将再次降临，许多老人还一本正经地预测这个世界将会在一团火球中毁灭。

这已经不是贫苦阶层第一次为了某个新的宗教而掀起狂热的情绪

了，而且很可能也不是最后一次。治安人员会小心提防这些贫穷的狂热者，不让他们扰乱帝国的安宁。

情况确实如此。

警方的确戒备森严，但没有找到行动的把柄。这个新教派的追随者以其规范的方式进行宗教活动，很值得推崇。他们并不想推翻政府，起初，少数奴隶还期望上帝的博爱和人与人之间的兄弟之情会终止原有的主仆关系，但圣徒保罗赶忙解释说，他的王国是一个看不见摸不着的灵魂王国，凡人最好还是接受现实，接受一切，期望在天国里得到好的回报。

同样，许多妻子对罗马法典严厉的婚姻法所带来的束缚非常不满，她们总结说，基督教等于妇女解放和男女权利平等。保罗又站出来，以巧妙的言语和娓娓动听的字眼恳求可爱的姐妹们不要走极端，以免让保守的异教徒怀疑基督教，并说服她们继续过半奴隶的生活，因为自亚当和夏娃被逐出天堂后，这就成了女人的本分。所有这一切都表明基督教十分尊重罗马法律，因而罗马当权者允许基督教传教士自由来往，因为他们的说教最符合当政者的口味和期望。

正如历史上经常发生的情况一样，平民百姓的宽容精神并不如统治者。他们生活贫困，不一定就是品德高尚的人，只要能积累财富，良知上就能让步，并能以此实现美满富足的生活。

古罗马最下层的人民在数个世纪以来一直都沉湎于免费用餐和打架决斗中，他们都毫无例外服从于上述规律。起初，这群面容严肃的人停止了粗俗的取乐，开始全神贯注地倾听一个关于上帝的神奇故事。耶稣像普通的罪犯那样，不光彩地被钉死在十字架上，上帝劝这些人应当为那些向聚会的信徒投掷石块泥土的流氓高声祈祷。

但罗马传教士却不能超然地看待这个新的发展趋势。

当时罗马帝国奉行的宗教是国教，它包括了在特定场合的隆重祭祀，信徒要为此缴纳现金，而这些钱又都装进了教堂主管的腰包。如果成千上万的人不光顾旧的圣地，而是奔向一个不名一文的教堂，这样，教士的收入就会大大减少，他们当然会大为光火。于是他们大肆诽谤，咒骂那些异教徒不信奉传统神灵，而是去朝拜异邦的先知。

但城市中另一阶层的人更有理由憎恨基督徒。他们是托钵僧，就像信奉伊希斯、伊斯塔尔、巴尔、西布莉和阿提斯神话的那些印度瑜伽信徒、僧侣及圣职者一样，年复一年地耗费罗马中产阶级的金钱，过着奢侈而优渥的生活。假如基督教是与他们竞争的教派，对布道内容明码标价，那么巫师、看手相的人和巫术行会就无可抱怨了。毕竟在商言商，让他们在预言的行当里分一杯羹也未尝不可。然而基督徒却想出了馊主意，竟然分文不取，还把自己的东西送给别人，给饥饿者饭吃，送流浪者房住。这实在太过分，除非有私下的收入或尚未被发现的财源，否则，绝做不到这些。

这时的罗马已经不是自由民的城市，它成了来自帝国各地成千上万失地农民的临时栖身之所。这些下层民众只知道服从大多数人遵守的神秘法则，而对于行为与自己不一样的人心怀憎恨，对无缘无故想过正派生活的人存有戒心。在他们看来，见面打招呼喝杯酒，偶尔还替别人付账的人才算是好邻居和好朋友;而自命清高、不去大竞技场看斗兽表演、看到大批战俘被拖到卡皮托利山大道上游街而不欢呼的人，却被视为讨厌的人，是社会的公敌。

公元 64 年，一场大火烧毁了罗马的贫民区，它成为对基督徒进行第一次有组织地攻击的借口。

一开始有谣传说是酩酊大醉的尼禄皇帝异想天开，下令在首都放火，毁掉贫民窟，以便按照他的计划重建罗马。然而大家都很清楚，这场火是犹太人和基督徒的过错，因为他们总是谈论天国大火球的降临会把罪人的世界化为灰烬。

这种说法一出现，便引得谣言四起。一个老妇人听到了基督徒与死人说话，另一个人得知基督徒拐骗小孩，割断其喉咙，并把孩子的血涂在诡异的用来祭祀上帝的祭坛上。当然,没人亲眼目睹这些丑恶的行为，但这是因为基督徒过于狡猾，已经用钱收买了治安人员。但这次他们终于被抓了个现行，他们必须为自己的罪恶行径付出代价。

我们无从得知有多少虔诚的教徒因此被私刑处死，或许保罗和彼得也是受害者，因为从这以后，再也没有听到过他们的名字。

不用多说，这种可怕的群众性愚蠢行为的结果是一事无成。殉道者临刑前凛然的态度是对新的信仰和死去的基督徒最好的宣传。一个基督徒死了，却有十多个新教徒争先恐后地补上他的位置。尼禄皇帝在他短暂而无用的一生中做了唯一一件体面的事（这就是于公元 68 年自杀）。在那之后，基督徒重返旧地，一切依然如初。

这时的罗马当权者发现了一个大秘密，他们开始怀疑，基督徒并不是犹太人。

我们几乎不能责怪他们的错误，近百年来的历史研究逐渐清晰地表明，犹太人集会堂其实是一个宗教信息的交流中转站，新的信仰就是通过它传到世界各地的。

别忘了，耶稣本人是犹太人，他一直不折不扣地恪守祖先制定的古老律法，只对犹太听众布道。他曾经离开过故土一小段时间，不过只有一次。但是他为自己制定的使命却是与犹太人共同完成的，当然也是为了犹太人而为之的。他的言语根本没有让罗马人感到基督教与犹太人有什么细微的区别。

耶稣实际上完成了如下事实：他清楚地看到祖先的教堂里充满各种犯戒的陋习，也曾经大声抗议过，并取得过成功。但是他为之奋斗的只是内部的改革，从来没有想到自己会成为一个新教派的创始人。假如当时有人提到这样的可能性，他会认为这过于荒谬。但就像在他前后的许多改革者一样，他逐渐陷入了进退两难的境地。他过早的逝去反而救了他，使他免遭路德和其他许多改革倡导者的命运，那些改革者本来也只想在内部促成改革，却突然发现自己成为组织“外部”一个新集团的领袖，并因此感到茫然困惑。

在耶稣死后的许多年，基督教（当时这个名称还没有形成）仅仅是犹太教派中的一个小教派，只在耶路撒冷、尤迪亚村和加利利村有一些信徒，从未传播到叙利亚省之外。

是拥有犹太血统的罗马公民盖尤斯·朱利叶斯·保利努斯首先认识到这个新教派有可能成为一个世界性的宗教。他用饱受磨难的经历告诉我们，那些犹太前辈们是怎样强烈反对这个宗教世界化的。他们十分厌恶敢于一视同仁地向犹太人和非犹太人宣讲救世之理的人。保罗最后一次到耶路撒冷的时候，如果没有罗马护照的保护，肯定会被愤怒的同宗民众撕成碎片，重蹈耶稣的厄运。

派出半个营的罗马士兵去保护保罗还是有必要的，他们把他安全地送到港口城市，从那儿他可以乘船回罗马参加从来没有发生过的著名审判。

保罗死后没过几年，最让他牵肠挂肚，而且多次预言过的事情终于发生。

耶路撒冷被罗马人摧毁，在过去耶和华庙的所在地建起了供奉丘比特的新庙。城市的名字改为埃利亚卡托纳，尤迪亚也变成了叙利亚巴勒斯坦[①]的罗马省的一部分。至于当地的居民，不是被屠杀就是被逐出家园，在圣城废墟周围方圆几英里内，任何人不得居住。

这座圣城给犹太基督徒带来了无穷的灾难，现在终于被毁灭。在这以后的几个世纪里，在尤迪亚的小村子里发现了一些怪异的人，他们自称是“可怜人”，他们以极大的耐心和终日不断的祷告等待世界末日的来临。他们是耶路撒冷老犹太基督徒中的幸存者。我们从十五、十六世纪的书籍中经常可以看到有关他们的记载，他们远离尘嚣，形成了一套以憎恨圣徒保罗为宗旨的怪诞教义。实际上在七世纪后，我们就没再发现这些自称拿撒勒派和伊便尼派教徒的踪迹，伊斯兰教的胜利者已经将他们斩尽杀绝。即使他们能再苟延残喘几百年，历史也无法倒退。

罗马征服了东西南北，组建了一个强大的中央集权，让世界有了接受一个统一宗教的条件。基督教简单实用，有很多直接的吸引人的因素，因此注定会获得成功，而犹太教、米特拉教以及所有其他参加竞争的教派必定要失败。但不幸的是，这个新的教派没有摈弃自身的不良特点，历史也无法倒退。

---

①传统上的大叙利亚地区，包括今天的叙利亚、以色列、巴勒斯坦、黎巴嫩以及约旦。

一条小船把保罗和巴纳巴斯从亚洲送到欧洲，带来了希望和宽容。

但是另一个乘客偷偷溜上了船。

它戴着圣洁和美德的面纱。

但面纱下面的嘴脸却是残暴和仇恨。

它的名字是：宗教的不宽容。

第四章 诸神之黄昏

基督教在早期只是一个很简单的组织，人们一旦发现世界末日并非迫在眉睫，耶稣受难后的审判日也不会接踵而至，基督教还要在饱含热泪中继续挣扎，于是他们觉得需要建立一定形式的统治体系。

最初，基督徒都是（由于全是犹太人）在犹太教堂聚会。由于犹太人和非犹太人之间的摩擦，非犹太人要到能容纳所有虔诚的信徒和好奇的人的空房子里集会，如果找不到这种房子，他们就干脆露天或在废弃的采石场集会。

聚会一开始在安息日，即星期六举行。但随着犹太基督徒与非犹太基督徒之间冲突的加剧，非犹太基督徒便废除了星期六安息日的惯例，喜欢在死者复活的星期日聚会。

但是，这些庄严的仪式一开始就体现出其普遍性和感情化的特点。没有固定的讲经和训诫，没有专职的布道教士，所有男女信徒只要感到被圣火召唤，都可以在聚会时站出来剖白内心的感应。如果相信保罗的描述，这些虔诚的教友们“口口相传的布道”曾经让这位伟大的信徒忧虑未来。因为大多数教友只是普通百姓，没受过什么教育。他们即兴布道的虔诚当然是无可怀疑的，但他们常常一激动就像疯子一样口出狂言。教会虽然能承受住宗教迫害，但面对荒唐之事却一筹莫展。因此，保罗和彼得及其继承者们不得不努力建立一种有秩序的机制，来消除人们急于宣泄的情感和宗教狂热引发的混乱。

一开始，这些努力收效甚微，因为固定化的规章制度与基督教的民主性格格不入。最后人们还是从实际出发，同意按照一定的仪式进行聚会。

聚会从朗诵旧约中的赞美诗开始（用以安抚可能在场的犹太基督徒），然后，全体教徒高唱新近为罗马和希腊的信徒谱写的颂歌。

唯一固定化的演讲是那篇耶稣总结了他一生哲学思想的著名祷文。然而几个世纪以来，布道完全是自发的，只有那些有话可说的人才能登台布道。

但随着集会次数的增加，总是对秘密团体怀有戒心的治安人员开始过问了，因此必须推选出一些人代表基督徒处理世俗问题。保罗曾高度评价过领导者的作用。他把他在亚洲和希腊走访的教会小团体比作汹涌波涛中的小船，要想在惊涛骇浪的大海中求生，就必须得有聪明绝顶的舵手。

于是虔诚的信徒们聚集在一起，选出虔诚的男女祭司。他们是整个教团的“仆人”，责任是照顾好病人和穷人（这是早期基督徒主要考虑的事情），管理好教团的财产以及处理日常琐事。

后来，基督教信徒人数有增无减，业余祭司的管理工作变得复杂不堪，这时需要有专职的祭司，于是几位“老者”被推举出来担当此任。希腊语称这些人为“长老”，按我们的说法就是“牧师”。

许多年后，很多村庄和城市都有了自己的教堂，因此，推出统一的治理政策变得势在必行。人们选出了“监督者”（主教）管理整个教区，并代表教区与罗马政府打交道。

很快，罗马帝国的各大城市里都有了主教，在安提俄克、君士坦丁堡、耶路撒冷、迦太基、罗马、亚历山大城港和雅典，他们都是掌管大权的人物，几乎与行省的军政总督同等重要。

当然，刚开始时，掌管耶稣当年曾经生活、受难、死去并广受尊敬的那片地区的主教最受尊重。但在耶路撒冷被毁，期待世界末日和犹太复国的一代人不复存在以后，那位可怜的老主教在那片废墟的宫殿里被剥夺了原来的特权。

他作为虔诚信徒首领的位置自然而然地被那个“总监”顶替。“总监”住在文明世界的首都，守卫着西方大圣徒保罗和彼得当年殉教的地方，他便是罗马大主教。

这个主教与其他主教一样，也被称作“神父”或“圣父”，这是对圣职人员最常见的称呼，以表示对他们的热爱和尊敬。在以后的数个世纪里，“圣父”这个头衔在人们心目中几乎只与主教管区的首领相关联。每当提到“圣父”，指的只是罗马的大主教，即教皇，绝不会是君士坦丁堡的主教或迦太基的主教。这是一个完全自然的发展过程。我们在报纸上看到“总统”一词时，无需再加上“美国”一词来做定语，因为我们知道这里指的是政府首脑，而不是指宾夕法尼亚州铁路局长、哈佛大学校长或国联主席。

“教皇”这个名字第一次出现在正式公文里是 258 年。那时罗马还是强盛帝国的首都，主教的势力完全被皇帝们所压制。但是在以后的三百年中，凯撒的继任者们不断受到内忧外患的威胁，便开始寻找更为安全的新家园。他们在国土的另一端找到了一座城市，这就是拜占庭。它是因一个传说中的英雄拜扎斯而得名的，据说他曾经在特洛伊战争结束后不久从这里登陆。拜占庭坐落在分割欧亚大陆的海峡之畔，地处黑海到地中海的商业要冲，控制着几大城市，在商业上享有非常重要的地位，斯巴达人和雅典人曾经为了争夺这个富足的要塞而拼个你死我活。

然而在亚历山大城时代以前，拜占庭一直是独立自主的。它落入马其顿之手没多久便被并入了罗马帝国的版图。

现在经过十个世纪的不断积累，拜占庭被称为“金号角”的海港里挤满了来自上百个国家的船只，因此它被选中做帝国的中心。

罗马的居民被丢下，任凭哥特人、汪达尔人以及天知道还有哪些野蛮人肆意宰割。他们看到皇宫人去楼空，看到政府部门陆续搬迁到博斯普鲁斯的海峡之滨，看到首都的居民竟要遵照千里之外制定的法律行事，于是他们感到世界的末日已经到来。

但历史往往是此失彼得。皇帝们走了，留下的主教就成为城中最显赫的人物，他们是荣耀王座上看得见摸得着的继承人。

他们不遗余力地利用这个独立自主的大好机会。教会的声望和影响吸引了意大利最博学的人，主教们又变成了精明的政治家。他们感到自己是某种永恒信念的代表，因此不用着急，而是徐徐图之，敢于抓住机会。他们不像其他人因为操之过急的压力而匆忙决断，最后犯下大错以失败告终。

不过最重要的是，主教们只有一个目的，且始终如一，坚持不懈地向这个目标前进。他们的言行举止和思想理念都是为了增加上帝的荣耀，加强上帝意志在凡间的代表——基督教的权力。

随后一千年的历史表明他们的奋斗是有巨大成效的。

当时野蛮人的部落横扫欧洲大陆，摧毁了一切，罗马帝国的城墙纷纷倒塌，上千个像巴比伦平原那样古老的机构如垃圾般被清理得一干二净，只有基督教坚如磐石，在各个时代，尤其是在中世纪时期，基督教岿然不动。

不管怎样，最后终于取得了胜利，但也付出了惨重的代价。

基督教虽然出于马厩，却在宫殿中结束。它本是以一种抗议统治机制的形式起家，结果，自封为人与神之间联系人的神父规劝普通人做到无条件地顺从。基督教本来是一个变革性的组织，但经过不断发展，在不到一百年的时间里就成了一个新的超级神权政治集团。相比之下，古老的犹太国家，反而成了幸福快乐的人民居住的温和自由的联邦。

然而这一切却又合乎逻辑，不可避免。让我为大家细细道来。

大多数游览罗马的人都要去竞技场看看，在四面漏风的围墙里，人们可以看到一片空地，在这里，数千名基督徒殉教倒下，成为罗马不宽容的牺牲品。

虽然确有几次对新宗教信徒迫害的事例，但这与宗教的不宽容无关。

迫害全是因为政治的不宽容。

基督徒作为宗教派别的成员，享有最广泛的自由。

但基督徒公开宣布自己由于宗教道德而拒绝服兵役，甚至受到外国侵略时还在家鼓吹和平主义，而且不分场合公开诋毁土地法。这样的基督徒被看作是国家的敌人，受到了敌人才会遭受的惩罚。

基督徒按照自己觉得神圣的信条行事，但罗马的司法系统很清楚他们这一套，基督徒极力解释自己的道德法则，可法官大人却迷惑不解，听得糊里糊涂。

罗马的法官毕竟是凡人，他突然应召前去审判那些人，犯人陈述的道理在他看来却只是琐碎之事，让他不知所措。丰富的经验告诉他，不要卷入神学争论的问题。他还记得许多皇帝诏令告诫官吏，在对付新教派时要懂得圆滑老练，于是他努力说理。但当全部争论集中到原则问题的时候，诉诸逻辑就不起作用了。

最后，这位法官面临抉择，是放弃法律的尊严，还是坚持维护国家最高权力这种绝对不够格的理由？不过，那些教徒坚信生命在死亡之后才开始，还为能离开这个邪恶世界去享受天国的快乐而兴高采烈地欢呼，所以监狱和折磨对他们来说也算不了什么。

于是政府和基督徒之间漫长、痛苦、断断续续的冲突爆发了。我们没有官方的全部死亡人数资料。公元三世纪著名神父奥利金的一些亲戚在亚历山大城的一次迫害中被杀死了，按照他的说法，“为信念而死的真正基督徒的数目还是可以统计出来的。”

但是，在仔细研究早期圣徒的生平时，就会发现许多血淋淋的事件。我们不禁纳闷，一个屡遭残酷迫害的宗教是怎么生存下来的?

不论我拿出多少数据，终究会有人指控我是有偏见的骗子。因此我要保留己见，让读者自己下结论。人们只要看一看德西乌斯皇帝（249—251）和瓦莱利安（253—260）皇帝的生平，便能比较清楚地看到迫害最残酷时代的罗马专制的真实特点。

另外，如果读者还记得，就连马尔库斯·奥列里乌斯皇帝这样英明开放的君主尚且不得不承认自己在处理基督徒臣民的问题上并无成效，那么罗马帝国边远地区的无名小吏会面临什么样的困难就可想而知了。本想尽忠职守的无名小吏们要么对政府不忠，要么就得处死自己的亲朋好友，因为这些亲朋好友违反了或不愿意服从帝国政府为保障自己的权力基础而制定的几项简单法令。

与此同时，基督徒并没有被对异教臣民虚情假意的伤感拖住，而是继续稳步扩大自己的影响。

四世纪后期，罗马元老院里的基督徒抱怨说异教偶像阴影伤害了他们的感情，请求格霍希恩皇帝将胜利女神像搬走。于是，这座矗立在朱利叶斯·凯撒建立的宫殿里长达四百年之久的神像被拆除了。几名元老曾经表示反对，但无济于事，那只会导致他们中的一些人遭到流放。

远近闻名的忠诚爱国者昆塔斯·奥里利厄斯·西马库斯撰写了一封著名的信函，他在其中竭力建议采取折中的选择。

“为什么？”他问道，“我们异教徒与基督徒邻居不能和平相处？我们抬头仰望的是同样的星辰，走在同一块土地上，同在一片苍天之下。为了探求真理，每个人选择自己的道路又有什么关系？生存的奥妙非常深奥。要找到答案，通向答案的道路也不会只有一条。”

他并不是唯一认识到这个道理的人，也并非只有他看出古罗马宗教开放政策的传统正在受到威胁。在罗马胜利女神像被拆除的同时，已经在拜占庭避难的两个敌对基督教派之间爆发了激烈的争执。这场争执引起了一场以宽容为主题，世间闻所未闻的最为深奥的讨论。哲学家忒弥修斯是这场讨论的发起人，他依然忠于祖先信奉的神灵，但当瓦斯林皇帝在正统与非正统的基督徒论战中偏袒其中一方时，忒弥修斯觉得自己必须提醒皇帝履行自己的真正职责。

忒弥修斯说："有一片领域，任何统治者都不能在那里施展权威，这就是美德之国——个人宗教信仰的领域。在这片领域内，强制只能在欺诈的基础上产生虚伪和皈依。因此，统治者最好容忍各种信仰，因为只有宽容才能防止民众之间的冲突。而且宽容是一种神圣之道，神本身已经明确表明容忍多种宗教的意愿。只有神能够辨明人类用来理解天道玄机的方法，神欣赏各种崇拜他的形式，他喜欢基督徒的形式，也喜欢希腊人和埃及人的其他形式。"

这的确是真知灼见，但别人充耳不闻。

古代世界连同其思想和理想一起死去，任何倒转历史时钟的企图都注定不会成功。生活意味着进步，而进步意味着磨难。社会的旧秩序正迅速瓦解，军队充斥着外国雇佣兵这样的乌合之众。边远省份发生公开叛乱，英格兰及其他边境地区早已落入野蛮人之手。

灾难终于发生了，有才华的年轻人在过去的几百年里都在为国献身，如今他们发现上升渠道除了一条以外都被堵死，这条路就是加入教会。西班牙的基督教主教可以行使地方长官的权力，基督教中的作家只要全心全意地做神学研究，就能赢得广泛的读者，当上基督教的外交官，假如愿意在君士坦丁堡的王宫中代表罗马教皇发声，或愿意冒险深入高卢或斯堪的那维亚的腹地去赢得野蛮人首领的好感，他们就一定会平步青云。最后，要是当了基督教的财务总管，就有希望掌管可以让人大发横财的产业，那些产业曾使拉特兰宫的主人成为意大利最大的地主和最富有的人家。

在过去的五年中，我们看到了本质上相同的情况，到 1914 年，野心勃勃、不靠体力劳动为生的欧洲青年人几乎都进入政府部门供职，在不同的帝国和皇家陆军与海军中为官。他们供职于司法机构的关键部门或掌管财政，或在殖民地当几年总督和军事司令官。他们并不期望变得富有，但他们出任公职给他们带来了极佳的声誉，只要能发挥一定的聪明才智并做到勤劳诚实，就可以赢得美满的生活，老有所成。

接着，战争爆发。它将社会中的封建残余一扫而光，下层阶级掌握了政权。以前的一些官员已经年迈，难以改变一生的习惯，于是典当了自己的勋章离世而去。但绝大多数人都面对现实，他们从小接受教育，鄙视商人的职业。或许做生意为人所不齿，但人们总得在办公室和破房子之间做出选择。为了信念宁愿饿肚皮的人相对来说总是少数。因而在大动乱后没几年，我们便发现大多数政府官员和军官都在做十年前不愿意碰的工作。此外，由于大多数人家世代都从事行政工作，习惯发号施令，因此在新的职业中总能发展得比较顺利，比预想的更为幸福和富有。

经商在今天的情形正是一千六百年前教会繁荣昌盛的写照。

这些年轻人会把自己的祖先追溯到赫拉克勒斯、罗慕路斯或特洛伊战争的英雄，要让他们接受一个奴隶的儿子和一个普通牧师的教诲并非易事；但这个普通的牧师和努力的儿子却给予这些把祖先追溯到赫拉克勒斯、罗慕路斯或特洛伊战争英雄的年轻人梦寐以求的东西。因此，如果双方都够聪明（也很可能是这样），很快就会学会欣赏彼此的长处，各取所需。因为历史有一条奇怪的法则——越容易变化的往往越一成不变。

有史以来有一条不可避免的规律，即小部分的聪明人来统治，大部分不太聪明的人去服从。两类人在不同时代中分别有不同的名称，一方代表力量和领导，另一方代表软弱和服从，这就是帝国、教会、骑士制度、君主制度、民主制度、奴隶制度、农奴制度和无产阶级。但是，驾驭人类发展的神秘法则无论是在莫斯科和伦敦还是在马德里和华盛顿，都是一样的，而且不受时间地点的限制。它常常以奇怪的形式或伪装来体现自己的存在，它不止一次穿着卑贱的外衣，高喊自己对人类的爱、对上帝的忠以及自己希望给绝大多数人带来最大幸福的愿望。但是在美丽的外衣之下却一直隐藏着原始法则的严酷真理——人的第一需求是生存。一些人对于人类出生在哺乳动物世界的事实感到恼怒。他们骂我们是“现实主义者”和“愤世嫉俗者”。他们总把历史当作美好的神话，当他们发现历史也是一门科学，要服从于支配宇宙的铁律时，便大惊不已。他们也许还会反对平行线法则和乘法表的运用。

我奉劝他们还是遵从规律。

因为只有这样，有朝一日历史才能对人类有实际的价值，才能避免让人们与那些歧视别的民族的人、不宽容别的部落的人和从愚弄大部分人中得利的人同流合污。

假如谁要是对此表示怀疑，就请看看我在前几章中所写的这几个世纪以来的历史事实吧。

再请他研究一下最初的四百年中基督教领导者的生平。

他肯定会发现，无一例外，这些人都出身于古老的异教徒阶层，在希腊哲学家的学校求学，只是必须要选择职业时才进入教会。当然其中有些人是受了新思想的吸引，诚心诚意地接受基督的圣言，但大多数人都改变了初衷，从追求现实世界的主人转变为效忠天国统治者，是因为跟随后者，发展的机会是无限大的。

基督教本身是英明而充满智慧的，因而并不过多地探究新的信徒是出于什么样的动机突然皈依上帝，只是认真地满足不同人的不同要求。有些人向往现实世界的生活，教会便提供机会让他们在政商领域大显身手。对于容易感情用事的人，教会会提供机会让他们逃离拥挤不堪的城市，这样他们便可以在宁静中思考现世的罪恶，追寻那种实现灵魂永恒幸福所必须具备的个人圣洁。

这种信奉上帝与冥思沉想的生活一开始是很简单的。

在教会创立最初的几个世纪里，只是对住在远离权力中心的下层百姓有一些松散的约束。但当教会继承了帝国的权力，成为世界的主宰，成为拥有大片遍及意大利、法国和非洲等地区的强大政治组织之后，这种隐居避世的生活机会便减少了。当所有真正的基督徒把时间花在行善和祈祷时，许多善男信女开始追忆“美好的过去”。为了追寻幸福，他们想人为地创造一些条件，再现历史上自然发展的情况。

这场修道院式生活的运动起源于东方，它对以后几千年的政治经济产生了巨大的影响，为教会镇压不信教者或异教徒的战争提供了一支忠实可靠的突击部队。

这并不令我们感到惊诧。

靠近地中海东岸的国家拥有历史悠久的文明，那里的人民已经疲惫不堪。仅在埃及，自从尼罗河河谷第一批居民出现以来，就有十种不同文化此消彼长，循环往复，底格里斯河和幼发拉底河之间的富饶平原上情况也是这样。生活的虚无和人类努力的徒劳都能在路旁成千上万间庙宇和宫殿的废墟中找到。欧洲年轻一代接受基督教，是因为它体现了他们对生活的希望，能重新焕发他们的精力和热情。但埃及人和叙利亚人却对自己的宗教生活有着迥然不同的看法。

对他们来说，宗教意味着摆脱现世生活诅咒的希望。因为他们怀着对死亡欢欣一刻的期望，逃离记忆中阴森的囚房，从而能躲进沙漠，只与悲伤和他们的天神做伴，将现实置之脑后。

出于某些奇怪的原因，改革似乎总是特别能吸引到军人。他们比任何人都更为直接地接触到文明的残酷和恐怖。而且他们还懂得，没有纪律便一事无成。在基督教战争中，为教会而战的最伟大的勇士是查理五世大帝军队中的一名队长，他第一个将精神上的迷途者组织成一个简单团体，这位曾在君士坦丁皇帝麾下的军队中当过士兵的人名叫帕肖米厄斯，是埃及人。他服完兵役后加入了由一小撮隐士组成的小团体，团体由一个叫安东尼的人领导。但隐居生活往往会产生各种各样的思想矛盾，出现某些可悲的、过分虔诚的表现，比如爬到古老的石柱顶上或荒芜的坟墓里度日（这给异教徒徒增笑料，而真正的信仰者却在承受痛苦），于是帕肖米厄斯决定为这个运动选择一个更为现实的基础，他成了宗教秩序最早的创始人。在那之后（四世纪中叶），隐士们居住在一起，都服从同一个领导人，并称他为“最高统帅”，这位统帅可以任命不同修道院的院长，还将无数修道院称为主的堡垒。

帕肖米厄斯死于 346 年。在此之前，他建立修道院的思想已经被亚历山大时代的阿塔纳修斯主教从埃及带到了罗马。无数的人利用这个机会逃离尘世，远离它的邪恶和步步紧逼的债主。

但是欧洲的气候和民族的本性迫使创始人必须将原有的计划稍做

修改。在冰天雪地里,饥寒交迫的滋味不像在尼罗河谷中那样容易忍受。另外，西方人的思想很实际，神圣的东方理想表现出的肮脏污秽不但不会启迪他们，反而受到了他们的极度鄙视。

意大利人和法国人扪心自问，“教会早期尽心尽力做的善事有什么结果？身体瘦弱的狂热信徒在千里之外深山老林的潮湿帐篷里禁欲苦行，难道寡妇、孤儿和病人就从中受益了吗？”

因此，西方的思想沿着更加合理的思路，坚持要改革修道院体系，这次改革要归功于住在亚平宁山脉的一位努尔西亚小镇的人。他叫本尼迪克特，人们称其为圣徒本尼迪克特。他的父母送他到罗马求学，但这座城市让他这个基督徒的内心充满了恐惧，所以他逃到阿布鲁齐山的苏比亚克村，躲进了一座尼禄皇帝曾经住过的古老乡间行宫里。

他在那隐居了三年，他品德高尚的盛名传遍了乡间。愿意接近他的人越来越多，多到足够建立十几座修道院。

本尼迪克特之后告别了地窖，成为欧洲修道制度的创始人。他首先起草了一部宗教法典，字里行间流露出本尼迪克特的罗马血统。发誓遵守他制定的院规的修道士不可能过上悠闲的生活，除去祈祷和深思之外，他们还要下地劳动。年纪太大不能干农活的要教育年轻的修道士成为虔诚的基督徒，做有用的公民。他们在这项工作上干得很出色，在将近一千年的时间里，本尼迪克特的修道院在教育上独树一帜，在中世纪大部分时间里，这些修道院都在教导杰出青年。

作为报酬，修道士们可以丰衣足食，拥有床铺，在不干活不祈祷时还能睡上两三个小时。

但是从历史的角度看，最为重要的是，修道士不能只是逃避尘世，为灵魂升天做准备的凡人，而是上帝的仆人。他们通过漫长而痛苦的修行，赢得了新的尊严，从而在传播天国王朝的权力和荣耀中起到直接、积极的作用。

在欧洲异教徒中的初步传教工作已经完成。不过为了不使圣徒们的工作成果化为乌有，传教工作必须得到居民百姓和官员们的支持。于是修道士们扛着铁锹和斧头，捧着祷告书，深入德国、斯堪的那维亚、俄罗斯和遥远冰岛的不毛之地，开始耕耘、收获、布道、办学，第一次把文明的种子播撒到这些遥远的土地上，在此之前，对大多数当地人来说文明只是道听途说。

整个教会的最高执行首脑罗马教皇正是利用这种方法激发了人类的各种精神力量。

这位务实的教皇有机会展示自己的不同，就像那些梦想在寂静的丛林中寻找幸福的人一样。计划不容失败，努力也不能白费，结果教皇的权力迅速增长。很快，就连皇帝和国王如果不屈尊体察这些自称为基督仆人的臣民的意愿，那王位也将不稳。

取得最后胜利的方法也很有意思，因为它表明基督教的胜利有其实际原因，绝不是（像一般人所认为的）宗教狂热心血来潮的结果。

最后迫害基督徒的事件发生在戴克里先皇帝时代。

奇怪的是，在借近卫军之力统治欧洲的众多君主中，戴克里先并不是最坏的一个，可他却和其他统治者一样受到了同样的非难，尽管他可以说连最基础的经济常识都一窍不通。

戴克里先发现自己的帝国即将崩溃。他一生戎马，因此认为帝国的致命弱点就在罗马的军事体制中，这个体制把守卫外围地区的任务交给了占领地的士兵，而这些士兵早已丧失斗志，变成了悠闲自得的乡巴佬，他们竟然将白菜和胡萝卜卖给那些应该被拒之于国门之外的野蛮人。

戴克里先要改变这种僵化的体制是不可能的，为解燃眉之急，他组建了一支新型的野战部队。这支军队由年轻机敏的战士组成，一旦帝国有入侵者，他们便能在数周内开赴帝国的任何角落。

这是个绝妙的主意。但就像所有军事上的好点子一样需要庞大的开销，这笔资金需通过赋税，由国内的人民掏腰包。正如预料的一样，这种做法引得群情激愤，人民高呼继续缴税就要囊空如洗。皇帝答复说百姓们误解了其意，并把只有刽子手才有的权力交给了收税官，但是一切都无济于事，因为臣民不再愿意辛苦一年到头来却一无所获，于是他们抛弃家园、家人和牲畜，纷纷涌到城里或四处流浪。可皇帝陛下依然不肯罢休，又颁布了一道用以解决困难的诏令，这表明古罗马共和国完全堕落成东方的专制主义国家。他大笔一挥，就让所有政府机构、手工业和商业成为了世袭职业，也就是说，官员之子不管是否愿意都注定为官，面包师之子即使有音乐或典当方面的才能也要继承父业，水手之子就算在台伯河划船都晕船也注定一生漂泊海上。做苦力活的人虽然从技术上说是自由人，但被迫在出生地生老病死，一生不得出走他乡，无异于普通的奴隶。

如果期望一个自信心极强的统治者能够或者愿意容忍只有一小部分人服从那些规定和法令，那就大错特错了。但从戴克里先对基督徒施加的酷刑来看，他已经进退维谷，对数以百万计的臣民的忠诚深表怀疑，认为这些人只知道在皇帝的庇护下纸醉金迷，不愿意替国家分忧。

早期基督徒从未写过什么，他们期盼世界末日随时降临。因此，既然费时费钱的创作成果用不了十年就会被天火焚烧殆尽，为什么还要浪费时间？但是天国的预言没有兑现。耶稣的故事（经过一百年的耐心等待后）在不断加工中口口相传，也已经变得面目全非，虔诚的信徒无法辨别真伪，感到无所适从。这时，有关这一题材的权威性著作就有了出现的必要。一些耶稣的短篇传记以及保存下来的使徒的信件原稿被综合编纂成一卷，这就是《新约》。

书中有一章名为《天启录》，它记录了建立在“七座山峰”之上一座城市的引证和预言。人们自从罗慕路斯时代就知道罗马建立在山峰之中。这一奇怪章节的匿名作者小心谨慎地把这座城市称为他憎恶的巴比伦，但帝国官员毫不费力就弄清楚了它到底指的是哪里。书中把那座城市说成是“妓女之母”和“世间万恶之地”，这座城饱浸着圣人和殉难者的鲜血，是各种恶魔和邪灵的栖身之地，是一切肮脏可憎鸟类的巢穴。书里还有许许多多诸如此类的不敬之词。

这些言论可以被解释为一个可怜的狂热者的疯话，他想起了五十年来死难的许多朋友，因此感到痛惜和愤怒。但宣读这些内容是教堂庄严礼拜式的一部分，要每周在基督徒聚会之地传诵，旁观者自然会认为，它表达了所有基督徒对台伯河畔那座强大城市的真情实感。我并不是说基督徒产生这样的情感是没有道理的，但我们也不能因为戴克里先没有产生这种情感而怪他。

然而事情不只是如此。

罗马人对一个之前闻所未闻的概念日趋熟悉起来，这就是“异教徒”。“异教徒”最早只是指那些选择相信某些教义的人，或像我们所说的“教派”。但之后这个词的含义逐渐缩小，专指那些不信仰由基督教权威制定的“正确的、合理的、真实的、正统的”教义的人，用圣徒的话说，这些人就是“异端的、谬误的、虚假的和永远错误”的人。

仍然有一些坚持旧有信仰的罗马人可以免遭异端邪说的指责，因为他们仍然是基督教的局外人，而且严格地说，他们也不能解释自己的观点。同样，《新约》中的一些话也有伤皇帝的尊严，比如“异端邪说是可怕的恶魔，就像通奸、猥亵、淫荡、偶像崇拜、巫术、愤怒、争斗、凶杀、叛乱、酗酒”。诸如此类的还有一些，为了显得体面，我在此就不再赘述。

所有这些导致了冲突和误解，而冲突和误解又引发了迫害。罗马监狱里再次挤满了基督徒犯人，罗马刽子手使基督徒殉难者的数目大大增加了，结果血流成河却无济于事。最后戴克里先极度绝望，放弃了统治，回到达尔马提亚马海岸萨罗纳的家乡，专心致志开始了更有趣的消遣——在他的后院种大白菜。

他的继任者没有继续镇压。相反，他看到既然通过武力不能铲除基督教，便决定做一次不光彩的交易，想通过收买来赢得敌人的好感。

公元 313 年，君士坦丁大帝首次正式承认了基督教。

有朝一日，如果我们组建一个“修史专家国际委员会”，凡是皇帝、国王、总统、教皇、市长等头衔中有“大”字称号的，都要进行审查。那么这些名单中需要受到仔细审查的一位就是上面所提及的君士坦丁大帝。

这个粗野的塞尔维亚人在欧洲各个战场上挥舞长矛，从英格兰的约克一路打到博斯普鲁斯海峡边的拜占庭。他杀死了自己的妻子、姐夫、七岁的侄子和一些地位低微的亲戚。然而就在他与其大敌莫克赞蒂厄斯惊慌失措地对阵时，为了获得基督徒的支持，他大加许愿，反而赢得了“摩西第二”的美名，亚美尼亚和俄罗斯教会都推举他为圣人。无论是在世还是死去，他都是个野蛮人，虽然表面上接受了基督教，但他至死还在用蒸祭羊内脏的方法卜测未来。然而这些都被忘却，只是因为这位皇帝颁布过著名的《宽容赦令》，用以保证他可爱的基督徒臣民能“自由表达思想和不受干扰地在其教堂聚会”。

我在前面已经讲过，四世纪上半叶，基督教的领袖都是崇尚实用的政治家，他们终于迫使君士坦丁皇帝签署了这一永世值得纪念的法令，使基督教从一个小教派一跃升为正式的国教。不过，他们知道成功是以何种方式取得的，君士坦丁的继任者也一清二楚，虽然他们费尽口舌想掩盖这些事实，但依然无法瞒天过海。

“交给我吧，伟大的统治者！”内斯特大主教对狄奥多西皇帝说道，“把基督徒的全部敌人都交给我吧，我将还您以天堂。与我一道将反对我们教义的人打倒；我们也将与您一道消灭您的敌人。”

在过去两千年的历史中，还有过其他交易。

但是在历史上，像基督教这样为了获得权力而进行如此厚颜无耻的妥协还是寥寥无几的。

第五章 禁锢

古代皇帝世界的帷幕即将最后一次落下，有一个人物出现在历史舞台上，只可惜他过早地离世，但他无愧于“圣徒”的称号。

我讲的是朱利安皇帝，君士坦丁的侄子。公元 331 年，他出生于帝国的新首都。公元 337 年，他声名显赫的叔叔去世，三个儿子立刻如狼似虎般扑向遗产。

为了不让其他人分到产业，他们下令将住在城里和附近的所有皇亲斩尽杀绝。朱利安的父亲就惨遭毒手，他的母亲生下他之后没几年便去世了，他六岁就成了孤儿。一个体弱多病的同父异母哥哥分担了他的寂寞，两人一起读书，学的内容大部分都是关于基督教的信仰，讲课的是个和蔼可亲但又庸庸碌碌的老主教，名叫尤斯比厄斯。

孩子们长大以后，大家觉得最好把他们送得远一些，以免太惹人注目，重蹈拜占庭小王子们的覆辙。两个青年被送到小亚细亚腹地的一个小村庄。尽管那里的生活索然无味，但朱利安有机会学到很多有用的东西，因为他的邻居都是卡帕迪西亚朴实的山里人，仍在信仰祖先流传下来的神灵。

朱利安在那里根本没有可能掌管什么要职。当他要求一心一意学习时，得到了批准。

他首先来到尼科姆迪，这里依然是屈指可数还在继续教授古希腊哲学的地方之一。他的脑子里装满了文学和科学，从尤斯比厄斯那儿学来的东西都被挤了出去。

接着，他被获准去雅典，在苏格拉底、柏拉图和亚里士多德待过的圣地学习。

与此同时，他同父异母的哥哥被人暗杀。他的堂兄，君士坦丁的唯一儿子君士坦蒂厄斯，想起来自己和堂弟，那个小哲学家，才是皇室中最后幸存的两个男性成员，便亲切地召他回来，还让他娶了自己的妹妹海伦娜，并命令他去高卢抵御进犯的野蛮人。

看来朱利安从希腊老师那儿学到了比嚼舌斗口更为有用的东西。公元 357 年，阿拉曼尼人威胁法国，朱利安在斯特拉斯堡附近打垮了他们的大军。他还巧用计谋，把默慈和莱茵河纳入了自己的控制范围。然后他住到巴黎，把自己喜爱的作家的书装满了图书室，尽管他平时十分严肃，但这次却也不禁喜形于色。

胜利的消息传来，皇帝却没有点燃庆祝的火焰。相反，皇帝正在精心策划，要除掉这个过于成功的对手。

但朱利安在士兵中威望很高，他们一听到总司令要被召回（一种客气的邀请，回去就会人头落地），便闯入他的宫殿，拥戴他为皇帝，同时还放风说，如果朱利安拒不接受，就杀死他。

朱利安非常聪明，他欣然同意了。

那时候，通往罗马的道路仍处在相当严密的封锁之中。朱利安以迅雷不及掩耳之势抢先将部队从法国中部开到博斯普鲁斯海岸。但他还没到达首都，就听说他的堂兄君士坦蒂厄斯已经死了。

就这样，异教徒又成为西方世界的统治者。

朱利安要做的事情当然不可能实现，奇怪的是，这位绝顶聪明的人竟然相信过去死了的东西可以借某种力量复活，伯里克利的时代可以重现，只要按原样重建卫城，让废弃的学园树林里重新住上人，教授们穿上过时的宽大外袍彼此用五世纪前就已消失的语言交谈，就可以再现昔日的风采。

而这些正是朱利安努力要实现的。

他在短暂执政的两年里，致力于恢复当时大多数人都蔑视的古老科学，想重新探索目不识丁的修道士所统治的世界，那些修道士认为一切值得了解的东西都包含在一本书里，独立的研究和调查只会让人丧失信仰，引来地狱之火烧身；朱利安还想让热爱生活的人恢复以往的快乐。

朱利安陷入四面为敌的境地，即使比他更坚强的人也会被反对之声搞得彻夜不安、极度绝望。至于朱利安，他简直被弄得晕头转向，有一段时间，他还固守伟大祖先的真知灼见。安提阿的基督平民向他丢石块和泥土，可是他却不肯惩罚这座城市。头脑愚笨的修道士们想激怒他，重演之前的迫害悲剧，而这位皇帝却坚持告诫手下的官员："不要牺牲任何人。"

公元 363 年，一支仁慈的波斯之箭结束了他奇怪的生涯。

对于这位最后的也是最伟大的异教徒统治者来说，这是再好不过的结局了。

假如他活得再长一些，他的宽容意识和对愚蠢行为的憎恶反而会让他变成当时最不宽容的人。他在医院的病床上能坦然回忆起在他统治期间没有人因为与他见解不同而被处死。可他的基督臣民以不灭的仇恨报答了他的仁慈。他们大肆宣扬是皇帝自己的士兵（基督徒军团的一名士兵）射死了他，还精心谱写了颂词来歌颂凶手。他们四处谣传，朱利安死前是如何承认自己做法的错误，并承认了基督的权力。为了诽谤这位一生过着俭朴生活、全心全意为自己的臣民谋取幸福的正直人物的名声，他们绞尽脑汁，把四世纪流行的贬义形容词都用上了。

朱利安被埋葬，基督教的主教们终于可以自诩为帝国名副其实的统治者。他们立即开始摧毁欧洲、亚洲和非洲各个角落的一切反对势力。

从 364 年到 378 年，是瓦林廷尼安和瓦林斯兄弟执政时期，他们通过了一项法令，禁止任何罗马人用牲畜祭祀旧神。异教教士的收入就此被剥夺，他们被迫另谋生路。

与狄奥多西皇帝颁布的法律相比，这些法令并不算严厉。狄奥多西皇帝的法律规定，所有人不仅要接受基督教义，而且还必须接受“天主教”规定的方式；他让自己成为天主教的庇护者，让大主教垄断了人们的精神世界。

法律颁布以后，所有坚持“错误观点”的人，所有坚信“愚蠢异教”的人，所有继续忠于“可耻教义”的人，全都会因不服从法律而自食其果，被流放或处以极刑。

自此以后，旧世界迅速走向最后的灭亡。在意大利、高卢、西班牙和英格兰，异教徒的庙宇几乎荡然无存，不是被拆去建造新的桥梁、街道、城墙和瞭望塔，就是被改造为基督徒聚会的会场。成千上万座从共和国建立时就积累的金制和银制神像被没收或盗走，最后，所剩无几的残存也被打成灰浆。

希腊人、罗马人和埃及人六个多世纪以来所尊崇的亚历山大城港的塞拉比尤姆庙被夷为平地。但从亚历山大城创建之初就闻名于世的大学依然保留，继续传授和解释古代哲学，地中海地区各地的学生闻风而至。亚历山大城港大主教下令不让这所大学关闭，但教区的修道士我行我素。他们闯入教堂，将柏拉图学派的最后一位教师海帕蒂娅私自处死，还把碎尸扔去街头喂狗。

罗马的情况更加糟糕。

丘比特的庙宇被关闭，古罗马信仰的经典《古罗马神言集》被付之一炬。首都成了一片废墟。

在高卢，著名的图尔斯主教当权，所有旧天神被宣布是基督教义中魔鬼的前身，于是所有庙宇都被铲除。

在偏远地区，有时农民会起来保卫自己心爱的庙宇，于是军队被调来，用斧子和绞架平定了“撒旦的叛乱”。

在希腊，破坏进行得要慢一些，但是到了394年，奥林匹克运动会最终被禁止。随着奥林匹克这一希腊国家生活的中心（长达一千一百七十年从无间断过）被终止，其他活动也被轻易禁止。哲学家都被逐出国境，最后查士丁尼皇帝一道命令便关闭了雅典大学，没收了大学的资金。最后的七位教授丢了工作，逃到波斯。乔思罗斯国王友好地接待了他们，允许他们安度晚年，玩新奇的印度“象棋”游戏。

到了五世纪上半叶，克莱索斯陀大主教宣布古代作者和哲学家的书已经在世上消失，这话毫不夸张。西塞罗、苏格拉底、维吉尔与荷马（更不用提被所有虔诚的基督徒恨之入骨的数学家、天文学家和医学家）统统被遗忘在无数阁楼和地窖里。六百年后先贤的著作才得以重见光明，在这以前，人们只能如履薄冰地对待文学艺术，听任神学的摆布。

这就像一份奇怪的节食计划，按医学的术语来说，这种做法不偏食。

基督教会虽然战胜了异教徒，却陷入了一系列严重的困境。在高卢和路西塔尼亚，大声疾呼要为自己古老的神灵烧香祭祀的贫苦农民很容易被镇压。他们是异教徒，律法站在基督徒这边。但东哥特人、阿拉曼尼人或伦巴族人宣称亚历山大港的教士阿里乌斯所描绘的基督的真实面目是准确的，而在同一城市里的死对头（反之亦然）阿塔纳修斯则是错误的，东哥特人或法兰克人坚决认为基督与上帝“本质上并非一样，只是本质上相像而已”，汪达尔人或撒克逊人认为内斯特所说的圣母玛利亚只是“基督的母亲”而不是“上帝的母亲”是真理，勃艮第人和弗里斯兰人否认耶稣具有二重性，即半人半神。这些四肢发达头脑简单的野蛮人虽然接受了基督教义，但不幸都误入歧途。不过他们还是教会忠实的朋友和支持者，不能按照一般的戒律进行惩罚，也不能用不灭的地狱之火吓唬他们。他们必须好言相劝，指出错误，让这些人回到具有仁爱和献身精神的信徒队伍里。必须首先有明确的教旨，让他们懂得要坚持正确的，反对错误的，这样才能解决问题。

人们要求统一各种有关信仰的说法，这便引出了著名的集会——“基督教世界大会”。自从四世纪中叶以来，这一集会就不定期地召开，决定哪些教义正确，哪些教义有异端邪说的迹象，应该被断定为错误、谬论和异端。

集会的第一次会议于公元325年在离特洛伊遗址不远的尼西亚召开，五十六年后，在君士坦丁堡举行了第二次会议，第三次于公元431年在以弗所召开。之后，在查尔斯顿连续召开了几次会议，在君士坦丁堡开了两次，在尼西亚开了一次，最后一次于公元869年又在君士坦丁堡召开。

从那以后，会议便在罗马或教皇指定的西欧任意一个城市举行，因为在四世纪，虽然皇帝有召集会议的权力（这一特权也迫使他为忠诚的主教提供路费），可是大权在握的罗马主教提出的建议却必须得到高度重视，人们已经接受这一现实。我们无从得知第一次尼西亚会议是谁主持的，但以后的会议都由教皇主持，圣会的决定只有得到教皇或他的代表的批准才有效，否则就没有效力。

现在我们告别君士坦丁堡，到西部更宜人的地区看看。

宽容与不宽容之间的斗争此起彼伏，一方将宽容视为人类的最高美德，另一方却诋毁它，说它是道德败坏的产物。我并不想从理论角度对这个问题多加阐述。不过必须承认，教会的拥护者在为残酷镇压异教徒辩解时讲得头头是道。

他们辩解说：“教会和其他组织一样，就像一座村庄、一个部落和一座要塞，必须有一位总指挥，有一套明确的法规和细则，所有成员都必须遵守。因此凡是发誓效忠教会的人也要默默地宣誓尊敬总指挥，服从法规。如果做不到，就得按照自己做的决定承担后果，滚出教会。”

迄今为止，这些都是合情合理的。

今天，假如牧师不再信仰浸礼会教派的教义，可以改信卫理公会教派；如果因为某种原因，这位牧师不再信仰卫理公会教派的教旨，还可以转到一位论派、天主教派或犹太教，也可以信仰印度教或土耳其的伊斯兰教。世界之大，任人选择，除了饥饿的家人外，没有人有权利说“不行”。

但这是一个有轮船、火车和充满经济机遇的时代。

五世纪的世界却并非这么简单，罗马主教的影响无处不在。当然，人们可以像其他异教徒一样去波斯或印度，但旅程遥远，很难生还，而且还意味着永远骨肉分离。

既然人们认为自己对基督的理解是正确的，那要说服教会修改教旨就只是时间问题，为什么还要放弃信仰自由的权利？

这正是症结所在。

早期的基督徒，不管是虔诚的还是异端的，都认为思想的价值是相对的，不是绝对的。

博学的神学家们力图阐释无法解释的事情，把上帝的本质归纳成公式，这就像数学家们无法在 x 绝对值上达成一致而把对方送上绞架一样荒唐透顶。

自诩正确和不宽容的风气完全统治了整个世界，直到最近，在“人不可能分辨对错”的基础上倡导宽容的人在提出自己的主张时还是要冒生命危险，于是他们只能小心翼翼地把自己的主张隐藏在拉丁文里，能理解其中含义的最聪明的读者也寥寥无几。

第六章　生活的纯洁

这里讲一道并非节外生枝的小数学题。

拿一根细绳，绕成圈，如下图：

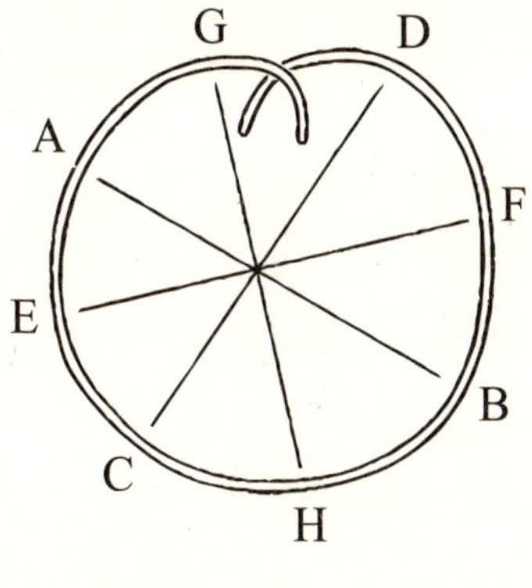

[I]

圆圈中各条直径当然相等。

AB=CD=EF=GH，以此类推。

但假如稍微拉一下绳子两边，圆圈就变成了椭圆形，完美的平衡被破坏，各条直径不再相等。几条像 AB 和 EF 的线段大大缩短，而其他线的直径，尤其是 CD 却变长。

现在把这道数学题用到历史上。为了方便说明，我们先假定：

AB 代表政治

CD 代表商业

EF 代表艺术

GH 代表军事

图 I 是完美的平衡，各条线长短一致，对政治、商业、艺术和军事一视同仁。

但是图 II（它不再是圆）中，商业得到了特别的优待，代价是政治和艺术几乎完全消失，而军事有所收获。

[II]

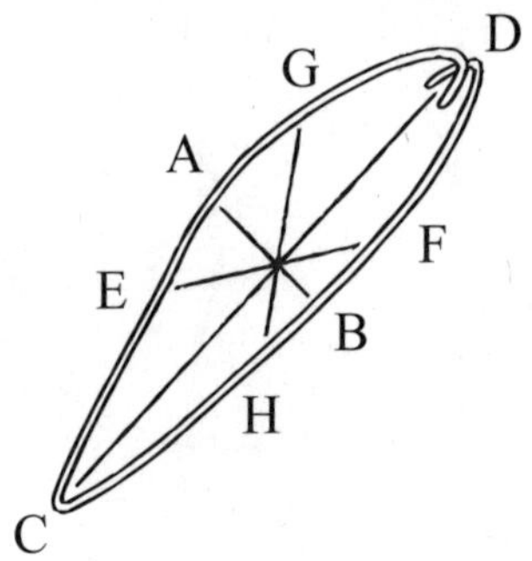

或者使 GH（军事）成为最长的直径，而其他的都将近消失（图Ⅲ）。

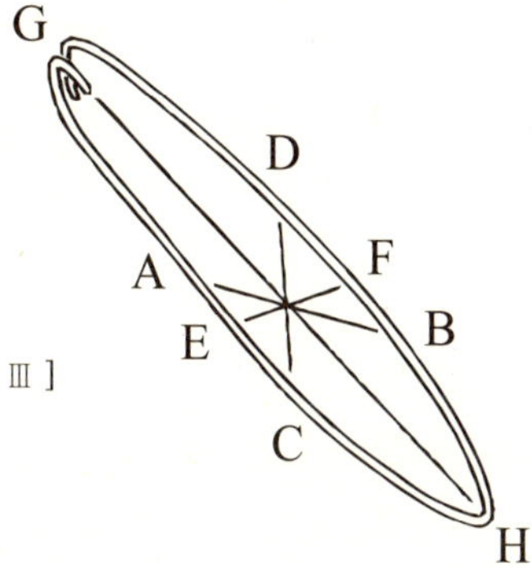

[Ⅲ]

你会发现这是解决众多历史问题的钥匙。

试一下希腊这把锁。

希腊人在短时间内还能够保持各行各业在圆圈中的完美平衡。但不同政党之间愚蠢的争吵很快导致圆圈失衡，无休止的内战耗尽了国力。士兵们不再保卫国家，抵御侵略。他们奉命向自己的同胞使用武力，因为这些人投票选了另一个候选人，或者认为应该稍微修改一下税法。

商业是这类圆圈中最重要的直径，起初难以维系，最后完全走投无路，于是转移到世界其他生意还比较稳定的地方。

贫穷从前门进城，艺术从后门出走，一去不返。资本乘坐方圆百里内最快的船逃之夭夭。随着追求知识变得代价高昂，好学校无法维系，最优秀的教师匆忙奔往罗马和亚历山大城。

剩下的都是按传统方式生活的二等公民。

这都是因为政治的线段长得超出了比例，完美而平衡的圆遭到破坏，其他线段——艺术、科学、哲学等不复存在。

如果用圆的这种解释办法来解释罗马，你就会发现，那条叫“政治权力”的特殊线段不停地增长，直到其他线段被排挤掉，象征共和国荣耀的圆就消失了。只剩下一条细细的直线，这就是从成功到失败的最短距离。

再比如，如果你把中世纪教会的历史分解成这种数学题，就会发现下面的情况。

最早的基督徒曾经极力保持行为圆圈的完美。也许他们忽略了科学的直径，不过因为他们对这个世界的生活不感兴趣，也就不必期望他们会重视医药、物理或天文学。他们只想为最后的审判日做准备，这个世界在他们看来，仅仅是通往天堂的前厅，科学对他们的吸引力自然不大。

但基督其他虔诚的追随者想方设法（尽管并不完备）要过好日子，他们努力做到勤奋刻苦、慈善宽厚、诚实正直。

但是，一旦众多小社团结成一个强大的组织，新的世界性责任和义务便会无情地干扰精神圆圈原来的完美。对于半饥半饱的木匠和采石工人来说，要遵守建筑在贫穷和无私原则上的信条还很容易。可是罗马帝国的继承人、西方世界的教皇和整个欧洲大陆最富有的财主却不能像波美拉尼亚或西班牙城镇的小小执事那样过俭朴的生活。

用这一章“圆”的术语讲，代表“世俗”和“对外政策”的直径变得太长，结果使得代表“谦卑”“贫穷”“自我否定”以及其他基督教基本美德的直径长度缩得微乎其微。

我们在谈论中世纪的愚昧时总是带着同情，知道他们生活在一片黑暗之中。的确，他们在教堂里点蜡烛，在摇曳不定的烛光下休息，几乎没有几本书，连许多在如今小学和较高级精神病院里讲授的东西都一无所知。当然，知识和智慧不是一回事，这些优秀的公民都很聪明，建立了我们现在仍然沿用的政治结构和社会结构。

在很长一段时间里，他们面对基督教会的胡作非为显然束手无策，我们还是留点情面评价他们吧。他们至少坚定自己的信念，与他们认为错误的东西斗争到底，把个人幸福和舒适置之度外，还常常在断头台上了结自己的一生。

我们知道的只有这些。

确实，在前一千年中，为自己的思想而牺牲的人相对很少。但这并不是因为基督教对异教的反感不如以后那么强烈，而是因为它有更重要的事情，无暇顾及相对无害的异议者。

首先，在欧洲许多地方，奥丁神和其他异教神仍然具有最高的统治地位。

其次，发生了一件很不妙的事，几乎使整个欧洲陷于毁灭。

这件“不妙的事”是一个名叫穆罕默德的新先知突然出现,真主“安拉”的追随者们征服了西亚和北非。

我们孩提时读到的文学充满了“异教狗”和土耳其人的暴行，这很容易就给我们留下印象，觉得耶稣和穆罕默德各自代表的思想水火不相容。

但事实上，他们俩是同一种族，说同一语系的方言，都奉亚伯拉罕为先祖，都可以追溯到一千年前波斯湾畔的同一个祖籍。

两位大师的门徒们虽然是近亲，却又相互恶毒地挖苦，争斗了一千二百多年，直到现在还未平息。

现在再推测当时可能发生的事情毫无意义，但罗马的头号敌人麦加的确差一点接受了基督教信仰。

阿拉伯人像所有的沙漠居民一样，大部分时间都在放牧，因此有充裕时间沉思默祷。城里人陶醉于四季不断的乡镇市集的乐趣中，而牧民、渔民和农夫却过着孤寂的生活，需要一种比喧嚣和刺激更实际的东西。

阿拉伯人为了寻找救世主，还尝试过好几种宗教，但他们明显偏爱犹太教。原因很简单，因为阿拉伯曾经全是犹太人。公元前十世纪，所罗门国王的大批臣民被沉重的赋税和统治者的暴政逼往阿拉伯。五百年后，公元前 586 年，尼布加尼撒征服了犹太人，大批犹太人再次逃亡到南部的沙漠。

犹太教由此传播开来，而且犹太人只追求唯一真神，这与阿拉伯部落的志向和理想完全一致。

只要读过穆罕默德著作的人都知道麦地尼特从《旧约》中借用了大量的哲理。

以实玛利（与母亲海加一起埋葬在阿拉伯中部犹太神殿中的至圣所）的后裔并不敌视拿撒勒年轻改革者的思想。相反，耶稣传道说只有一个上帝，是所有人的慈父，他们也急不可耐地接受了。他们不愿意接受拿撒勒木匠的门徒们大肆宣讲的奇迹。至于复活，他们一概不信。不过，他们对待新信仰非常友善，也愿意给它一席之地。

但穆罕默德遇到了一伙狂热的基督徒，吃了不少苦头。这伙人缺乏明辨是非的能力，没等穆罕穆德开口就斥责他是骗子，是伪先知。这件事情迅速地广为流传，认为基督徒信仰三个偶像而不是一个上帝的说法终于让沙漠居民对基督教嗤之以鼻，他们宣布自己热爱麦地那的放驼人，因为他说只有一个神，而不是一会儿合为一个上帝，一会儿又分为三个神，到底是几个神全凭当时的情形和主持牧师的兴趣来定。

这样，西方世界便有了两种宗教，都说自己信奉的是唯一真正的神，而把其他神贬为骗子。

这些观点上的冲突很容易引起战争。

公元 632 年，穆罕默德去世。

在不到十二年的时间里，巴勒斯坦、叙利亚、波斯和埃及相继被征服，大马士革成为大阿拉伯帝国的首都。

到公元 656 年底，北非沿海国家都把安拉视为天国的统治者。穆罕默德从麦加逃到麦地那后不到一个世纪，地中海变成了穆斯林的一个湖，欧亚之间的一切交往都被切断，欧洲陷入包围之中，直到十七世纪末。

在当时这种环境中，基督教无法把教义传往东方。它能做到的只是保住已经拥有的地方，德国、巴尔干各国、俄国、丹麦、瑞典、挪威、波希米亚和匈牙利被当成深度精神开发的沃土，而且总的说来，基督教大获成功。偶尔也有像查理曼那样桀骜难驯的基督徒，他本意虽好，就是不够文明，屠杀了热爱自己的神又摈弃外来神的人。但基督传教士逐渐受到欢迎，因为他们诚实正直，宣讲的东西简明易懂，为这个血腥、争斗和杀人越货的世界带来了秩序、整洁和仁慈。

基督教前线捷报频传，但是教会帝国中心却祸起萧墙。（用本章开始的数学术语来说）世俗的线段不断加长，最后教会的精神完全屈从于政治和经济思想；尽管罗马的权力日益扩大，对以后一千二百年的发展有举足轻重的影响，但土崩瓦解的迹象已经显露，普通人和教士中更聪明的那些人看到了这一点。

现在北方的新教徒认为教会是一座建筑物，七天中有六天空无一人，每个星期日人们才去听布道和唱赞美诗。我们知道，一些教堂里有主教，他们偶尔在城里开会，那时我们周围会有一群和蔼的年长绅士，他们的衣领翻到后面。我们从报纸上得知他们支持跳舞或反对离婚，他们回到家里，社区的生活依然保持平静和幸福，不曾被干扰。

我们现在极少把这种教会（即使恰好就是我们的教会）与我们生死相关的所有经历联系在一起。

政府当然完全不同，它可以拿走我们的钱，如果觉得社会需要，还可以杀死我们。政府是我们的所有者，是我们的主人，但现在所谓的“教会”却是我们可信赖的好朋友，纵使与它发生争执也无关紧要。

但在中世纪，情况迥然不同。那时，教会是一个看得见摸得着、非常活跃的组织，它呼吸着，存在着，用各种政府做梦也想不到的方法决定着人们的命运。接受慷慨王储馈赠的土地、放弃古老清贫理想的第一批教皇，很可能没有预见这样的政策会导致什么样的结果。最初，基督忠诚的追随者向圣徒彼得的继任者赠送了一点世俗的礼物，看似有益无害、合情合理。但仔细一想，从约翰格罗斯到特莱比松，从迦太基到乌普拉沙，到处都有复杂的监督管理体制，有成千上万的秘书、牧师和抄写员，再加上各个部门数以百计的大小头目，他们都要住房、穿衣、吃饭。还有穿越整个大陆的信使的费用，今天去伦敦、明天去诺夫哥罗德的外交使臣的差旅费，还有为了让教皇的信使与世俗王储在一起时衣着搭配所需要的服装费。这些费用加起来可是天文数字。

同样，回顾一下教会本来代表的是什么，思考一下在更有利的环境之中，会出现什么情况，这种发展似乎是一种极大的遗憾。罗马很快发展成了一个略带宗教色彩的超级大国，教皇俨然成了世界的独裁者，控制着西欧各国。与他相比，古代皇帝的统治反倒显得温和大度了。

然而就在教会所向披靡之际，出了一些事情，遏制了基督教统治世界的野心。

主的真正精神又一次激发了民众，这对于任何宗教组织都是极为不利的事情。

异教徒已经普遍存在。

自从出现了可能引起人们反对的单一信仰统治，也就有了拥有不同信仰的人。争执与基督教差不多一样古老。这种统治使欧洲、非洲和西亚在数百年内一度针锋相对，互为敌人。

不过，关于撒比利人、莫诺菲人、马尼卡人和内斯特教派之间血腥的争斗，本书不再赘述。一般来讲，各个教派都是心胸狭窄的，阿瑞斯的门徒与雅典娜的信徒都不宽容，并没有什么区别。

另外，这些争执总是围绕着神学中某些模糊不清的观点，现在都已经逐渐被遗忘，我不愿意把这些东西再从坟墓中挖出来，在这本书里浪费时间再次引发神学的战争没有任何意义。我写下这些，是想告诉子孙后代，有些祖先冒着生命危险，为了知识自由的理想而奋斗，并告诫他们要警惕导致重大灾难的教条式的傲慢态度和独断专行，不要重蹈覆辙。

可是到了十三世纪，情况迥然不同。

异教徒不再只是持异见的反对者，不再只为错译了《启示录》中个别模棱两可的词句或拼错了《圣约翰福音》中的一个词而争论不休。

异教徒成了战士，捍卫提比略在位期间拿撒勒村庄中的一位木匠为之而死的理想。看啊！他的立场表明他俨然是唯一真正的基督徒。

第七章 宗教法庭

公元 1198 年，塞格尼伯爵洛太里奥在他在位没几年的叔叔保罗去世之后，继承了教皇的宝座，这就是教皇英诺森三世。

他曾是居住在拉特兰宫中最显赫的人物之一。他即位时三十七岁，是巴黎大学和布伦大学的优等生，富有、聪明、精力充沛。他雄心勃勃，善于使用权力，可以无愧地宣称自己“不仅管理了教会，而且还统治了整个世界”。

他把驻罗马的德国总督赶走，让意大利免受德国的干预。再次征服了由德意志军队控制的巴尔干半岛，最后把皇位继承人逐出教会，让那个可怜的王子身陷困境不能自拔，完全放弃了阿尔卑斯山东面的领地。这样，洛太里奥使意大利从德国的控制中解脱了出来。

他组织了闻名世界的第四次十字军东征，不过从未到过“圣地”，而是去了君士坦丁堡，杀害了城里的大批居民，把城里的财富劫掠一空；这种行径令人发指，后来希腊港口的十字军士兵个个提心吊胆，生怕被当作歹徒绞死。英诺森三世表示过不赞同这种让一些德高望重的基督徒心灰意冷的残暴行径。不过他是个务实的人，很快接受现实。他任命一个威尼斯人去当君士坦丁堡的主教，这聪明的一招使东正教又一次落入罗马的控制之中，同时又赢得了威尼斯共和国的好感，从此，威尼斯共和国把拜占庭看成是自己的东方殖民地，随心所欲地对其发号施令。

在宗教事务方面，教皇也是个造诣深厚、左右逢源的人物。

教会经过近一千年的踌躇，终于下定决心，认为婚姻不只是男女之间的民事契约，而应是一桩神圣的事情，只有被神父当众祝福后才生效。法国的菲利普·奥古斯特和莱昂的阿方索四世曾想按照自己的好恶治理国家，但很快就被教皇警告，说应该记住自己的职责，由于他们一生小心谨慎，便立即遵从了教皇的旨意。

甚至在北方，虽然基督教刚刚传入，人们也清楚到底谁是真正的主人。哈康四世国王（他的同伙海盗们习惯称他为“老哈康”）刚刚征服了一个小帝国，这个帝国除了他所在的挪威外，还包括苏格兰的一部分、整个冰岛、格陵兰岛、奥克尼群岛和赫布里底群岛等。但他在特隆赫姆（挪威港口城市）古老的天主教堂中加冕之前，也必须向罗马法庭清楚地陈述自己复杂的身世。

教会的势力就这样日益根深蒂固。

保加利亚国王一味屠杀希腊战俘，偶尔还折磨拜占庭的皇帝。他对宗教思想根本不感兴趣，可依然千里迢迢地跑到罗马，卑躬屈膝地恳求教皇承认他做臣仆。在英格兰，几个男爵制定出各种条例来约束君主，教会便不客气地声明他们的宪章无效，因为“它是依仗武力获取的”；接着又因为他们带给世界的那份著名的《大宪章》而将他们逐出了教会。

所有这些都表明，英诺森三世不会轻易放过敢质疑教会律法的朴实纺织工和不识字的牧羊人。

不过，还是有些人能鼓起勇气，做了我们将要看到的事情。

异端是个很复杂的概念。

异教徒大都是贫苦大众，没有什么宣传才能。他们偶尔写几本简单的小册子阐述看法，为自己辩护，驳斥敌人，但马上就会被当时掌权的宗教法庭派出的机敏鹰犬抓住把柄，惹得大祸临头。他们的敌人为了杀一儆百，欺世惑众，也写文章披露“新撒旦的反叛”，我们对异端的了解主要来自他们的敌人写的这类文章和审判记录。

结果，我们通常觉得异教徒是这样的形象，他们是让体面人避之不及的小人，披头散发，衣衫褴褛，住在贫民窟最下层的空地窖里，完全不能沾崇高的基督食品，靠吃菜叶喝白水生活，对女人避而远之，念念有词地唠叨救世主再次降临的预言，责骂教士的庸俗和邪恶，还恶意攻击万物的内在规律。

当然，许多异教徒的确令人讨厌，这也许就是那些自命不凡的人的命运。

许多异教徒在非神圣热情的驱使下追求神圣的生活，他们蓬头垢面，臭得像个乞丐，他们那些关于真正基督存在的怪诞思想搅乱了乡村的平静生活。

不过，他们的勇气和诚实还是值得赞许的。

他们所获极少，却失去了一切。

一如既往，他们一事无成。

当然，这个世界上的一切都趋于组织化。最后，就连压根儿不相信组织的人为了有所成就也要成立一个“无组织促进协会”。喜爱故弄玄虚，沉湎于感情的中世纪异教徒也不例外。

他们谋求生存的天性使他们聚集在一起，一种不安全感迫使他们在自己神圣的教旨外面裹上层层玄奥莫测的礼仪作为掩护。

但是，忠诚于基督教会的公众不能区别这些教派组织。他们把所有异教徒混为一谈，称他们是肮脏的摩尼教徒或用其他不恭的字眼，以为这样就能解决问题。

这样，摩尼教徒成了中世纪的布尔什维克，当然，我说布尔什维克并不是说当时有一个纲领明确的政党，像几年前在俄罗斯国建立的统治力量一样。我是指一种含混不清的谩骂，如今人们也用它来咒骂像房东这样的人，因为房东如果嫌开电梯的小伙计没有把电梯停在准确的楼层，就会向他要房租。

在中世纪的上等基督徒眼里，摩尼教徒是最讨厌的家伙。可是他们又没有真凭实据审判摩尼教，便靠道听途说之词来谴责。这个方法在私下聚会中效果不错，比一般的法庭审判还快一些，但常常不准确，导致出现了许许多多合法但错误的死刑判决。

可怜的摩尼教徒的境遇每况愈下，因为其创始人波斯人摩尼是宽厚和仁慈的化身。他是历史人物，生于三世纪上半叶一个叫艾克巴塔纳的小镇，其父帕塔克是一位颇有影响力的富翁。

他在底格里斯河畔的泰西封受过教育，青年时代所处的社会就像今天的纽约，周围的人说着各种语言，有虔诚的信徒，也有不信神的人，有追求物质的人，也有充满梦想的人。在从各地来到美索不达米亚大商业中心的人中，有各种异教徒、各种宗教和各种教派。摩尼倾听着各种传教士和先知的话，从佛教、基督教、密特拉教和犹太教的混合物中提取出一种哲学，再掺上一点古巴比伦的迷信。

如果不考虑摩尼教徒有时把教义推向极端的情况，那么可以说摩尼只是复苏了古代波斯神话中善神和恶神的说法。恶神总是与人的灵魂作对，摩尼把古代万恶之神与《旧约》中的耶和华连在一起（于是耶和华变成了他笔下的魔鬼），把万善之神看作四大福音中的“天父”。而且，（这里可以感受到佛教的影响）摩尼认为人的血肉之躯是邪恶卑鄙之物，所有人都应该不断磨砺体肤，遵守严格的饮食和行为规范并去除自己的凡俗野心，才能不沦入万恶之神（恶魔）的魔掌，不被地狱之火烧为灰烬。他恢复了大批的禁忌，这不能吃，那不能喝，给追随者的食谱只是凉水、干菜和死鱼。最后一项条令也会让我们很吃惊，不过教徒们认为海里的冷血生物对人不朽灵魂的损伤要比陆地上的热血动物小，这些人宁愿死也不愿意吃牛肉，而吃起鱼来却津津有味，毫无恶心的感觉。

摩尼轻视妇女，这也表明他是个真正的东方人。他禁止信徒结婚，主张逐步灭绝人类。

至于犹太派创立的，施洗者约翰开创的洗礼以及其他仪式，摩尼对其深恶痛绝。因而他旗下即将就任的圣职人员不必将身体浸入水中，而是要行按手礼。

25 岁那年，这个怪人开始向全人类阐释他的思想。首先，他去了印度和中国，获得了相当大的成功。随后他转回故土，要把教义的祝福带给自己的邻居。

可是，波斯教士们已经感到超凡教义的成功让他们失去了大量的秘密收入，于是转为反对摩尼，请求处死他。起先摩尼得到国王的庇护，但是老国王死后，他的继任者对宗教问题毫无兴趣，把摩尼交给教士阶层处理。教士们把摩尼带到城墙下，钉在十字架上，还剥下了他的皮，挂在城门上示众，以警告那些对这个预言家的异端邪说感兴趣的人。

随着与当局的冲突日渐激烈，摩尼教会瓦解了。但是预言家的各种思想却像无数的精神流星，在欧洲和亚洲的大地上广为传播，在日后的历史长河中，他的思想在朴素贫苦的民众中引起了巨大的反响，民众不由自主地捡起了摩尼的思想，仔细研究它，发现很合乎自己的口味。

摩尼教是什么时候，如何传入欧洲的，我也不清楚。

它可能经过小亚细亚、黑海和多瑙河流传过来。随后翻越阿尔卑斯山，很快在德国和法国获得崇高的声誉。新教义的追随者给自己起了个东方名字——“清洁派”，或者说“过纯洁生活的人”，欧洲的穷人普遍都感觉生活艰难，因此该教派追随者数量众多，以至于在整个西欧，这个词很快与“异端”相提并论。

不过，请不要认为“清洁派”因此形成了一个固定教派，根本没人试图另立一种新教派。摩尼教的思想对许多人有巨大的影响，而这些人却又不承认，只说自己是基督教会虔诚的儿子。这使得这种特殊形式的异端特别危险，非常难以察觉。

有些病菌的结构很大，在省级卫生机构的显微镜下就能看到，相对而言，一般的医生诊断由这种病菌引起的疾病并不难。

上天保佑我们免遭在超紫外线照射下仍然能隐匿踪迹的小生物的侵害，因为它们还要在大地上继续繁殖。

从基督教的观点看，摩尼教是最危险的社会瘟疫，它使教会高层的头脑充满恐惧，而这在各种精神折磨到来之前是察觉不到的。

这些话都不过是些私底下的传言，然而，早期基督信仰的最坚定支持者也确实表现出了这种病的征兆。就拿圣奥古斯丁来说，这个十字军最杰出的勇士曾经冲锋在前，摧毁了异教的最后堡垒，但据说他内心里却向往摩尼教。

西班牙主教普里西林于公元385年被烧死，他被控有亲摩尼教的倾向，有幸第一个用生命尝试了反异教法。

甚至连基督教会的上层人物也渐渐被可怕的波斯教义所吸引。

他们开始劝不懂神学的世俗之人不要读《旧约》，最后在十二世纪还颁布了著名的法令——所有神职人员都必须保持独身。不要忘记，顽固的波斯理想很快在引领精神变革的主要人物身上留下了深刻的烙印，使最受人爱戴的艾西斯的弗朗西斯制定了具有严格的摩尼式纯洁的新修道院律法，为他赢得“西方释迦牟尼”的称号。

自愿的贫穷和灵魂谦卑的高尚理想逐渐渗入普罗大众的心灵，皇帝与教皇之间的又一场战争即将爆发，外国雇佣军扛着镶有十字架和苍鹰的旗帜为地中海沿岸宝贵的土地血腥厮杀，大批十字军携带着从朋友和敌人那儿掠夺来的不义之财蜂拥回国，修道院长养了一群阿谀之徒，深居在豪华奢侈的宫殿中，教士们骑着马穿过清晨熙攘的人群，急忙去享受狩猎早餐，然而就在这时，一桩不妙的事情已经注定要发生，而且真的发生了。

对基督教现状的不满首先在法国的一个地方出现，这不令人意外，那里的古罗马文化传统虽然维持得最长，但野蛮却从来没有融合到文明之中。

从地图上可以找到这个地方。它叫普罗旺斯，包括地中海、隆河、阿尔卑斯山的一个三角地带。腓尼基人的前殖民地马赛直到现在依然是这个地区的重要港口，这儿有不少富裕的小镇和村落，有肥沃的土地、充沛的雨水和阳光。

当中世纪欧洲的其他地方还在洗耳恭听长发条顿英雄的野蛮故事时，普罗旺斯的民间歌手和诗人就已经发明了新的文学形式，并成为现代小说的基础。普罗旺斯人与邻国西班牙和西西里有着密切的商业往来，因此人们能够及时接触到科学领域的最新出版物，而在欧洲北部，这样的书籍少得可怜。

在这个国家，回归早期基督教的运动在十一世纪的头十年已经日趋明显。

但是无论怎样说，这些都不是公开反叛的理由。在一些小村落，一些人暗示说，教士应该像教民那样朴素谦虚；他们拒绝随贵族们奔赴疆场（啊，这是对古代英勇烈士们的怀念）；他们要学一点拉丁文，以便自己读懂福音书；他们公然宣称不赞成死刑；他们否认“炼狱”的存在。而早在耶稣死后的六世纪，“炼狱”就被教会官方视为基督天国的一部分，而且（这是更重要的细节〕，他们不向教会缴纳任何费用。

只要有可能，反对牧师权威的叛逆者首领就会被查出来，如果他们不听劝告，拒不悔改，就会被扫地出门。

但是暗流继续涌动，最后不得不公开召集普罗旺斯各地的主教举行会议，商量采取什么措施来阻止这场非常危险的煽动性骚乱。他们的争执一直延续到公元 1056 年。

这时情况已经清楚地表明，一般的惩罚和逐出教会是没有任何效果的。要过“纯洁生活”的朴实乡民在监狱铁窗里只要有机会表现出自己遵守了基督仁慈和宽厚的信条就高兴不已，如果有幸被判处死刑，他们会像羊羔一样顺从地走向火刑柱。况且，一人牺牲了，总会马上有十几个怀有神圣信念的新人补缺。

教会的代表坚持要采用更残酷的迫害手段，而地方贵族和牧师（由于了解老百姓的本意）则拒绝执行罗马的命令，他们抗议说暴力只能使异教徒以更加坚定的态度来反对理性的声音，是在白白耗费时间和精力。就这样，两方面的争吵持续了整整一个世纪。

到了十二世纪末期，这场运动得到了来自北方的助力。

在与普罗旺斯隔隆河相望的里昂小镇住着一位叫彼得·沃尔多的商人。他严肃稳重、心地善良、慷慨大方，一心想追随救世主，到了痴狂的地步。耶稣曾经说过，让骆驼钻进针眼也比让富有的年轻人进天堂容易。整整三十代基督徒绞尽脑汁想弄明白耶稣说这话时的确切含义。彼得·沃尔多并没有这样，他读了这句话便深信不疑。他把自己拥有的一切财产都分给了穷人，然后退出了商界，不再积攒新的财富。

约翰写道："汝需自寻圣经。"

二十位教皇评论了这句话，小心仔细地就这句话定出条条框框，规定了在什么条件下一个俗人才能不经教士指点自己研究圣经。

彼得·沃尔多可不这么看。

约翰既然说了："汝需自寻圣经。"

那么好吧，彼得·沃尔多就要自己读。

他发现了一些与"圣杰罗姆"的结论不相符的东西，便把《新约》译成自己的语言，把手稿散发到普罗旺斯各地。

起初，他的活动并未引起很大注意。他渴望贫穷的热情似乎没有给他带来多大的危险。他很有可能被说服，为愿意过真正艰苦生活的人建立一种新的修道院式禁欲条令。他还指责现存的修道院生活有些太奢侈、太舒服。

罗马很容易让信仰热情过盛、喜欢惹麻烦的人找到合适的发泄场所。

但是一切都要按照常规和先例办。如此说来普罗旺斯的“纯洁人”和里昂的“穷人”真是不好对付。他们不仅向教皇报告他们的所作所为，甚至还胆大包天地宣称，没有职业教士的指点他们也能成为完美的好基督徒，罗马的主教在自己的司法权限之外没有权力告诫人们应该做什么和信仰什么，正如塔尔塔利的大公或巴格达的哈里发也没有这种权力一样。

教会当时进退两难，实事求是地讲，教会等待了很长一段时间才最终下决心要诉诸武力来消灭这些异端。

但如果一个组织基于的原则是只有一种正确的思想和生活方式，其他的都臭名昭著，为人所不齿，那么当它的权威受到公开质疑时，它就必然会采取极端的措施。

教会如果做不到这一点，也就无法生存，这种考虑终于迫使罗马采取了果断的行动，制定出一整套惩罚条例，让后来的异见者心怀恐惧。

阿尔比教徒（以阿尔比城命名的异教徒，该城是新教义的发祥地）和沃尔多教徒（因其创始人彼得·沃尔多而得名）在国家中的政治地位并不高，因而不能很好地保护自己。他们被选中，成为第一批牺牲品。

一个教皇的代表统治了普罗旺斯好几年，他把那里当作被征服的领土而为所欲为，结果被杀死。这给英诺森三世的干预提供了借口。

他召集了一支正规十字军讨伐阿尔比教徒和沃尔多教徒。

在四十天内志愿加入讨伐异教徒远征军的人可以免交欠债的利息，可以赦免过去和将来的一切罪孽，也可以在一段时间内不受普通法庭的审判。这些好处非常可观，对北欧人来说可谓求之不得。

攻打普罗旺斯的富裕城市能够在精神上和经济上得到好处，千里迢迢到东方的巴勒斯坦打仗所能得到的好处和荣誉也不过如此，北欧人又怎么会不参军，选择攻打路程更短一些的地方呢？

那时“圣地”已被人们遗忘，法国北部、英国南部、奥地利、撒克逊和波兰的达官贵人中的败类纷纷赶往南方以躲避地方长官，他们把空无一物的钱箱重新装满，并让富裕的普罗旺斯人承担一切灾难和损失。

无数人被十字军绞死、烧死、斩首或大卸八块，我也不清楚究竟有几万人被杀。各地在正式执行大规模处决后很少给出具体的数字，按照城镇的大小来判断，人数通常都在两千到两万之间。

贝济埃城被占领后，十字军士兵分辨不出哪些是异教徒，感到左右为难。这个问题被送到随军的教皇代表宗教顾问那里。

这家伙说：“孩子们，动手吧，把他们都杀死。主知道谁是他的信徒。”

有一个名叫西蒙·德·蒙特福特的英国人，是个久经沙场的老兵。他残暴无比，嗜血成性，不断变出杀戮掠夺的新花样。作为对他的“功绩”的报答，大片刚被他抢掠过的土地归他所有，他的部下也都论“功”行赏。

剩下几个免遭杀戮的沃尔多教徒逃入人迹罕至的庇耶德蒙山谷，建立了一个自己的教会，幸运地存活下来，直到后来的基督教改革运动。

阿尔比教徒的命运更惨。经过一个世纪的折磨和绞杀后，他们的名字从宗教法庭的报告中消失了。然而，三个世纪之后，他们把教义稍作改变又卷土重来，传教者是个撒克逊教士，叫马丁·路德。他们引起了一场改革，打破了一千五百年来教廷的垄断地位。

当然，这一切都瞒过了英诺森三世敏锐的眼睛，在他看来，困难的局面已经结束，绝对服从的信条已经成功地确立。《路加福音》第十四卷第二十三款中有一条著名的命令，讲的是一个人想举办一个晚会，他发现宴席上有空位子，几个客人还没有到，便对仆人说："到大路上去，把他们拉进来。"现在这条命令又一次得到了实施。

"他们"，也就是异教徒，被拽了进来。

怎样留住他们是教会面临的问题，直到许多年后这个问题才得到解决。

由于地方法庭屡次失败，第一次阿尔比教徒造反时组织的特别调查法庭在欧洲其他首都纷纷建立起来。法庭专门审判涉及异端的案件，后来人们干脆称这些法庭为"宗教法庭"。

在现代，即使宗教法庭早已消失，但这个名字仍然使我们心惊肉跳。我们似乎看见了哈瓦那的地牢、里斯本的刑具室、克拉科夫生锈的镣铐和烙人的刑具、黄色的兜帽和黑色的面纱，以及一个下颌宽大的国王斜着眼凝视着一排排望不到边的男男女女慢慢走向绞刑架。

十九世纪下半叶的几部流行小说描写了这种骇人听闻的罪行，受害者完全无辜，但只要被发现有异端罪行，就会被处死。

谈论这个题目要不带偏见是很困难的。

说来令人难以置信，在整整五百多年里，各地成千上万无辜的平民仅仅由于多嘴的邻居道听途说的"异端行为"而半夜被人从床上拖起来，在肮脏的地牢里关上几个月或几年，焦急地等待着既不知姓名又不知身份的法官的审判。他们无从知道被指控的罪名和指控的内容，也不知道证人是谁。他们不能与亲属联系，更不许请律师。如果一味坚持说自己无罪，就会惨遭折磨甚至被打断四肢，别的异教徒可以揭发指控他们，但如果有人替他们辩护却没有人会听。最后，他们被处死时连为什么遭此厄运都不知道。

更加难以置信的是，已经入土五六十年的人也会从坟墓中被挖出来进行“缺席”审判，以这种方式被定罪的人的后裔还要在“罪犯”死去半个世纪后被剥夺财产。

但情况确实如此，宗教审判官正是靠瓜分没收来的财物中饱私囊，据说祖父干过某件事而导致子孙们沦为乞丐的事情屡见不鲜。

凡是读过二十年前沙皇俄国处于全盛时期的报纸的人都记得什么是“密探”。这种密探总是以引人注目的个性和“悲伤”的面目出现，他们假扮成小偷或洗手不干的赌徒，故作神秘地让人知道他是由于受到创伤才参加革命的，这样，他们常常能赢得反对帝国政府的人的信任，但是，一旦探得新朋友的秘密，他就会向警察局告密，把奖赏装进腰包，再到另一个城市重演他卑鄙的勾当。

在十三、十四和十五世纪，南欧和西欧到处都是这种心肠歹毒的秘密侦探。

他们的谋生方式是告发那些抨击了教会或对教义中的某些内容持怀疑态度的人。

如果周围没有异教徒，密探们就要人为地制造出几个。

因为他们心里清楚，无论被告多么清白无辜，都会屈打成招。他们不会担任何风险，可以永远地从事这个职业。

在许多国家，人们可以匿名告发别人思想不端，这种制度给人们心头蒙上了一层恐惧的阴影。最后,人们连最亲密无间的朋友都不敢相信,一家人也要互怀戒心。

掌管宗教法庭大量工作的托钵僧充分利用了他们造成的恐怖氛围,在差不多两百年中挥霍着搜刮到的民脂民膏。

是的,我们可以毫无顾忌地说,宗教改革的主要原因就是广大民众对这些盛气凌人的乞丐深恶痛绝。他们披着虔诚的外衣,闯入安分守己的公民家里,睡在最舒适的床上,吃着最好的食物,嘴里还喋喋不休地说他们应该被当作上宾,应该过得无比舒服。他们唯一的本领就是恐吓人们,如果他们没有得到理所应当的奢华待遇,就要向宗教法庭告发施主。

教会当然可以答复说,宗教法庭这样做完全是在检查人们的思想是否健康,他们立誓要尽的职责就是防止错误的思想在群众中蔓延。教会可以说自己宽厚仁慈,对于无知而误入歧途的异教徒既往不咎。它甚至还宣称说除叛教者和屡教不改的人之外,几乎没有人被处死。

但是这又能怎么样?

一个鬼把戏可以把无辜的人变为死囚,也可以使坏人在表面上悔过自新。

密探从来都是喜欢伪造证据的人。

对他们而言,伪造几份文件又算什么?

第八章 求知的人

现代的不宽容，就像古代高卢人一样，可以分为三种——出于懒惰的不宽容，出于无知的不宽容和出于自私自利的不宽容。

第一种也许最为普遍。它存在于每个国家和社会的各个阶层，尤其在小村子和古镇里更为常见，而且不仅仅限于人类。

我们家的老马，前二十五年在考利镇温暖的马厩里过着安定的生活，说什么也不愿意到西港同样温暖的谷仓去，理由是它一直住在考利镇，熟悉这里的一木一石，因此知道每天在康涅狄格州的舒适土地上漫步时不会被陌生景物吓到。

我们的科学界迄今为止花费了大量的时间研究波利尼西亚群岛早已不复存在的方言，却令人遗憾地忽视了对狗、猫、马和猴子的语言的研究。不过，假如我们懂得一匹名叫"杜德"的马与从前考利镇的邻居说过些什么，就能听到一场空前激烈的关于不宽容的大爆发。杜德已经不是小马驹了，它有自己的主见，已经形成了自己的习惯，所以它觉得考利镇的礼节、习惯和风俗都是合适的，而西港的礼节、习惯和风俗则完全不对，到死它都这样认为。

正是这种不宽容使父母对子女的愚蠢行为摇头叹息，让人们无主见地、荒唐地向往“过去的好日子”，让野蛮人和文明人都穿上了不舒服的衣服，让这个世界充斥着废话，也让有新思想的人成为人类的敌人。

不过即使这样，这种不宽容相对来说还是无害的。

我们大家或早或晚都会因为这种不宽容而遭罪。在过去的几代人中，这种不宽容致使数以百万计的人背井离乡，如今它又是使渺无人烟的地方出现永久定居点的主要原因，不然，那些地方到现在还会是一片荒芜。

第二种不宽容更为严重。

无知的人仅仅由于他对事物的一无所知而变得极其危险。

但是，他如果为自己的智力欠缺寻找借口，那就更为可怕。他在灵魂里建立起了花岗岩的要塞，自我标榜一贯正确，他站在险峻的要塞顶端，向所有的敌人（也就是不同意他偏见的人）挑战，质问他们有什么理由活在世上。

有这种苦恼的人既无情又卑鄙。他们常年生活在担忧之中，很容易变得残酷暴虐，喜欢折磨他们憎恨的人。正是从这伙人当中首先冒出了“上帝选民”的念头。况且，有这种幻觉的受害者总是想象他们与无形的上帝有某种关系，并以此来壮胆，为自己的不宽容辩护助威。

比如，他们绝不会说“我们绞死丹尼·迪弗尔，是因为他威胁了我们的幸福，因为我们对他恨之入骨，因为我们只是喜欢绞死他而已”。不！他们是绝不会这样说的！他们凑到一起召开气氛庄严的秘密会议，一连几个小时、几天甚至几周，详细研究上面说的丹尼·迪弗尔的命运，当最后的判决宣布时，丹尼这个也许只搞了些小偷小摸的可怜虫俨然成为犯下重罪的最可怕的人物，因为他胆敢违反上帝的意志（这意志只是私下授予上帝的特选子民，也只有上帝的选民才能理解这种意志）。对他执行判决成了神圣的职责，法官也因为有勇气审判撒旦的同伙而无比荣耀。

忠厚老实、心地善良的人和野蛮粗鲁、嗜血成性的人一样，都很容易被这个极为致命的幻觉所蛊惑，在历史学和心理学上，这种例子并不鲜见。

一群又一群的人兴致勃勃地观看上千名可怜的牺牲者受难，他们肯定不是杀人犯，他们是正直、虔诚的老百姓。这些老百姓还觉得在上帝面前做了一件光彩的事。

如果有人向他们提到宽容，他们还会反对，因为这是不体面地承认自己道德沦丧。也许他们自己本就不宽容，但在那种情况下他们反倒以此为豪。丹尼·迪弗尔站在潮湿寒冷的晨光里，穿着藏红色衬衣和缀满小魔鬼的裤子，一步一步缓慢而坚定地走向执行绞刑的市场。公开处决一结束，围观的人们便回到舒适的家里，饱餐了一顿熏肉和豆角。

这难道不足以证明他们的所想所行是正确的吗？

不然他们怎么能是观众呢？怎么不和死者调换一下位置？

我承认这个观点是没有说服力的，但却很常见，也很难反驳，人们确信自己的思想就是上帝的思想，因此根本不会明白自己可能会犯错。

剩下的第三种不宽容是由自私自利引起的，实际上它是一种嫉妒的表现，就像麻疹一样普遍。

耶稣来到耶路撒冷后教导人们，靠屠杀十几只牛羊是不会赢得全能上帝垂青的，于是所有靠寺庙祭祀谋生的人都诽谤他是危险的革命者。耶稣还没有危及他们的根本利益，他们就找理由将其处死了。

几年后，圣保罗来到艾菲西斯，宣扬一种会威胁到珠宝商买卖的新教义。当时珠宝商通过制作和出售当地女神黛安娜的小塑像发财，为此金匠行会差一点儿要用私刑教训这个不受欢迎的侵入者。

一些人依靠某种已经建立的崇拜谋生，而另一些人却要把人们从一座寺庙引到他们支持的另一座寺庙，他们之间一直都存在着公开的冲突。

我们在讨论中世纪的不宽容时，必须要记住我们面对的是一个非常复杂的问题。只是在极为个别的情况下，我们才会遇到三种不同形式的不宽容中的一种。而在引起我们注意的迫害案件中，三种情况常常同时存在。

一个组织如果掌握了雄厚的财富，控制了方圆数千英里的土地和成千上万农奴，就会把全部怒气发泄到要重建朴实无华的“地上天堂”的农民身上，这很自然。

这样一来，消灭异端邪说就变成了经济上的需要，它属于第三种——出于自私自利的不宽容。

不过，还有一种人也感到了来自官方禁令的压力，这就是科学家。这个问题更为复杂。

为了了解教会当局对哪些揭示大自然奥秘的人采取了错误态度，我们必须回到若干个世纪之前，看看最初的一世纪至六世纪的欧洲究竟发生了什么。

野蛮人的入侵像无情的洪水席卷了欧洲大陆，在混浊的污水中还杂乱无章地矗立着几个古罗马的国家组织。但城墙里面的社会已经瓦解，书籍被浪潮卷去，艺术也在新的无知泥潭中被遗忘。收藏品、博物馆、图书馆和慢慢积累起来的大量科学资料全都被亚洲中部的野蛮人用来点燃篝火。

我们有公元十世纪图书馆的一些书目。至于古希腊图书（君士坦丁堡除外，那时它被视为远离欧洲中心的地方，就像如今的墨尔本那样遥远）的拥有者，在西方也非常稀少。这样说来似乎令人难以置信，但书的确是没有了。学者为了熟悉古人的思想煞费苦心，但找到的只有亚里士多德和柏拉图的著作中极少章节的译文（译文也很拙劣）。想要学习古人的语言也找不到老师教授，只剩下几个希腊修道士，他们在拜占庭的神学争吵中被迫出走，逃到法国或意大利避难。

拉丁文的图书倒是不少，不过大部分是四世纪和五世纪成书的。所剩无几的古人手稿被无数次抄写复制，如果不耗费毕生心血，研究根本无法看懂。

至于科学书籍，除欧几里得一些最简单的几何作图题幸免外，其他的书在任何图书馆中都找不到，更可悲的是，人们再也不需要这些书了。

那时统治世界的人用敌视的眼光看待科学，根本不鼓励数学、生物学和动物学领域的独立探索，更不用提医学和天文学，它们地位低下，不为人们所重视，丝毫没有实用价值。

现代人要理解这种情况实在太困难。

二十世纪的人都信仰进步的思想，并不在乎其是对是错。我们并不知道是否能让世界变得更完美，但都觉得应该尽力一试，因为这是我们神圣的职责。

是的，进步已经成为一种势不可挡的趋势，有时，这个信念似乎会成为国家的国教。

但是中世纪的人不会也不可能有这样的想法。

希腊曾经幻想创造一个充满乐趣的美好世界，但是这个美梦仅仅是可怜的昙花一现！动荡的政治无情地摧残了它，席卷了这个不幸的国家。以后几个世纪的希腊作家都成了悲观主义者，他们凝视着曾经一度是乐土的废墟，凄惨地认为人间的任何努力到头来只不过是一场空。

另一方面，罗马的作家从近一千年的历史中得出了结论，他们从人类的发展史中发现了一种蓬勃向上的趋势。罗马的哲学家们，其中最著名的是伊壁鸠鲁，他们兴致勃勃地教育年轻的一代，是为了更幸福更美好的未来。

之后基督教来了。

人们关心的重点从这个世界移到了另一个世界。人们立即坠入黑暗的深渊中，毫无希望地忍受着一切。

当时的人被说成是邪恶的，天性和癖好都是邪恶的。他们沉沦于原罪之中，在原罪中出生，在原罪中生活，最后在对原罪的悔恨中死去。

但是，旧的绝望与新的绝望之间存在着差异。

希腊人坚信（或许是这样）自己比别人更聪明，更有教养，还为那些不幸的野蛮人悲伤。但是他们从不认为因为自己是宙斯的选民，就与其他民族有所区别。

相反，基督教从未脱离自己的老祖宗。基督徒把《旧约》当作自己信仰的圣书之后，便继承了难以置信的犹太教义的衣钵，认为他们的民族与其他民族“不同”，只有表示信仰某种官方教义的人才有被拯救的希望，而其他人注定要沉沦。

有些人缺乏精神上的谦卑，相信自己是成千上万同类中最受上天宠爱之辈，上面所说的思想当然给他们带来了巨大的好处。在许多至关重要的年代，这种思想使基督徒成为联系紧密、自成一体的小社团，他们在异教横行的汪洋大海中超然地漂荡着。

对特图利安、圣奥古斯丁和其他致力于把基督教教义写成典籍的早期作家来说，这片水域所连接的其他地方发生了什么，与他们没有任何关系。他们最后的希望是要到达安全的彼岸，在那儿建立上帝之城。至于其他地方的人希望完成或要达到的事情则与他们毫不相干。

因此，他们为自己创造了关于人的起源以及时空界限的全新概念。埃及人、巴比伦人、希腊人和罗马人发掘的秘密丝毫不能引起他们的兴趣。他们坚信，随着基督的诞生，一切古老又有价值的东西都已土崩瓦解。

比如关于我们地球的问题。

古代科学家认为地球是数十亿星球中的一个。

基督徒从根本上反对这个观点。在他们看来，他们赖以生存的小圆盘才是宇宙的中心，地球是为一群特殊的人专门创造的临时栖身之所。它的产生过程很简单，在《创世记》第一章中记载得一清二楚。

到了需要确定上帝偏爱的人在地球上生活了多久的时候，问题就变得复杂了。大型古物、被掩埋的城市、灭绝的怪物和已经变成化石的植物遍布各地，不胜枚举。但这些东西可以被驳倒，可以被视而不见，可以被否认或直接说不存在。这一切做完后，再决定创世的具体日期就很容易了。

在这样的宇宙里，万物都处于静止状态，它从某年某月某时开始，又到某年某月某时结束。地球的目的独一无二，对于只关心一般规律、时间空间的永恒和无限问题的数学家、生物学家、化学家以及诸如此类的人而言，没有他们探索求知的任何余地。

的确，许多科学家争辩说，他们在内心里是上帝虔诚的儿子。不过真正的基督徒都更加明确地认为，如果真心诚意地主张要热爱和忠诚于信仰，就不会知道得那么多，也不会有那么多书籍。

有一本书就够了。

这本书就是《圣经》，里面的每一个字、每一个逗号、每一个冒号和每一个感叹号都是由受到神的启示的人记录下来的。

伯里克利时代的希腊人要是知道世上存在着这样一本圣书，里面包括各种晦涩难懂的民族史、令人怀疑的爱情诗、半疯半痴的先知描绘的虚无缥缈的梦幻，以及对出于某种原因而惹恼了亚洲许多部落神灵的人连篇累牍的恶意痛斥，那他们是不会感兴趣的。

但是，三世纪的野蛮人却对“文字”佩服得五体投地，在他们看来，这是文明的一大奥秘，当这本特别的书被连续几届教会会议当成无懈可击的经典推荐给他们时，他们便诚心诚意地全盘接受，把它看作是人类已经知道或希望能够知道的一切，谁敢在摩西和以赛亚规定的界限之外去探索，否认存在天国，谁就会遭到他们的谴责和迫害。

甘愿为原则献身的人毕竟有限。

然而，有些人对知识的渴望是无法抑制的，积蓄已久的精力必须有发泄的地方。结果，求知与压制的矛盾冲突培育了另一株弱小的知识幼苗，后来它被人们称为“经院学派”。

这要回溯到八世纪末。法兰克国王丕平的妻子伯莎生下了一个儿子，他比好人路易王更有理由被称作是法国民族的守护圣人。路易王之所以被称为好人是因为老百姓为了解救路易王不得不交付了约八十万土耳其金币。为了感谢百姓的忠诚,路易王曾恩准他们建立自己的法庭。

这个孩子受洗时被命名为卡罗鲁斯，在许多古代宪章的结尾处都能看到他的签字。他的字显得有些笨拙，对于拼写他一向都马马虎虎。他幼年时曾学过法兰克文和拉丁文，但他的手指在跟俄国人和摩尔人作战时患了风湿病，所以很不灵便，最后他不得不放弃了写字的念头，请来当时最好的书法家当秘书，替他签字。

这个久经沙场的老兵在整整五十年里只穿过两次“市民服装”（罗马贵族穿的宽大外袍），但他引以为豪。不过他真正了解到了学习的价值，把他的王宫变成了私人大学，教授他的孩子和其他官员的子女。

这个西方的新皇帝周围汇聚了许多名人，他自己也很喜欢跟众人一同消遣。他非常尊重学术民主，甚至放弃了礼节，还像大卫兄弟那样积极参加各种讨论，允许地位低下的学者与他辩论。

但是，当我们看到他们讨论的问题时，自然会联想到田纳西州任何一所乡间中学的辩论小组所选的题目。

至少可以说这些人是天真的。公元 800 年的情况的确如此，公元 1400 年的情况也差不多。这并不是中世纪学者的错，应该说他们的头脑和二十世纪的人一样好。他们的处境与现代化学家和医生相同。尽管他们享有调查研究的充分自由，所做所说却依然受限于 1768 年出版的第一版《大英百科全书》中所记载的内容，原因是当时的化学还是一个不大为人知的科目，外科也经常被人拿去和屠宰相提并论。

结果（我有些混淆了自己的比喻），中世纪的科学家尽管有巨大的智力潜力，但试验的范围却很狭窄，就像在一辆旧汽车的底盘上安装一台罗尔斯·罗伊斯[①]的先进引擎，一踩油门就会出现一连串的故障。等他能按交通规则安全驾驶这台古怪的东西时，事情已经变得荒唐可笑了，即使耗费巨大的精力，也无法到达目的地。

当然，出类拔萃的人对不得不遵循的客观速度是非常着急的。

他们千方百计要摆脱教会鹰犬的不断监视。他们撰写了大量的著作，证明他们坚持认为是正确的东西的反面也是存在的，为的是让内心深处的思想能流露出来。

他们做出各种掩人耳目的伪装。身穿奇装异服，屋顶上挂满了被掏空内脏后塞满防腐材料的鳄鱼标本，架子上摆满了装有怪物的瓶子，在炉子里烧些气味难闻的草药，以便把左邻右舍从前门吓跑，这样他们便得到一种名声，说他们是人畜无害的精神病人，可以信口雌黄而不必对自己的思想负很大的责任。渐渐地，他们形成一整套科学的伪装，即使在今天，我们也难以判断他们的真正意图。

若干个世纪以后，新教徒也和中世纪教会一样，对科学和文学毫不宽容，这里就不赘述了。

大宗教改革家们可以痛快地疾呼咒骂，却从没能把恫吓转化为反抗的具体行动。

---

①罗尔斯·罗伊斯（又称劳斯莱斯）是英国著名的航空发动机公司，也是欧洲最大的航空发动机企业，它研制的各种喷气式发动机广为世界民用和军用飞机所采用。

罗马教会却不然，它不仅有镇压异教的实力，而且时机成熟时便会付诸实施。

对于那些喜欢抽象地思考宽容和不宽容理论价值的人，上面所说的差别并不重要。

然而，是当众宣布放弃信仰还是当众受鞭刑，这对于那些不得不选择的可怜虫来说，是一个非常现实的问题。

有时他们没有勇气表述自己认为正确的东西，愿意把时间浪费在《启示录》中野兽名称的纵横填字谜上，我们也不必对他们太过苛求。

我敢肯定地说，如果在六百年前，我绝对不敢写现在这本书。

第九章　向书籍开战

我发现写历史越来越难。我就像从小学小提琴，到了三十五岁别人突然给我一架钢琴，命令我像克拉威尔演奏能手那样生活，理由是“钢琴也是音乐”。我已经学会了某种技巧，却必须做另一种完全不同的事。我学的是根据一种明确建立的秩序来观察过去发生的事情，即由皇帝、国王、大公和总统在众议员、参议员和财政部长辅佐下，较为有效地治理国家。而且在我年轻时，仁慈的上帝仍然是大家心目中掌管一切的万物之尊，必须不失礼节，怀着崇敬之心对待他才行。

后来战争爆发。

旧秩序被彻底推翻，皇帝和国王被废黜，负责管理的大臣被不负责任的秘密委员会取代。在世界各地,天国的大门根据委员会的命令关闭，一个已死的经济学方面的平庸写手被官方当成古往今来所有先知的继承人。

当然，所有这些并不会持续多久，但是它让文明的发展要再过几个世纪才能赶上来，而那时我早就不在人世。

我必须充分利用现有的一切，但这并非易事。

就拿俄国的情况来说吧。大约二十年前我在这个所谓的“圣地”住了一段时间，那时我们得到的外国报纸中总有四分之一的版面被涂得漆黑一片，技术上这被称为“鱼子酱”处理。这种涂抹是为了隐藏一些内容，因为小心谨慎的政府不愿意让心爱的臣民们知道。

世界在很大程度上将这看作是“黑暗时代”的复苏，令人难以容忍，我们这些西方共和国的人保留了几份被故意做了“鱼子酱”处理（指代检查员涂抹掉一些句子）的美国滑稽漫画报纸给本国老百姓看，让他们知道远近闻名的俄国人实际上是一种非常落后的野蛮人。

我是在较为开明的社会环境中长大的，这个社会真心信仰米尔顿的格言：“最高形式的自由是按照自己的良心自由地了解、自由地表达和自由地辩论。”

正如电影里描述的，“开战了”。于是我看到在过去的时代，《神山布道》被宣布是亲德国的危险文件，不允许在王国千百万臣民中流传，出版了它的编辑和印刷商会被罚款或投入监狱。

鉴于此，似乎放弃研究历史，转写短篇小说或经营庄园要更明智些。

但这是服输低头，我要坚持自己的工作。尽量记住，在秩序井然的国度里，每个正直的公民都应该有发言权和思考权，表达自己认为正确的东西，只要不干涉他人的幸福，不破坏文明社会的公序良俗，不违背当地司法制度就行。

当然，这使我被记录在案，成为所有官方出版审查的敌人。在我看来，警方应该追查的倒是那些为了一己之利而印刷的色情杂志和报纸。

至于其他的，谁愿意印什么就由他去印吧。

我说这些并不是说我是理想主义者或改革家，我是个很讲实际的人，最讨厌浪费精力，也很熟悉过去五百年的历史。这段历史清楚地表明，对出版和言论的任何暴力压制从来都没有任何好处。

胡言乱语就像炸药，只有放在狭小密封的容器里，再加上外力的打击，才会产生危险。如果放任一个可怜虫去讲演，他至多只能招来几个好奇的听众，煞费苦心只会成为大家的笑柄。

同一个人，如果被目不识丁的粗鲁的地方治安官戴上手铐送进大牢，再判个三十五年有期徒刑，那他就会变成大家同情的对象，最后还会被誉为烈士。

但是要记住一件事。

既有为好事献身的烈士，也有为坏事送命的亡命之徒，后者手段狡猾，人们不知道他们下一步要做什么。

因此，我要说，由他们去说去写吧。如果他们说的是至理名言，我们就应该知道；如果不是，也会很快被遗忘。希腊人似乎意识到了这一点，罗马人在帝国时代之前也是这样做的。可一旦罗马军队总司令成为帝国半神半人的人物，成为朱庇特神的远亲，远离普通民众，一切就都改变了。

“欺君犯上”的罪名被发明了。这纯粹是一桩政治罪，从奥古斯都时代到查士丁尼当政时期，许多人仅仅由于敢于上谏直言稍有冒犯，便被投入监狱。但如果人们把罗马皇帝放在一边，也就没什么谈话题目需要回避了。

到了教会统治世界的时候，幸福的时光便消失了。

耶稣死后没几年，善与恶、正统与异端之间便有了明确的分界线。一世纪下半叶，圣徒保罗在小亚细亚的以弗所一带周游了很长时间。那个地方的护身符和符咒是非常有名的。保罗四处传教，驱逐魔鬼，获得了极大的成功，让许多人承认了自己异教的错误。作为忏悔的象征，人们在晴天带着魔法书聚集在一起，把价值上万美元的秘密符咒付之一炬。你在《使徒行传》第十九章可以读到相关内容。

不过这完全是忏悔的人们自愿的，《使徒行传》上并没有说保罗企图禁止其他以弗所人阅读或收藏这些书籍。

直到一个世纪以后，才出现了这样的情况。

以弗所城的一些主教下令，凡记载有圣徒保罗的书都是禁书，忠诚的信徒不应当阅读。

在以后两百年中，被列为禁书的书籍很少，因为出版的图书数量也不多。

但是尼卡会议（公元 325 年）以后，基督教成为罗马帝国国教，审查文字随之成为教士日常工作的一部分。某些书是绝对被禁止的。另外一些书则被称为“危险品”，人们得到警告说，阅读这类书的人都会有生命危险。为保险起见，作者在出版之前，最好还是先获得当局的批准，这形成了一种制度，作者的手稿必须先送当地主教进行审批。

即使如此，作者也不能总是保证著作可以长存于世。某一任教皇宣布这本书无害，而他的继承人却会宣布它亵渎神灵，不堪入目。

总的来说，这个办法倒也较为有效地保护了撰写人，使其免于跟自己在羊皮纸上写下的作品一同被焚毁。那时的图书还靠手抄流传，出版一套三卷本需要五年时间，所以这项制度非常有效。然而这一切都被约翰·古登堡的发明改变了。他的别名叫约翰·古斯弗雷什。

十五世纪中叶以后，有进取心的出版商在不足两星期内便可以出版四百至五百本图书，在1453年至1500年的短暂时间里，西欧和南欧的读者竟获得不下四万本不同版本的图书，这相当于当时较大的图书馆多年积累的全部藏书。

图书的数量出乎意料地迅速增加，这让教会非常担忧。他们明明知道有异教徒在阅读手抄的《马太福音》，却不能轻易逮捕他，否则，又该如何处置那两千万异教徒？他们拥有两千万册内容出色的图书。这些人直接威胁了当权者的思想，看来有必要指派一个特别法庭审查以后的所有出版物，并决定哪些可以出版，哪些绝对不能出版。

这个委员会经常公布一些书目，认为其中包含了“被禁止的知识”，由此产生了臭名昭著的《禁书录》。它与宗教法庭一样声名狼藉。

有人认为出版审查是天主教会独有的，其实这不对。许多国家的政府也害怕出版物像雪崩一样蜂拥出现，威胁到国家的安宁。他们早已强迫出版商把书稿送到公共审查机关，凡是没有盖上官方批准大印的书都禁止出版。

不过，除了罗马外，没有一个国家把这种做法延续至今，即使罗马的情形自十六世纪中叶以来已经有了很大的变化，这也是势在必行。出版工作的进展非常迅速，红衣主教为审查各类印刷品而成立的“《禁书录》委员会”很快就应接不暇。除图书以外，还有小册子和油印文稿，以报纸、杂志和传单的形式洪水般地冲击着社会，无论怎样勤勉的人也休想在两三千年内将它们通读一遍，更谈不上审查分类了。

统治者对不幸的臣民施行恐怖专制，自己也因为专制而吃了苦头。

一世纪罗马帝国的塔西陀就曾宣布自己反对迫害作者，认为这是愚蠢之事，先前绝无公众注意之图书反而会因此大获瞩目。

《禁书录》证实了这个论断。宗教改革成功后，大批遭到禁止的书籍地位陡增，《禁书录》成为想完整了解当时文学的读者的指南。更有甚者，十六世纪的德国和低地国家（荷兰、比利时、卢森堡）雄心勃勃的出版商在罗马长期驻有耳目，专门搜集被禁止或被删节的最新书目，到手后便由特别的信使携带，跋山涉水越过阿尔卑斯山和莱茵河谷，以最快的速度送到赞助人手中。之后，德国和荷兰的印刷厂开工，夜以继日抢印特别版，将成书以高价卖出，由大批职业书贩秘密运往禁书令执行森严的国家。

不过，偷运入境的书毕竟有限，而且在意大利、西班牙和葡萄牙这样的国家，《禁书录》直到前不久还在严格实施，压抑政策的后果实在是骇人听闻。

如果这些国家在进步的比赛中逐步落后，原因并不难寻，因为大学生不但不能使用外国的教科书，就连不得不使用的国内书籍也是质量低劣。

最可悲的是，《禁书录》让人心灰意冷，没有心思去研究文学和科学，因为正常人不想辛辛苦苦写一本书却被无知的检察官“修正”得支离破碎，或者被不学无术的宗教法庭调查委员会秘书校订得面目全非。

他们宁愿去钓鱼，参加化装舞会或者去酒馆消磨时间。

也许他会坐下来，在对自己和人民完全失望的状态下写下唐·吉诃德的故事。

第十章 关于一般历史书，尤其是本书

我向厌倦现代小说的人热烈推荐《伊拉斯谟信札》，这位博学的求知者当年收到了许多比他更小心谨慎的朋友的来信，其中不乏老生常谈的警告。

当时，某个高校教师写道："听说您考虑写一本关于路德之争的小册子。请您注意分寸，因为您很容易触怒教皇，他祝您一切顺利。"

或者说："某个刚从剑桥大学回来的人告诉我，你正在筹备出版一本短论集。看在上帝的分上，不要惹皇帝不高兴，他有权有势，会严厉整治你。"

一会儿是鲁汶主教，一会儿是英格兰国王，一会儿是索邦大学，一会儿是剑桥大学可怕的神学教授，他都必须小心对待，不然作者就会失去收入，或者丧失官方对他的保护，还会落入宗教法庭的手里，在刑车轮下被碾成碎块。

如今，轮子（除了作为运载工具外）已经被放在老古董博物馆里，宗教法庭在近百年已经关闭，对致力于文学的人来说，官方保护没有任何实际用途。历史学家聚在一起时更是闭口不谈“收入”二字。

不过，一提到我要写一部“宽容史”，另一种形式的警告和忠言便闯入了我那与世隔绝的小住所。

“哈佛大学已经拒绝接受黑人进宿舍，”一个秘书写道，“请务必在您未来的书里提一下这件最令人遗憾的事情。”

或者说：“马萨诸塞州弗拉明格的一家食品店老板公开宣称加入罗马天主教，当地三 K 党已经开始抵制他，您在撰写宽容故事的时候一定会就这件事说上几句吧。”

诸如此类的还有很多。

毋庸置疑，这些事情都很愚蠢，理应严加指责。不过，它们似乎不在论述宽容著作的讨论范围之内。这些事情只是恶劣的举止和缺乏正派公共精神的表现，他们与官方形式的不宽容大相径庭，官方的不宽容是与教会和国家的法律紧密关联的，它让对安分守己的百姓进行迫害成为一种神圣的职责。

历史就像巴吉豪特说的，应该像伦勃朗的蚀刻画一样，把生动的光辉洒在最好最重要的事情上，至于其他的，就让它们留在黑暗中，别去看吧。

现代的不宽容精神也曾经疯狂地爆发过，报纸忠实地记载了一切，但即使从这里头我们也能看到未来的希望。

许多事情在前辈人眼里看来合情合理，附上了“一直如此”的批语，这些事情本应理所当然地被接受，可今天却又引起激烈的争论。我们周围的人往往会急忙保卫某些思想，而父辈和祖父辈却认为这些思想是不切实际的幻想，他们常常向甚为讨厌的下层民众的精神世界开战，成功的次数倒也不少。

这本书必须短小精悍。

生意兴隆的当铺老板竭尽阿谀奉承之能事，北欧人独霸一方的荣誉已有所折损，边远地区的福音传教士愚昧无知，农民教士和巴尔干的犹太教士固执己见，我不想谈这些。他们总是纠缠着我们，这些人心地善良，但其思想很糟糕。

不过，只要没有得到官方的支持，相对来说，他们倒也无害，在文明的国家里，有害的可能性已经完全被消除。

个人的不宽容是个讨厌的东西，它在群体内部引发不满，比麻疹、天花和饶舌的女人加在一起造成的影响还要大。不过，个人的不宽容不能处决别人。如果像某些国家有时发生的情形那样，取了人性命，那就犯了罪，真正成为警方注意的对象。

个人的不宽容不能囚禁人，也不能让整个国家规定人们必须想什么、说什么、吃什么和喝什么。如果真要这么做，就必然会招致所有普通百姓的强烈不满，新法令就会成为一纸空文，在哥伦比亚特区都无法执行。

简而言之，个人的不宽容存在只能以自由国家的大多数公民不介意为极限，不能超越这一点。但是官方的不宽容却并不是这样，它有着非常大的力量。

它除了自己的力量之外，不承认任何权威。

官方的不宽容一旦狂怒，便可以让无辜的人牺牲，也从不会做任何补救反悔的事情。它不听任何申辩，还求助“上帝”支持自己的决定，花言巧语地辩解说这是“天国”的旨意，似乎刚刚在大选中获胜的人独自占有了打开生存之谜的钥匙。

如果这本书一再把“不宽容”等同于“官方的不宽容”，如果我很少谈到个人的不宽容，那还请读者能原谅我。

因为我一次只能做一件事。

第十一章 文艺复兴

在美国有一个博学的漫画家，他喜欢问自己地滚球、填字游戏卡、小提琴、漂洗的衣服和门前的擦鞋垫会如何看待这个世界。

然而，我想知道的是奉命操纵大型现代化攻城火炮的人的心理反应。战争中，许多人从事各种奇怪的工作，但有哪一个比发射大贝莎巨炮[①]更荒唐?

其他士兵或多或少都知道自己在干什么。

飞行员可以从飞腾而起的红光中判断自己是否击中了煤气工厂。

潜艇指挥员几个小时后返航，可以通过海上漂浮的残骸判断是否成功。

壕沟里的可怜虫知道要坚持在某个堑壕里便是守住了阵地，他们也会因此而得意。

甚至野外的炮兵向看不见的目标射击后，也可以拿起电话话筒，向

---

①大贝莎巨炮是第一次世界大战中德军在攻打巴黎时使用的巨型火炮。

藏在七英里以外一棵枯树上的同伴询问，所要摧毁的教堂塔尖是否有坍倒的迹象，是否需要换个角度再轰一次。

但是，操纵大贝莎巨炮的弟兄们却生活在一个奇怪、虚假、孤寂的世界中。他们冒冒失失把炮弹射向天空，却无法预见炮弹会落到哪里，就连知识渊博的弹道学教授也帮不上忙。炮弹也许真的击中了要摧毁的目标，也许落在了兵工厂或者要塞中心。然而它也可能打中了教堂或孤儿院，或安静地沉入河底，或扎进墓穴中，没有造成任何伤害。

在我看来，作家在许多地方与攻城炮兵一样。他们也在操纵一门重型火炮，他们的文学炮弹也许会在最不可能的地方引发革命或动乱。但是他们一般发射的都只是可怜的哑弹，无声无息地落在附近的田野里，没有任何效果，最后被当作废铁，或被人做成雨伞架和花盆。

的确，历史上从来没有任何一个时期在这样短的时间内消耗掉这么多纸浆，这个时期就是通常所说的“文艺复兴”。

意大利半岛上每一个像托马索、里卡多和恩力科这样的人，日耳曼大平原上每一个像托马索医生、利卡都斯教授和多米尼·海因里希这样的人，都在急忙印刷出自己的作品，所用的纸张最小也是十二开的，更不用提模仿希腊人写动人的十四行诗的托马西诺和按照罗马祖先的佳篇文体写颂歌的利卡蒂诺了。还有无数人热衷于收藏古币、雕塑、塑像、图画、手稿和古代盔甲。几乎整整三个世纪，他们一直都忙于把刚刚从先辈的废墟里挖出来的东西分类、整理、制表、登记、存档和编纂，用无数对开的纸印出各种集子，再配上美丽的铜版画和精制的木版画。

毁了古登堡的印刷术让弗劳本、阿尔杜斯、爱琴尼以及其他新兴的印刷公司发了财，他们从强烈的求知欲中大发横财。不过，文艺复兴的文学产品并没有对当时的世界，即作家们生活的十五、十六世纪产生巨大的影响。贡献出新思想的人只是为数不多的几个鹅毛笔英雄，他们像操纵巨炮的那些人一样，不知道那个时代的自己究竟取得了多大的成功，作品造成了多大的破坏。但是，总的说来，他们排除了进步道路上的重重障碍。我们应当感谢他们干净彻底地清扫了堆积如山的垃圾，不然这些废物还会堆在我们的思想里妨碍我们。

不过严格地讲，文艺复兴起先并不是“向前看”的运动。它对刚刚消失的过去不屑一顾，称上一代人的作品为“野蛮”之作（或“哥特式野蛮”之作，因为哥特人曾一度和匈牙利人一样声名狼藉）。文艺复兴的主要兴趣集中在艺术品上，因为艺术品里蕴藏着一种叫“古典精神”的东西。

虽然文艺复兴确实推动了精神的自由和宽容，为更美好的世界贡献了一份力量，但是新运动的领袖们并没有这样做。

早在这之前很长时间，便有人质疑罗马主教有什么权力强行规定波希米亚农民和英格兰自由民必须用哪种语言祈祷，必须用什么精神学习耶稣的教诲，必须为自己的放纵行为付出多大的代价，必须读什么书，必须如何教育子女。他们公然蔑视这个超级大国的力量，却被它打得粉碎。他们甚至还领导或代表过一场民族运动，但最终宣告失败。

伟大的约翰·胡斯余温未消的骨灰被粗暴地丢进莱茵河，这是对全世界的警告——教皇的统治仍然至高无上。

威克利夫的尸体被官方的行刑人焚烧，它告诉列斯特郡的底层农民，枢密院和教皇的权势甚至能伸到坟墓里。

显然，正面攻击是不可能的。

“传统”的坚固堡垒是在十五个世纪里依靠无限的权威逐渐精心构建的，靠外力攻打休想占领它。高墙深沟之中也有很多丑闻。三个教皇之间的战争，谁都声称自己是合法的，是圣彼得的唯一继承人；罗马和阿维尼翁教廷腐败透顶，在那里制定法律只是为了让人花钱来买特权；君主的生活道德沦丧；贪财之人以日益加剧的炼狱恐怖作为幌子，敲诈可怜的父母为超度死去的孩子花费大笔钱财，所有这些人所共知，但其从未威胁过教会的安全。

然而，一些人对基督教不感兴趣，对教皇和主教也并无深仇大恨，他们胡乱开了几炮，却造成了破坏，让这座陈旧的大厦倾倒。

布拉格“瘦小而苍白的人”向往基督的崇高理想，可他没能实现的事情却被一群龙蛇混杂的平民实现了。这伙人别无他求，不论死活（最好等老了再死），都只想为世界所有善事提供支持，做教会母亲的虔诚子女。

他们来自欧洲的各个角落，代表各行各业，如果当时的历史学家点破他们所作所为的本质，他们会非常生气。

我们以马可·波罗为例。

人人知道他是个了不起的旅行家，看到过奇异的景象，而他习惯西方小城市的邻居们称他是“百万美元马可”。当马可告诉人们说，他看到的金色御座有宝塔那么高，花岗岩城墙的长度有波罗的海到黑海那么长，人们只是被逗得哄堂大笑。

这个小伙子束手无策，然而，他在历史的进程中起到了非常重要的作用。他的文笔并不好，他也和自己所处阶层的同龄人一样，对文学怀有偏见。绅士（甚至连威尼斯的绅士都应该知道复式簿记[①]）应该舞剑而不是耍鹅毛笔，因此，马可先生不愿意当作家。但是，战争让他进了热那亚监狱。为了打发枯燥的铁窗时光，他向同住一间牢房的可怜作家讲述了自己一生的离奇故事，靠这种间接的途径，欧洲人终于了解了他们过去一无所知的许多事情。马可·波罗是个头脑简单的家伙，他固执地坚持说他在小亚细亚见过一座山被一个虔诚的圣人移动了两英里，因为圣人想告诉异教徒"真正的信仰会有多大的威力"；他也轻信了许多广为流传的故事，还说存在没有脑袋的人和三只脚的鸡，但他讲述的事情却胜过前一千二百年中的一切，从而推翻了教会的地理学理论。

当然，马可·波罗从生到死，一直都是教会的虔诚弟子，如果谁要是把他比作同时代著名的罗杰尔·培根，他还会非常生气。培根是个地地道道的科学家，他为了追求知识，忍痛整整十年没有写作，还蹲了十四年的监狱。

不过对教会来说，这两个人中，还是马可·波罗更为危险。

十万人中最多只有一个人会跟随培根追逐天上的彩虹，琢磨精妙的进化理论来颠覆当时的神学观点，而只学过 ABC 的平民百姓却可以从马可·波罗那儿知道世界上还存在大量《旧约》作者从未想过的东西。

我并不是说在世界尚未获得一丝一毫的自由之前，仅靠出版一本书就能撼动《圣经》的权威性。后来风靡的启蒙运动是数世纪艰苦准备的结果。不过，探险家、航海家和旅行家朴实的宣言得到了大家的理解，这对推动怀疑精神起了重大作用。怀疑论是文艺复兴后期的特点，它允

① 复式簿记是在每一项经济业务发生后需要记录时，同时在相互联系的两个或两个以上账户，以相等金额进行登记的一种记账方法。

许人们去说去写那些在几年前还会让人落入宗教法庭魔爪的言论。

以薄伽丘的朋友们听到的奇特故事为例，他的朋友们从佛罗伦萨出发，开始一趟充满趣味的旅行，头一天便听到了这些故事。故事说所有宗教制度都可能有对有错。可是，如果这个说法是对的，那么所有宗教体制的对错都相等，许多观点也就无法得到证实或遭到否定，既然是这样，为什么持各种观点的人还要被判绞刑呢？

读读著名学者洛伦佐·瓦拉更奇特的探险。他死时还是罗马教廷政权中备受尊敬的政府官员。然而，他在学习拉丁文时却无可辩驳地证明说，关于康斯坦丁大帝曾把“罗马、意大利和西方所有省份”赠给西尔维斯特教皇的说法（这之后历代教皇都以此为依据，控制整个欧洲）不过是个拙劣的骗局，那只是康斯坦丁死去几百年后教皇法庭里的一个一文不名的小官捏造的。

也可以回到更实际的问题，看看一直受圣奥古斯丁思想熏陶的那些虔诚的基督徒。圣奥古斯丁曾教导他们说，地球另一侧人的信仰是对神的亵渎，是异端，那些可怜人不可能见到基督第二次降临，因而根本没有理由活在世上。不过，当1499年达·伽马首航印度归来，描述了他在地球另一侧发现的人口稠密的王国，这些虔诚的基督徒又该如何看待圣奥古斯丁的教义呢？

这群头脑简单的人一直被告知说，我们的世界是平的圆盘，耶路撒冷是宇宙的中心。然而“维托利亚号”成功的环球航行表明《旧约》中的地理论断有很多严重的错误，这些基督徒应该相信谁？

我重复一下刚才所说的。文艺复兴不是钻研科学的时代，对精神领域方面也往往缺乏真正的兴趣。在这三百年里，一切事物都被美和享乐主导。教皇虽然暴跳如雷，反对一些臣民的异端教义，可是只要这些反叛者善辩，懂一点印刷和建筑学，教皇也十分乐于邀请他们共进晚餐。美德的热情鼓吹者如萨沃纳罗拉和不可知论者冒有同样大的风险。但年轻的不可知论者很聪明，他们在诗歌和散文中抨击了基督信仰的基本观点，而且言辞激烈，绝对不是和声细语。

所有一切表露了人们对生活的新追求，但其中无疑暗藏着对现存社会秩序的严重不满，并反对现存的社会和拥有无上权力的教会对人类理智发展的束缚。

薄伽丘和伊拉斯谟间隔近两百年。在这两百年里，抄写员和印刷商从来没有清闲过。除了教会自己出版的图书外，一些重要的著作几乎都在暗示，野蛮入侵者造成的混乱局面取代了希腊和罗马的古代文明，西方社会被无知的修道士掌管，世界陷入了悲惨的灾难之中。

马基雅维利和与罗伦佐・美第奇同时代的人对伦理学并不怎么感兴趣。他们讲究实际，最会利用现实世界。表面上他们表示要与教会和平共处，因为它组织强大，影响面甚广，会给他们带来极大的害处，所以从不有意地去参加任何改革的企图，或对他们所处的体制提出质疑。

但是，他们对过去的事情的求索之心总也得不到满足，他们不断追求新的刺激，思维活跃，永不停歇，让这个成长中的世界坚信“我们知道”，但是，从此刻开始，人们提出了这样的问题:“我们真的知道吗？”

这比彼特拉克的十四行诗集和拉斐尔的画集更伟大，更值得后世感念。

第十二章 宗教改革

现代心理学教会了我们一些关于自己有用的法则，其中之一就是我们极少出于某一种动机做事。不论是向新大学捐一百万美元，还是连一毛钱都拒绝施舍给饥饿的流浪汉；不论是宣称只有在国外才能得到真正精神自由的生活，还是发誓永不离开美国；不论是坚持把黑的说成白的，还是坚持把白的说成黑的。我们做决定的原因有很多种，我们也非常清楚这个道理。但如果我们对自己的邻居承认这一点，那在世人面前难免会显得难堪。因此，我们总会本能地从诸多动机中选出最冠冕堂皇的那个，再修饰一番以便公之于众，并将这个动机称为“这就是我们做某件事的真正理由”。

事实反复证明，这种做法虽然可以在大多数情况下蒙骗大多数人，但从来没有什么方法能成功地瞒过自己，哪怕只有几分钟都做不到。

我们对这个让人尴尬的事实很熟悉。因此，在文明之初人们之间就达成了默契，在任何公共场合都不能戳穿这一点。

私下怎么想是自己的事，只要道貌岸然，我们心里便会非常满足，因此就乐于恪守这样的原则，即“你相信我撒的谎，我也相信你撒的谎”。

“自然”是不讲礼节的，它是上述行为准则的例外，因此它极少被接纳进文明社会的神圣大门。迄今为止，由于历史不过是少数人的消遣之物，所以被称为克利俄的缪斯女神一直过着乏味的生活，尤其跟不如她体面的姐妹们相比，就更是如此了。她的姐妹们自太古之初就被允许自由地唱歌跳舞，还每次都被邀请参加晚宴，这当然让可怜的克利俄非常恼火，她不断用巧妙的方式进行报复。

这完全是人性的弱点，而这个弱点很危险，往往让人类在生命和财产上付出高昂的代价。

每当这个女神向我们揭露几百年流传下来的谎言时，这个和平幸福的世界就陷入动荡与硝烟之中。骑兵队横冲直撞，漫山遍野的步兵缓缓穿过大地。在所有的人回到各自的家中或进入坟墓之前，整个国家都会变成废墟，国库中的无数财富也会被耗尽。

如前所述，我们研究历史的同行现在逐渐意识到，历史既是一门科学，也是一门艺术，它受某些不变的自然法则制约，而这些法则在此之前只在化学实验室和天文台受尊敬。因此，我们就搞起了极为有用的科学大扫除，这让子孙后代受益匪浅。

这终于把我带到本章开头的题目，那就是“宗教改革”。

不久前，对这场社会和思想方面的大变革只有两种评价，要么全盘肯定，要么全盘否定。

全盘肯定的支持者认为，一些高尚的神学家对教皇龌龊的统治和唯利是图的做法深感震惊，因此宗教热情突然爆发，纷纷建立起自己的独立教会。他们要在这些教会里向真心诚意想当基督徒的人传授真正的信仰。

仍旧忠于罗马的人则没有这么乐观。

按照阿尔卑斯山另一端的学者的说法，宗教改革是一场既可憎又可恶的阴谋，某些卑鄙的王宫贵族不想结婚，还想攫取本该属于教会（他们称之为神圣的母亲）的财产，并因此反叛闹事。

一如既往，双方都对，可又都错了。

宗教改革是形形色色出于各种动机的人促成的。直到最近我们才意识到，宗教方面的不满情绪在这场大变革中只是次要原因，实际上它是一场不可避免的社会革命和经济革命，神学的背景非常微弱。

当然，有一件事是更容易的，那就是让我们的子孙知道菲利普亲王是个对改革教义感兴趣的开明君主，而不是一个在施诡计向其他基督徒开战时会接受那些不信基督的土耳其人帮助的政客。所以几百年来，新教徒把一个野心勃勃的年轻伯爵粉饰成宽宏大量的英雄。其实，他希望黑森家族取代自古以来与之竞争的哈斯堡家族。

另一方面，可以把克莱芒主教比作是宽仁的牧羊人，他在日益衰竭的晚年还在尽力保护教民，让他们避免因追随错误的领袖而误入歧途。但把他描写成典型的美第奇家族的王公要更难，因为美第奇家族把宗教改革看成是一群醉酒闹事的德国修道士之间不体面的争斗，并运用教会的势力为他们的祖国意大利攫取了利益。因此，正如我们所料，我们看到大多数天主教的教科书都将克莱芒描绘得非常仁慈。

这种历史存在的方式在欧洲可能是必要的。但是，我们既然在新世界幸运地落了脚，就不应受欧洲大陆祖先们所犯错误的影响，而应该自由地得出自己的结论。

黑森的菲利浦是路德的挚友和支持者，他虽然是个政治野心很大的人，但并不能说他在宗教信仰方面就不虔诚。

情况完全不是这样。

1529 年在著名的“抗议书”上签名时，他和其他签名者都很清楚自己可能会“遭到暴风雨般的铁腕镇压”，还可能会上断头台。他如果不是勇气非凡，就不可能扮演实际的角色。

但我要说明的是，历史人物因为某些原因做了一些事情，或被迫放弃了他没有做的事。如果没有深入了解他的各种动机，要评判这个历史人物（或是我们熟悉的人）是很困难的，几乎不可能。

法国有句谚语——知道一切就是宽恕一切。这似乎过于简单，我想补充一下，把这句话修改成“知道一切就是理解一切”。在很久以前，仁慈的主宽恕众人，我们还是把宽恕之职留给主吧。

我们可以放低姿态，努力去“理解”。这对能力有限的人类来说已经算是高要求了。

现在让我回到宗教改革这个正题上来。

以我对宗教改革的“理解”，这个运动起初是一种新精神的体现，它是前三个世纪经济和政治发展的结果。后来，人们将其称为“民族主义”，它与那个外来的国上之国是夙敌。在那之前的五个世纪里，欧洲各国都要听天主教廷这个国上之国的命令。

德国人、芬兰人、丹麦人、瑞典人、法国人、英国人和挪威人团结一心，打破了长期监禁他们的牢笼。

如果没有一个高于个人恩怨和期望的伟大理想，如果不能把所有迥然不同且彼此排斥的因素联合在一起，宗教改革就不可能成功，就会变为一系列小规模的地方性起义，只需一支雇佣军团和几个精力旺盛的宗教裁判官就能轻易地将其镇压下去。

改革的领袖会重蹈胡斯的厄运，追随者们也会像从前被杀害的沃尔登学派和阿尔比格学派的人一样被处决。教皇统治集团会再次取得胜利，紧接着便是对“违反纪律”的人施行恐怖统治。

虽然宗教改革成功了，但极为侥幸。胜利一到手，反抗者遭受的威胁被解除，新教徒的阵营便分化为无数个对立的小山头，并重演了敌人当权时犯下的错误。

一位法国修道院长（很遗憾我忘记了他的名字，他是个非常聪明的人）曾经说过，尽管人类有如此多的毛病，但我们必须学会爱人类。

我们从局外人的角度来看，在近四个世纪的时间里，人们充满希望，但同时也陷入更大的失望。回想一下有多少男男女女凭借崇高的勇气，在断头台和战场上毫不畏惧牺牲，但他们的理想却从未实现。回想一下数以百万计的普通市民为某些自认为神圣的东西牺牲。还有新教徒的起义，他们本想建立更自由、更开明的世界，却以失败告终。这都会使人的博爱之心经受异常严峻的考验。

如果必须说实话，可以说新教奉行的主义剥夺了世界上许多美好、高尚的事物，添加了许多狭隘、可憎、丑陋的东西。它没有使人类社会更简单、更和谐，而是使它更复杂、更混乱。与其说这是宗教改革的过错，倒不如说是大多数人自身有弱点。

他们想一切都徐徐图之。

他们无法跟上领导者的步伐。

他们并不缺乏善良的愿望，最终都跨越了通往新世界的桥梁。但他们只会慢慢过桥，而且还不肯放弃祖宗的传统。

宗教改革本来想在基督徒和上帝之间建立一种全新的关系，摈除过去的所有偏见和腐败，但这次改革最终被追随者带来的中世纪包袱塞满，进退两难。很快，宗教改革就变得跟它所憎恶的教廷一样了。

这便是改革运动的悲剧，它无法摆脱大多数支持者思想上的桎梏。

结果，西欧人和北欧人并没有取得长足进步。

宗教改革之前的说法是教皇不会犯错,现在则说《圣经》是完美的。

之前只有一个至高无上的当权者，现在却涌现出无数个小当权者，每一个都想按自己的方式尝试专制。

宗教改革没有把基督世界清晰地分为两部分。本应一半是“里面”，一半是“外面”，一半是虔诚的信徒，一半是异端，实际却制造了无数个见解不同的小团体，他们之间唯一的相同之处就是他们都非常仇视跟自己意见不同的人。宗教改革没有建立宽容的秩序,而是模仿早期教会，一旦获得权力，就会靠无数的教理问答手册、教旨和忏悔词为自己筑起坚固的防线，向敢于质疑自己官方教义的人宣战。这一切，毫无疑问，是非常令人遗憾的。

但是在十六、十七世纪的思想发展中，这又无法避免。

要形容路德和加尔文这种领袖的勇气，只有一个夸张的词——“巨大无比”。

路德是一名朴素的多明我会僧侣，在德国边远地区的一所濒海学院教书，他公然烧毁了教皇圣谕，用自己叛逆的思想狠狠地敲打了教会的大门。加尔文是个体弱多病的法国学者，他把一座瑞士小村镇变成了堡垒，完全蔑视教皇的权势。这些都展示了他独一无二的刚毅和勇气，现代世界很难有人能与之媲美。

这些勇敢的造反者很快就找到了朋友和支持者，只不过这些所谓的朋友都各有目的，支持者也只是想浑水摸鱼，好在这不是本书要讨论的问题。

这些造反者为了自己的良知以命相赌，他们并不能预见世界的未来，也没想到欧洲北部的大多数国家会聚集到自己的旗帜之下。

一旦他们卷入自己引发的洪流之中，就只能随波逐流了。

很快，在这股洪流中，仅仅保证自己不淹死就耗尽了他们的全部力气。远在千里之外的罗马教皇终于明白，这场让人讨厌的动乱比多明我会和奥古斯丁僧侣之间的私斗要严重得多，它是一个前法国牧师的阴谋。让教皇的众多赞助人欢欣鼓舞的是，教皇暂时停建了他心爱的大教堂，随即开会商讨如何发动战争。教皇的诏令和开除教籍的命令飞往四面八方，帝国的军队开始行动。叛乱军的领袖们无路可退，只好背水一战。

这已经不是伟人们第一次在激烈的冲突中丧失自己均衡的思想了，历史上有过很多先例。路德曾经说："烧死异教徒是违背圣灵旨意的行为。"可几年后，他一想到那些邪恶的德国人和荷兰人竟然倾向于浸礼教派，就咬牙切齿，似乎失去了理智。

这个无畏的改革家开始时还坚持说，人不应该把自己的逻辑体系强加于上帝，但后来却烧死了理论显然比他更高一筹的敌人。

今天是异教徒，明天就成为所有与自己意见不同的人的大敌。

虽然加尔文和路德总是说黑暗即将结束，曙光终要来临，然而他们在有生之年却一直坚守着中世纪的传统。

在他们看来，宽容不可能是美德。当他们没有容身之地的时候，还愿意向信仰自由的神圣权力求助，并用它来反驳敌人。一旦胜出，这个深得信赖的武器便被小心地放在新教废品仓库的角落，和其他很多善良的设想一起被当作不切实际的东西废弃到一边。它就这样被遗忘在角落，直到许多年后才从装满了古旧说教的箱子里被翻出来。后来的人捡起它，拭去污渍，又一次将其带上战场，但人的本质已经发生了变化，与十六世纪早期为之奋战的人截然不同。

但是，新教革命对宽容事业依然有巨大的贡献。这倒不是直接取得的，宗教改革的一切结果间接促进了各方面的进步。

首先，它让人们熟悉了《圣经》。教会从未明令禁止人们读《圣经》，但也没有鼓励普通人研读这本圣书。现在像正直的面包匠、烛台制造商等普通人终于都可以拥有一本《圣经》了，可以在自己的作坊里独自研究它，得出自己的结论，而且没有被烧死在火刑柱上的危险。

熟悉《圣经》之后，我们就会消除对不可知神秘事物的恐惧感。在宗教改革之后的两百年间，从巴兰的驴子到约拿的鲸鱼，虔诚的新教徒相信《旧约》中的每一句话。人们知道就连其中的一个逗号（圣经中的逗号是博学的阿伯拉罕·科洛威斯在神灵的感召下写出的）都不能质疑，一定不能让其他人听到自己质疑的窃笑。这倒不是说他们害怕宗教裁判所，而是因为新教牧师有时能让他们的生活过得很不愉快。而且，由此导致的经济后果即使不是毁灭性的也会十分严重。

实际上这本书的内容是关于牧羊人和商人的小民族历史，但却产生了路德、加尔文等宗教改革领袖未能预见的后果。

假如他们预测到了后果，我猜他们会和教会一样不喜欢希伯来文和希腊文，会极其小心地不让这本书落入普通人之手。因为，之后越来越多治学严谨的学者都把《旧约》当作一本有趣的书来欣赏。但是，在他们看来，里面描写了许多令人发指的故事，其中残忍、贪婪和血腥的内容是绝对不可能在神的指示下写成的。从内容本身判断，那只能是处在半野蛮状态民族的生活写照。

从这以后，许多人自然觉得不能再把《圣经》看成是唯一的智慧源泉了。一旦自由思考的障碍被扫除，被阻拦了近一千年的科学探索洪流便会沿着自然形成的渠道奔腾起来，古希腊和古罗马哲学家的成果在一度中断后又从二十个世纪以前停滞的地方被重新捡了起来。

从宽容的角度来看，还有一点更为重要，宗教改革让西欧和北欧从罗马教廷的控制中解脱。教廷表面上是宗教，实际却是罗马暴虐精神专制的延续。

信仰天主教的读者可能不会同意这些观点，但他们也应该感谢这场宗教改革运动，这场运动本身无法避免，它在一定程度上对天主教义做出了贡献。因为天主教这个神圣的名字曾一度沦为贪婪和暴政的代名词，教会被迫依靠自身力量竭尽全力才扫除了自己的污名。

教会在这一点上取得了辉煌的成功。

十六世纪中叶以后，梵蒂冈不再容忍博尔吉亚家族。教皇和以前一样，仍然由意大利人担任，要改变这一规矩几乎是不可能的。如果从红衣主教中选出一个德国人、法国人或其他任何一个外国人当新教皇，罗马的底层平民肯定会把整个城市掀翻。

新教皇的选举慎之又慎，只有那些最德高望重的人才有希望当选。

新任教皇在忠诚的耶稣会成员的辅佐下，开始了彻底的整顿。

赎罪券停止销售。

修道院的神职人员被命令研读并服从其创始人定下的规矩。

托钵僧从文明城市中消失。

文艺复兴时期人们对宗教改革的漠视态度已经终结，紧接着人们开始热切向往一种圣洁有益的生活，做善事，谦卑地竭力帮助那些无力承受生活重担的人。

虽然如此，教廷再也没能收复失去的大部分疆土。从地理上看，欧洲北部基本信奉新教，只有南半部保住了天主教。

不过，如果我们把宗教改革的成果用更形象的语言解释出来，就能更清晰地看出欧洲发生的实际变化。

在中世纪，出现了囚禁精神和心智的监狱，它无处不在。

新教徒摧毁了旧的牢笼，他们用废墟中的材料建立起了自己的监狱。

所以，在1517年以后，出现了两座监狱，一座关押天主教徒，另一座关押新教徒。

至少最初的格局就是如此。

可是新教徒不像天主教，没有迫害和镇压民众的经验，所以，他们想建立无异见者领域的计划失败了。

大批不服从的囚徒从窗户、烟囱和地牢的门逃出。

不久，整个监狱崩塌。

到了夜晚，“不法分子”们把石头、大梁和铁门闩拉走，第二天早晨，他们用这些材料建了一座自己的小监狱。这座监狱外表上很像一千年前格里高利大教皇和英诺森三世建的第一座监狱，但内部却并不坚固。

监狱很快投入使用，新的规章制度被贴在门上，大批心怀不满的信徒蜂拥而出。监狱的看守们（即现在的牧师）没有执行纪律的手段（开除教籍、酷刑、处决、没收财产和流放），只好无奈地观望着这群下定决心的乱民。这些叛徒按照自己的神学喜好建起了一道栅栏，宣布了一套能暂时迎合他们信仰的新教义。

这一过程经常反复。最后，在不同的监狱之间形成了许多精神上的“无人区”。在这些“无人区”中，求知者可以随意闲逛，正直的人们可以自由思考，且不会受到阻碍或干扰。

这就是新教运动为宽容事业做出的贡献。

它重建了个人的尊严。

第十三章 伊拉斯谟

在撰写每本书的时候都会出现危机。有时出现在前五十页，有时到快结束时危机才显露出来。的确，没有危机的书就像没有出过麻疹的孩子，总会有问题。

这本书的撰写危机出现在几分钟之前。在文明的 1925 年撰写论述宽容思想的书其实相当荒唐，总觉得之前做的准备性研究是在浪费宝贵的时间，很想烧掉布里、莱基、伏尔泰、蒙田和怀特的著作，也想把我自己的书拿去点炉子。

怎么会这样?

原因很多。第一，作者与自己定下的题目亲密接触的时间太长，难免会厌倦。第二，作者怀疑这类书一点实际价值都没有。第三，作者担心这本书只会被不那么宽容的同胞当成一个采石场，他们在书中随便挖几段简单的事实就可以为自己可恶的行径辩解。

对严肃题材的书而言，上述情况都会出现。除此之外，我这本书还有一个无法克服的困难，就是它的“结构”。

一本书要成功，必须要有头有尾。这本书有开头，但结尾在哪里？

这就是问题。

我可以举出许多骇人听闻的罪行，它们打着公正的旗号，实际却导致了不宽容的结果。

我可以描述出如果不宽容作为至高无上的美德，人类沦落时会有多痛苦。

我可以谴责和嘲笑不宽容，直到读者们一致疾呼：“打倒不宽容，让我们全都宽容起来！”

但是有一件事我做不到。我无法说清楚应该怎样达到我奋力追求的“宽容”目标。现在有各种各样的手册，教我们饭后闲谈及如何表演口技等杂事。上周日我看到一张函授课广告，那个函授机构保证只收很少的费用就能让学生学到 249 个科目。但是迄今为止，还没有人能用四十节课或四万节课讲清楚“如何做到宽容”。

据说历史是能解开许多秘密的钥匙，但就算是历史，在这种危急的情况中也无法帮到我。

的确，人们可以撰写大部头的著作，讨论奴隶制、自由贸易、死刑和哥特式建筑的产生和发展等问题，因为这些问题是非常明确具体的。即便没有任何资料，我们至少还可以研究支持或反对自由贸易、奴隶制和哥特式建筑的人的生平，我们可以从这些杰出人物的个人习惯、社会关系、饮食爱好、喜欢抽的烟叶甚至喜欢穿的裤子等信息中得出一些结论，看看他们热情支持或激烈反对的到底是什么。

从没有人把宽容当作自己的职业，那些对这项伟大事业最热情的人具有很大的偶然性，那些政客、作家、国王、医生或不起眼的工匠都一样，他们的宽容只是副产品，他们追求的是别的东西。有时，他们可能会抽时间为宽容美言几句，但为宽容而奋斗却不是他们毕生的事业。这群人对宽容的兴趣就像下棋和拉小提琴一样，而且各有不同。现在想想斯宾诺莎、腓特烈大帝、托马斯·杰弗逊和蒙田怎么可能是好友？一般而言，无论是当兵、修管道，还是拯救世界于罪孽之中，各行各业的人都存在共同的特征。

在这种情况下，作家很容易去求助警句。在这个世界，各种进退维谷的难题都有对应的警句。但是在“宽容”这个特殊问题上，《圣经》、莎士比亚、艾萨克·沃尔顿甚至老贝哈姆都没有留下任何东西。也许乔纳森·斯威夫特（按我记得的）是最接近“宽容”的，他说大多数人都因自己的信仰而憎恨其他人，而不是去爱其他人。可惜，这句警句还不能完全解决我们目前的难题。有些人对宗教的热情不逊于任何人，从心底里也最仇恨别人。有些人毫无信仰宗教的本能，却对野猫野狗和基督世界的人类有仁爱之情。

不，我必须自己得出答案。经过长久的思考后，虽然没有多少把握，我还是要说出我自己所认为的真理。

凡是为宽容而战的人，不论彼此有什么不同，至少有一点是共同的——他们的信仰总是存在怀疑，他们相信自己是正确的，却又不会太绝对。

在当今这个爱国主义泛滥的时代，我们总是热情地高呼要百分百相信这个，百分百相信那个，倒不妨看看大自然给我们的启示，大自然似乎天生就反感任何标准化的理想。

纯粹靠人喂养的猫和狗自理能力很差。众所周知，它们很蠢，如果没人把它们从雨里抱走，它们就会被雨淋死。百分百的纯铁早已被抛弃，取而代之的是混合金属——“钢”。没有哪个珠宝商会费力用百分百的纯金或纯银制作饰品。小提琴无论多好，也必然要用六七种不同的木材制作。至于一顿饭食如果百分百全是玉米糊，我谢谢您，我可吃不下！

简而言之，世间绝大多数有用的东西都是由不同成分组成的，我丝毫看不出信仰要成为例外的理由。我们“肯定”的基础里要是没有一点“怀疑”的成分，那我们的信仰就会像纯银的钟的声音一样轻浮，或像黄铜做的长号一样吹起来声音刺耳。

宽容的英雄们之所以与众不同，正是因为他们深刻认识到了这一点。

就人品的正直、信仰的虔诚、职责的无私履行以及其他所有的美德而言，清教徒法庭裁判委员会会让他们中的大多数人过关。如果不是因为他们的特殊倾向逼迫他们公开对抗那个唯一有权封圣的机构，按他们的生活和死亡方式，他们中至少有一半人值得封圣。

还好，这些人都有非凡的怀疑精神。

他们知道（正如他们的前辈古罗马人和古希腊人一样）自己面对的是一个极大的问题，任何正常人绝不期望能够解决这个问题。他们一方面希望并祈祷自己所走的路能最终到达安全的目的地，但同时又不相信这是唯一正确的路。而剩下的路虽不是通往毁灭的邪路，但都是错的，这些歧途吸引了许多普通人。

这一切，听起来与《教理问答手册》和伦理学教科书上的观点截然相反。这些书或许宣扬的是被有绝对信仰的纯白火焰照耀的世界具有绝对的美德，但是在火焰烧得最旺的几个世纪里，普罗大众的生活却并不幸福。我并不支持激烈的变革，但就算是调剂一下，我们也不妨试试别的眼光，宣扬宽容的那些人就习惯用这种眼光审度世界。如果试验不成功，我们还可以退回到先辈的传统中。但如果实验证明新的角度能让社会变得更好，能让社会多一点仁慈和忍让，少一点丑恶、贪婪和仇恨，那么我们就收获良多，付出的代价肯定会很小。

提了这一点建议后，不管好坏，下面我得回来接着讲历史。

最后一个罗马人被掩埋后，最后一个世界公民（取其最好、最广泛的意义）消失了。过了很长时间，社会才稳定下来，曾代表当时思想精华的古代世界兼容并包的人文精神也安全地回到了世间。

正如我们所见，这就是文艺复兴。

国际贸易的复苏为西方贫穷的国家带来了新的资本。新城市拔地而起，新的阶层开始资助艺术、购买图书，并向随着全面繁荣而兴起的大学捐款。一些“人文科学”（研究所有人类的科学）的忠实支持者开始反抗旧经院哲学的狭隘局限，并与守旧的虔诚信徒分道扬镳，因为后者把他们对古人智慧和相关原理所表现出的兴趣当成是一种邪恶的好奇心。

本书接下来要讲这一小群先驱者的故事，其中最值得称赞的一位就是那个脾气温顺的名叫伊拉斯谟的人。

虽然他脾气温顺，但也参加了当时所有的论战，他精确地使用了一种可怕的武器——“幽默感”，它的威力如远程大炮一般，敌人因此被轰得闻风丧胆。

伊拉斯谟的智慧威力巨大、种类繁多，就像装着芥子气射向敌人国土的炮弹，一眼看去似乎毫无害处，它没有噼啪作响的导火索，看起来倒像是五彩绚丽的烟花，但上帝保佑那些把这玩意儿拿回家让孩子玩的人们吧。“毒气”肯定会进入孩子幼小的心灵，而且效力持久，整整四个世纪都没有办法根除。

奇怪的是，这样一个人，竟出生在北海淤泥沉积的东岸上一个沉闷的小镇里。十五世纪时，这些水网遍地的地区还没有成为独立富足的国家，只是一群无足轻重的小公国，处在文明社会的边缘。那里长年散发着鲱鱼的味道，因为鲱鱼是他们的主要出口产品。就算有外来人，也只会是横尸在荒凉海滩上遇到海难的可怜水手。

不过，在这种讨厌的环境中度过可怕的童年也会刺激好奇的孩子奋力抗争，最后获得自由，成为当时的风云人物。

他是个私生子，从出生一开始就事事不顺。中世纪的人与上帝和大自然之间的关系亲密而友好，对这种不体面的事情要比我们现在计较得多。他们不同情这种遭遇，这种事情是不应该发生的，他们对此很不赞同。但是，除此之外，他们的思想都很单纯，没有想过要去惩罚摇篮里的婴儿，因为这不是孩子的错。伊拉斯谟的身世并没有给他惹上麻烦，只是表明他的父母都很糊涂，并且完全没有能力应付，只好把伊拉斯谟和他哥哥留给了不是蠢货就是流氓的亲戚看管。

他们的叔叔和监护人不知道该如何处置这两个孩子，他们的母亲一死，两个小家伙就无家可归，他们先是被送到德温特的一所著名学校，那里的几位教师加入了“共同生活兄弟会”。但我们从伊拉斯谟后来的信件可以判断，所谓的“共同”其实只是“平庸”而已。后来，两个孩子被分开，弟弟被带到古达，在那儿他由拉丁文学校校长直接管理。这位校长被指定管理孩子继承的微薄遗产，他是三位监护人之一。四百年后，我参观过伊拉斯谟的那所学校，如果在当时这学校和现在一样糟糕，那我只能为这个可怜的孩子感到可惜。更糟的是，三个监护人这时已经把他的遗产挥霍完了，为了不被起诉（以前荷兰法庭对这类事情毫不通融），他们急忙把孩子送进修道院当了教士，还告诉他应该微笑面对人生，因为“他的前途有了保障”。

历史的神秘磨坊从这些可怕的经历中磨出了具有伟大文学价值的东西。在中世纪末期，所有修道院中半数以上的人都是目不识丁和满手老茧的乡下人。这个敏感的年轻人别无选择，孤独地与这些人住在一起，真是让人怜悯。

幸运的是，施泰恩修道院的纪律松散，伊拉斯谟能把大部分时间都用在研究前任修道院长收藏的拉丁文手稿上，这些手稿早就被人遗忘在图书馆。他在这些手稿中汲取精华，最后终于成了古典学问的活百科全书，这对他以后的发展大有益处。他总是居无定所，很少能去图书馆查阅参考资料。不过这没关系，因为他可以凭自己的记忆加以引用。但凡读过他十大本著作合集或是只读了其中一部分的人（现在的人生真是短暂），一定会赞赏十五世纪的“古典知识”。

当然，伊拉斯谟最后离开了那个古老的修道院。像他这样的人不会受制于环境，这样的人能用最不成器的材料为自己创造环境。

在伊拉斯谟完全自由的余生中，他一直想找一个清静的地方，以便避开慕名而来的访客的干扰。

可是直到他去世之前，对童年时代“亲爱的上帝”的缅怀使他的灵魂陷入长眠的时候，他才享受了短暂的“真正的悠闲”。这对于追随苏格拉底和芝诺的人来说，是极少能达到的最美佳境。

这些过程被描写过很多次，我就不赘述了。每当两个以上的人以真正智慧的名义凑在一起时，伊拉斯谟都会在那儿出现。

还是穷学生的时候，他在巴黎学习过，差一点在饥寒交迫中死去。他在剑桥教过书，在巴塞尔印过书，还想把启蒙之光带到正统而又远近闻名的卢万大学，但徒劳无功。他在伦敦待过很长时间，获得了都灵大学神学博士学位。他熟知威尼斯大运河，还咒骂奇兰德岛上的糟糕道路，就像咒骂伦巴第的道路一样顺口。罗马的天空、公园、街道和图书馆给他留下了深刻的印象，甚至希腊神话中的冥河之水也不能把这座圣城从他的记忆中洗去。他只要还在威尼斯，每年都会得到一笔丰厚的资金，每当威尼斯办新大学，肯定会邀请他去，任他选择他想担任的要职，即使他不在学校任教，只是偶尔光临一下校园也会让大学感到不胜荣幸。

但他坚持回绝了此类邀请，因为这些邀请似乎有让他有寄人篱下和被束缚的感觉。他最看重自由，他也喜欢舒适的房间，讨厌破旧的东西。他喜欢有趣的同伴，不喜欢无聊乏味的。他知道勃艮第的葡萄酒佳酿和亚平宁地区淡红色墨水之间的区别，但他想按自己的方式生活，如果他不得不称别人为“主人”，那这些就都不可能实现。

他给自己选定的角色其实可以算是知识的探照灯，无论前方形势的走向如何，伊拉斯谟都能立即用他的智慧之光照亮它，去掉它的伪装，戳穿它的“愚蠢”和自己非常痛恨的“无知”，尽力让旁人看清它的真面目。

在历史最动乱的时期，他做到了这一点，既避开了新教狂热者的怒火，又不会惹恼宗教裁判所的那些朋友，他一生中最常被人们指责的也正是这一点。

因为后人似乎特别喜欢以身殉道的先人。

至少有十二代的有识之士问过："这个荷兰人为什么不勇敢地挺身支持路德，跟其他改革者一起豁出性命？"

回答是："他为什么要这样做？"

伊拉斯谟本性就不喜欢诉诸暴力，他也从来没有把自己看成是运动领袖。他缺乏坚信自己正确的信念，这是那些努力要告诉全世界未来一千年应该如何走的人所拥有的特点。另外他认为，我们每次觉得有必要重新布置住所的时候，不必将旧房子都拆掉。的确，地基需要整修，下水道太过时了，花园里堆满了以前住户扔下的许多破烂，脏乱不堪。但如果房主兑现自己的承诺，花一些钱做些改善，这里的情况会焕然一新，伊拉斯谟并不愿意做得太多。尽管他的敌人讥讽他是个"折中"的人，但他的成功却和（也许高于）那些"激进派"一样。世界上以前只有一个暴君，激进派却为这个世界带来了第二个。

伊拉斯谟像所有真正的伟大人物一样，他也不喜欢制度。他相信，拯救世界需要每个人的努力，每一个人有所改变，便能改变世界。

所以，他直接呼吁广大平民抨击当时滥用权力的现象，他采用了很高明的手段。

首先，他给国王、皇帝、教皇、修道院长、骑士以及出身卑微的人写了大量的信。凡是想跟他联系的人，他都洋洋洒洒给他们写了至少八页。

其次，他校订了大量古代文献，这些文献因为被转抄太多次，已经文不达意了。他为了校订出完美的版本，不得不学习希腊文。他多次煞费苦心想要掌握这门被教会禁止的语言，这让许多虔诚的天主教徒坚持认为他骨子里与真正的异教徒一样坏。这听起来未免太荒唐，但事实就是如此。在十五世纪，体面的基督徒绝不会去学这门被禁用的语言，当时希腊语的名声就和现在的俄语一样不好，会一点希腊语会给人惹上许多麻烦，他们会因此受到诱惑，拿福音书的原文与译文做比较，而教会已经保证过这些译文忠实地再现了原文，这仅仅是个开始。不久他会到犹太区去学希伯来语，再往下，离公开反叛教会的权威只差一步了。在很长一段时间里，拥有一本写满了奇怪文字的书就能证明主人有秘密革命的倾向。

教会当局时常闯入民居搜查此类违禁品。拜占庭难民为了维持生计，想偷偷教一点本国语言。一旦被发现，他们就会被驱逐出境，无处避难。

伊拉斯谟克服了这些障碍，学会了希腊语。他在编辑圣希普里安、克里索斯托以及其他一些神父的书时加入了注释，里面巧妙地隐含了许多对时事的评论。如果作为一本单独的小册子，这些文字是绝对不可能被出版的。

但是，这种调皮的注释风格在伊拉斯谟创造的另一种完全不同的文学形式中显露了出来，我说的是著名的希腊语和拉丁语格言集。他把格言收集起来编成书，以便当时的孩子们能学会古文，写出古雅的句子。这些所谓的“箴言集”中充满了机智的评论，在周围的保守派看来，一个跟教皇关系亲密的人是不会有如此手笔的。

最后，他还写了一本奇特的书，可以算是因时代应运而生的一本怪书。这种书其实是为了博几个朋友一笑而写的，然而作者本人都没想到这本书能在古典文学史中占一席之地。这本书叫《愚人颂》。

1515年，一本小册子震惊了世界。这本小册子文风巧妙，没人说得清它是在攻击僧侣还是在为之辩护。封面上没有署名，但对文化界有些了解的人指出它出自一个叫乌尔里希·冯·赫顿的怪人之手。他们没猜错，此人是桂冠诗人，也是奇怪的城市流浪汉。这个有才华的年轻人在这本有些粗糙但颇为实用的讽刺大作中发挥了不小的作用，他自己也引以为豪。他听说连英国新学领袖托马斯·莫尔都对这本书称赞有加，于是写信给伊拉斯谟，询问详细情况。

伊拉斯谟并不喜欢冯·赫顿这个人。他的思想有条有理（这反映在他有条理的生活中），所以他讨厌这个邋里邋遢的条顿骑士。这种人白天疯狂地以启蒙事业为名义挥舞笔和剑，然后便去附近的小酒馆痛饮，用酸啤酒让自己忘掉时间的流逝。

不过，冯·赫顿有自己的方式，他的确是个天才，伊拉斯谟给他的回信也彬彬有礼。在信中，伊拉斯谟大谈他的伦敦朋友托马斯·莫尔的美德，还描绘了一幅美满家庭的迷人画面，托马斯爵士的家庭被塑造成所有家庭中的出色典范。他在这封信中提到，是莫尔这个才华非凡的幽默作家最初给了他写《愚人颂》的灵感，很可能正是莫尔家庭里的和善与热闹（莫尔家可以算得上是真正的挪亚方舟，有儿子、儿媳、女儿、女婿、鸟、狗、私人动物园、私人剧院和小提琴乐队）启发了伊拉斯谟，让他写出了这些令人愉悦又让他永远被铭记的文字。

这本书让我想起了英国滑稽木偶剧《庞奇和朱迪》，在几个世纪里，这部剧一直都是荷兰儿童唯一的娱乐素材。《庞奇和朱迪》中有许多粗鄙庸俗的对话，但又忠实地保持着一种严肃高雅的格调。用嘶哑嗓音说话的“死神”是戏里的主角，其他演员被迫来到这位衣衫褴褛的主角面前自我介绍。让小观众们觉得高兴的是，这些角色一个接一个被人用大棒子敲了脑袋，还被扔到假想的垃圾堆上。

《愚人颂》认真地剖析了整个时代的生活结构，“愚人”就像一个受到启发的验尸官，它站在一旁对观众进行评论，整个“中世纪主流社会”里的形象基本上全都被搜罗其中。当然，当时那些野心勃勃、道貌岸然的僧侣大谈“救赎”的言论和他们伪装虔诚的说辞统统被写入了书中。对此，他们不会忘记，也不会原谅。

教皇和红衣主教与加利利地区贫苦渔民和木匠的后代也在人物表里占了好几章的篇幅。

不过，伊拉斯谟撰写的“愚人”和幽默文学中常见的匣中玩偶式的人物相比，显得更实在。他在这本小书中（在他写的其他文字中也一样）宣扬了自己的一种哲理，我们不妨称其为“宽容的哲学”，即“自身生存的意愿和让别人生存的意愿”。

他认为神圣律法中的精神是最重要的，原始文字中字里行间的逗号和分号并不重要。他用真正的人的身份看待宗教伦理体系，而不是将其当成一种统治方式来接受。这让固执的天主教徒和新教徒将伊拉斯谟痛斥为“不信上帝的骗子”，他们认为伊拉斯谟是所有宗教的敌人，说他不仅“诋毁了基督”，还把自己的真正想法藏在一本巧妙小册子中有趣辞藻的背后。

咒骂一直持续到伊拉斯谟去世，但没起任何作用，这个尖鼻子的小个子一直活到七十岁。当时有谁想在官方指定的圣书文本中增加或减少一个字都会被判绞刑。伊拉斯谟对流行英雄的事情毫无兴趣，他也公开表过态。他认为诉诸武力不会有任何结果，因为他深知，如果神学上的一点儿小争执会演变成国际宗教战争，那世界要冒多大的风险？

于是，他像一只巨大的海狸日夜不停地筑造理智和常识的堤坝，心中存有一线希望，期盼这座堤坝可以阻挡无知和不宽容不断上涨的洪潮。

他当然失败了。要挡住从德国山峰和阿尔卑斯山上冲来的恶意与仇恨的洪水是根本不可能的。死后没几年，他构筑的“堤坝”就完全被冲垮了。

但是，因为他的不懈努力，堤坝的许多碎片又被冲回到后人的岸上，对那些永远无法被镇压的乐观主义者来说，这些是很好的建筑材料。他们深信，总有一天我们会筑起一道可以真正挡住洪水的堤坝。

1536 年 7 月，伊拉斯谟去世。

他一直都保持着幽默感，死在了他的出版商的房子里。

第十四章 拉伯雷

社会巨变往往创造出奇怪的伙伴。

伊拉斯谟的名字可以印在令人敬仰的供全家阅读的书中，但在大庭广众之下提及拉伯雷却是不雅的。这个家伙确实危险，以至于我国还通过了一项法律，禁止天真的儿童接触他邪恶的作品，在很多国家，他的书只能从胆子比较大的书商那里买到。

这当然只是骗人的贵族们用恐怖统治强加给我们的众多荒唐事情中的一件罢了。

首先，拉伯雷的书对二十世纪的普通读者来说，就像《汤姆·琼斯》和《有七个尖顶的房子》一样枯燥。很少有人能读完冗长的第一章。

其次,他的话并没有刻意暗示什么。拉伯雷用的是当时通俗的语言，如今已经不常用了。不过，在乡村牧歌的年代，百分之九十的人都与土地有不解之缘，所以书中词汇取的都是本身的含义，锄头就是锄头，母狗也不会被误解为“坏女人”。

然而原因不在这里。现在人们对这位出色的外科大夫的著作有非议：不光是不喜欢内容丰富但极其露骨的俗语，而且是很多自命不凡的人，在面对一个拒绝被生活击败的人时会感到害怕。

在我看来，人可以分为两种——一种对生活说"是"，另一种说"不"。前一种人接受生活，无论吝啬的命运给了他们什么，他们都会勇敢地尽力而为。

后一种人也接受生活（他们要如何帮自己），但又鄙视生活，并感到焦躁不安。就像孩子本来要的是小狗或小火车，却得到了一个新出生的小弟弟。

说"是"的乐天派很乐意接受郁闷的邻居对自己的评价，愿意忍让他们，即使说"不"的人在大地上散布哀叹，为自己的绝望树立起恐怖的纪念碑，乐天派们也不会前去阻拦。然而，说"不"的人却很少对前者以礼相待。

没错，如果"是"这一派想走自己的路，"不"这一派便会立即把他们消灭得干干净净。

这可有些难度，于是"不"这派为了满足自己嫉妒的灵魂，便无休止地迫害那些声称世界属于活人而不属于死人的人。

医生拉伯雷属于前者，他的病人，或者说他的思想极少死去。这在当时对很多人来说无疑是件非常可惜的事，但我们不能都去做掘墓人。必须得有一些像《哈姆雷特》中波罗尼厄斯那样的乐观派，如果世界上到处都是忧郁的哈姆雷特，那该有多可怕。

拉伯雷的生平没有什么神秘的地方。他的朋友撰写的关于他生平的书里遗漏了少量细节，但都在他敌人撰写的书里补上了，因此，我们可以相当准确地了解他的生平。

拉伯雷出生的时代紧接伊拉斯谟时代，但他出生的世界依然被僧侣、修女、执事和无数托钵僧控制。他出生在希农，父亲可能是药商或酒贩（在十五世纪，这两种职业并不相同）。他的父亲比较富裕，有钱送儿子去好的学校读书。在学校，年轻的拉伯雷结识了在当地颇有名气的杜拜雷·朗热家族的后人。这些男孩子像他们的父亲，有天分，文笔好，必要的时候也会施展过人的拳脚，他们是“混得开的人”（“混”这个词常被曲解，我这里是褒义）。他们是国王的忠诚仆人，担任过无数官职，有红衣主教、大使、步兵、古典作品翻译官和炮兵操典手册的编校等，他们出色地完成了所有贵族应该完成的工作。当时贵族这个头衔能让一个人的生活变得乏味，但又必须承担很多责任和义务。

杜拜雷家族的人与拉伯雷亲密的关系表明拉伯雷并不只是一个有趣的酒友。在他沉浮不定的一生中，他总能获得这些老同学的帮助和支持。每次他跟身份高过他的教士发生矛盾时，杜拜雷家族城堡的大门便会向他敞开。有时候这个说话直言不讳的伦理学者在法国待不下去了，杜拜雷家族总会有人正好要奉命出使国外，而且急需一个既懂医术又在拉丁文上有造诣的秘书。

这可不是一个可有可无的小细节。在这位博学医生的职业生涯每次即将痛苦地终结时，他老朋友的势力总能将他从巴黎大学神学院或加尔文教派的怒火中解救出来。加尔文教派本来将他看成同道中人，但他却像以前在封特内和麦勒泽嘲讽那些沉溺于酗酒的同事一样，在大庭广众之下无情地讽刺加尔文派偏见十足的宗教热情，这让加尔文教派的人大为光火。

在巴黎大学神学院和加尔文教派这两个他的敌人之中，前者无疑更危险。加尔文可以大发雷霆，但在日内瓦这个瑞士小城之外，他的怒火就像烟花一样，伤害不了谁。

当时，巴黎大学神学院和牛津大学则是正统和“旧学”的代表，当自己的权威遭遇挑战时，他们均会毫不留情地予以反击，并且他们总能得到法兰西国王和他手下刽子手的热心协助。

你看！拉伯雷一离开学校就被人盯上了。这并不是因为他爱喝酒或是喜欢讲其他僧侣的趣事。他做的事比这些都要糟糕，他没能抵挡住邪恶的希腊语的诱惑。

他所在的修道院的院长一得到消息，便马上决定搜查他的房间。他们发现了成堆的“违禁品”，一本《荷马史诗》，一本《新约》，还有一本希罗多德的书。

这是个可怕的发现，他那些有势力的朋友费了很大的劲儿才让他脱离了困境。

当时是教会发展史上一个奇特的阶段。

修道院最开始是文明的先行者。僧侣和修女为教会做了难以估量的贡献。不过，历任的不少教皇都认为修道院的势力太大会十分危险。但一如既往地，所有人都知道应该对修道院采取些措施，但迟迟不见行动。

新教徒似乎觉得天主教会是个稳定的组织，几乎是由一小撮高傲的贵族悄无声息且自然而然地掌控着，内部从未有过纷争，而其他所有由普通人组成的组织必定内讧不断。

但事实并非如此。

这种看法往往只是因为误解了一个词。

习惯了民主和理想世界的人，一听说存在“绝对正确”的人立刻感到非常惊讶。

人们认为“一个大型制度中只要有一个人说了算，其他所有人都跪下高喊‘阿门’服从这个人，那管理这个组织肯定就会变得很容易”。

要让在新教国家长大的人对这个复杂的问题有一个正确全面的了解非常难。当时，如果我没有搞错的话，教皇说过的“绝对正确”的话就像美国的宪法修正案一样少之又少。

而且，重要决策总是在充分讨论后才发布的，而发布之前的争论常常会动摇教会本身。这样产生的决策是“绝对正确”的，就像我们的宪法修正案一样，因为它们是“最终”的，一旦明确地写入最高法，任何进一步的争论都会就此结束。

谁要是说管理美国很容易，因为出现紧急情况时，人们都会支持宪法，那就大错特错了。就像以往在重大的信仰问题上，所有的天主教徒都承认教皇的绝对权威一样，他们都是驯良的羊，放弃表达自己想法的权利，那也大错特错。

如果正是如此，那住在拉特兰宫和梵蒂冈宫里的人日子就好过了。但只要稍微研究一下一千五百年来的历史，就会发现其实事情恰恰相反。在那些主张宗教改革的人写的文字里，罗马当权者似乎对路德、加尔文和茨温利猛烈抨击的那些罪恶毫不知情。这些改革的人要么不了解真相，要么就是追求理想的热情把他们变得不能公正地看待问题了。

像阿德里安六世和克莱芒七世这样的教皇完全清楚教会内的严重问题。当时，指出丹麦王国存在腐败现象是一回事，消除这些弊端又是另一回事，甚至就连可怜的哈姆雷特最后也意识到了这一点。

那个不幸的王子天真地认为，靠一个正直诚实的人的努力，几百年的错误统治会在一夜之间被纠正，而他还不是唯一一个抱有这种幻想的人。

许多聪明的俄国人知道统治他们帝国的旧官僚体制腐败无能，效率低下，威胁着民族的安危。

他们尽全力想要改革，但还是以失败告终。

我们的公民哪怕只花一个小时稍微思考一下，都会明白民主制度不是代议制度（本来这是共和国创立者们的初衷）。而民主最终会导致系统化的无政府状态。

但他们又能做什么呢?

这些问题引起公众关注的时候已经变得异常复杂，往往只有一场大的社会变革才能解决这些问题。但这种社会大变革非常可怕，很多人对其心生畏惧，不愿意走向极端，只能尽量修补陈旧的机器，同时祈祷奇迹发生，机器能再次开动。

靠教会建立并维持的专横的宗教社会独裁制度是中世纪末期最臭名昭著的罪恶之一。

历史上军队最后随总司令一起逃跑的事件一再重演。说得明白点，局势的发展已经完全超出了教皇的控制。教皇能做的只能是稳住阵脚，整顿自己的组织，同时安抚那些招惹了托钵僧的人，因为托钵僧是他们共同的敌人。

伊拉斯谟就是众多受到教皇保护的学者之一。不管是卢万教派还是多明我会，只要被他惹怒，罗马都不会让步，并对无视这个命令的人哀叹道：“由这个老头儿去吧！”

在看了上述的介绍后，我们对下面情况便不会觉得奇怪——头脑敏捷但叛逆的拉伯雷在所属教派的长老要惩处他时常常会得到罗马教廷的支持，当他的研究工作接连不断地受到干扰，生活变得忍无可忍时，他顺利地得到批准，离开了修道院。

他松了一口气，掸去脚上麦勒泽的尘土，前往蒙彼利埃和里昂行医去了。

他确实才华不凡！在不到两年的时间里，这位本笃会的前修士已经成为里昂市医院的主治内科大夫。获得这些新的成就之后，他不安定的灵魂便开始寻找新的领域。他并没有放弃医学，但是除了研究解剖学（这个新学科几乎同希腊文一样危险），他还搞起了文学。

里昂坐落于罗讷河谷地的中部，对喜欢纯文学的人来说是理想的城市，意大利就在不远的地方。只需要轻松走上几天就能到普罗旺斯，那里是古代行吟诗人的乐园。尽管宗教裁判所对普罗旺斯进行了残酷的高压统治，但古老的文学传统却没有完全丧失。况且，里昂的印刷厂因为出品精良而出名，里昂的书店里摆满了最新的出版物。

一个叫塞巴斯蒂安·格里弗斯的大印刷商想找人编校他的中世纪古典收藏集，他自然而然想起了这个颇有名气的新医生，他雇用拉伯雷来做这件事。然后，一本奇特的大书产生了，这本书让它的作者成为当时最受欢迎的作家之一。这个印刷商在出版了盖伦和希波克拉底的学术论文之后，又出版了一系列历史书和民间故事集。

追求新奇事物不但让拉伯雷成为著名的临床医生，还让他成了伟大的小说家。他做了前人不敢做的事——开始用普通大众的语言写作。他打破了持续千年的旧传统——有学之士写书用的文字应该是普通百姓看不懂的。他用法语写作，而且用的是1532年的口语，且不加任何修饰。

至于拉伯雷何时何地用什么方法发现了那两个他最爱的主人公——卡冈图亚和庞大古埃，我很乐意把这个问题留给文学教授们去研究。这两个英雄可能是古代异教的神。因为自身的性质，他们不得不在基督教的迫害和忽视之下“活”了一千五百多年。

或许拉伯雷是在一阵大笑之后创作出了他们。

不管怎样，拉伯雷为各民族的娱乐事业做出了巨大的贡献，作为作家他能让人们更加快乐。再没有比这更高级的赞誉了。与此同时，他的书与现代那种糟糕的“搞笑书”不同，它有其严肃的一面，通过对人物漫画式的描写为宽容事业打出了大胆的一拳。书中的人物都是对教会恐怖统治的讽刺写照，这种统治在十六世纪上半叶制造了无数的惨剧。

拉伯雷是个训练有素的神学家，他巧妙地避开了会惹来麻烦的直接抨击。他的原则是监狱外一个开心的幽默家要胜过铁窗里一打脸色阴郁的宗教改革者。所以他没有过分暴露他离经叛道的观点。

但他的敌人清楚他的意图。巴黎大学神学院明确斥责了他的书，巴黎的议会也把他放进了黑名单，还没收并烧毁了辖区内能找到的所有拷贝。当时，尽管刽子手活动猖獗（当时的刽子手也是官方负责销毁图书的人），《巨人传》仍然是畅销的经典作品。差不多四世纪以来，这本书一直启发着那些能从善意的笑声和戏谑的智慧中汲取欢乐的人。但有些人认为真理女神的嘴角一旦挂着微笑，她就不再是个好女人了，所以对这些人而言，《巨人传》成了他们的眼中钉。

就作者本人而言，他在过去和现在都被看作是“一本书打天下”的人。他的朋友杜拜雷家族一直对他很忠诚。不过拉伯雷大部分时间都很谨慎，据说他是因为得到了王室的“特许”才发表了那本大逆不道的著作，但他始终对王室敬而远之。

他冒险去过一次罗马，没有遇到困难，相反却受到了热烈欢迎。1550年他回到法国，住在默顿，三年后去世。

要准确衡量他所造成的正面影响几乎是不可能的，毕竟他是个人，不是电流也不是一桶汽油。

有人说他仅仅是在搞破坏。

也许是这样。

可是在那个时代，人们迫切需要一支能让社会破旧立新的队伍，领头的正是伊拉斯谟和拉伯雷这样的人。

万万没想到，本该取代旧建筑的新建筑后来却跟旧建筑一样令人难受，二者同样丑陋。

不管怎样，那是下一代人的错误了。

我们应该指责的是他们。

他们本来有机会重新开始，极少有人能得到这样的良机。

可他们却忽视了这些机会，愿主能宽恕他们。

第十五章 换掉旧招牌的新招牌

现代诗人中最伟大的一位把世界比作大海，海面上千帆竞渡。每当这些小船彼此碰撞，便会发出“美妙的音乐”，人们将其称为历史。

我愿意借用海涅关于大海的比喻，只是为了表达自己的目的。小时候我们喜欢向池塘里丢小石头，石子溅起美丽的水花，漂亮的涟漪一圈一圈地荡漾开来，煞是好看。如果手边有砖头（有时真有），还能用坚果壳和火柴棒做成“无敌舰队”，然后朝它丢砖头，让这个小舰队陷入壮观的人工风暴之中。只是投分量重的东西时可别失去重心，不然离水太近的小孩会摔下去，然后回家被罚不许吃晚饭，就只能直接上床睡觉。

在专门为成人准备的特殊世界里，这种消遣也不是没有，但结局却要糟糕得多。

一切都很平静，阳光明媚，人们欢快地滑着冰。突然，一个胆大的熊孩子趁着没人阻拦把一块大石头用力扔向了老鸭塘的中间，接着引发了一场大乱。大家互相问是谁干的，讨论该怎样揍他一顿。有的人说：

“唉，放他走吧。”有的人则嫉妒这孩子，因为他吸引了所有人的注意力，于是他也拾起旁边的旧东西扔进水中，结果溅了大家一身。一波未平一波又起，结局往往是引得所有人大打出手，好多人被打破了头。

亚历山大大帝就是这样一个胆大的熊孩子。

特洛伊美丽动人的海伦就是这样一个熊孩子。历史上这类人很多。

但从古至今，最坏的是那些以“思想”作为工具，以人类漠然的精神死水作为游乐场的人。思维正常的人都痛恨他们，他们一旦被抓就会遭到重罚。我对此一点儿也不奇怪。

可想而知过去近四百年间他们造成的破坏有多少。

他们中有复辟旧世界的首领。中世纪雄伟的护城河倒映出一个色彩和纹理都很协调的社会，它并非完美，但人民喜欢它，他们乐于看到自己小屋子的红砖墙与昏灰的天主教堂融合在一起，让居高临下的教堂塔楼守卫他们的灵魂。

文艺复兴溅起可怕的水花，一夜之间整个世界天翻地覆。不过这仅仅是开始。可怜的市民们惊魂未定，可怕的日耳曼僧侣路德又来了，他带来了整整一车特意准备的砖头，并将它们都扔进教廷这个湖的中央。这确实太过分了，难怪全世界花了三百年才从震惊中平复。

研究这段历史的老历史学家常常会犯一个小错误。他们看到天下大乱的状态，就下定论说涟漪都是由一个原因引起的。有时他们将其称为“文艺复兴”，有时叫作“宗教改革”。

现在我们对情况有了更清楚的认识。

文艺复兴和宗教改革是两个运动，都宣称是为了追求同一个目标而奋斗。但它们为了达到最终目标所采取的手段却截然不同，因此，人文主义者和新教徒常常互相仇视。

双方都信仰人的权利高于一切。在中世纪，个人完全淹没于集体之中。个人不像那位名叫约翰·多伊的聪明人，可以随意来去，自由交易，十几个教会他想去哪个就去哪个（也许都不去，这要看他的偏好是什么）。中世纪的人从生到死都要根据一本对经济和宗教礼仪做了严苛规定的小册子行事。这本小册子告诉人们说，身体只是一具皮囊，是从自然母亲那里随便借来的烂衫，除了用来暂时寄存灵魂，它毫无价值。

这本书让他相信，这个世界只不过是通往美好未来的中间驿站。个人应该强烈地鄙视这个世界，就像要去纽约的人会鄙视昆斯敦和哈利法克斯一样。

现在回到那个杰出的约翰身上。他幸福地生活在这个世界上，觉得这是所有世界中最好的一个（因为这是他知道的唯一世界）。这时来了两个神仙教母——文艺复兴和宗教改革。她们说："高贵的公民，起来吧，从今往后你自由了。"

但约翰问："我能自由地干什么？"

她们的回答却迥然不同。

文艺复兴回答说："追求美的东西。"

宗教改革回答说："探求真理。"

文艺复兴许诺说："你可以自由地探索过去，那时的世界是真正属于人的。你可以自由地实现以前的诗人、画家、雕塑家和建筑家们一心追求的理想。你可以自由地把整个宇宙变成你永恒的实验室，并知晓它的一切奥秘。"

宗教改革则警告说："你可以自由地研究上帝的言辞，这样你的灵魂就能得到救赎，你的罪孽也会被宽恕。”

她们转身离开，留下享有新自由但依旧可怜的约翰·多伊。这个新自由比往昔的束缚更加令人难受。

不管是幸运还是不幸，文艺复兴很快与既定的秩序握手言和。菲狄亚斯和贺拉斯的继任者们发现，相信现在的神和表面上顺从教会的法规完全是两码事。只要小心些，把大力神赫拉克勒斯称为施法者约翰，把天后赫拉称为圣母玛利亚，就可以画异教的画写异教的十四行诗，并且完全不会受到惩罚。

这就像去印度旅行的人，只要遵守一些无关紧要的戒律，就能进入寺庙，还可以自由自在地旅行，且不会惹出麻烦。

但在路德忠实的追随者眼中，最小的细节也会变得无比重要。在《申命记》中错一个逗号便意味着要受到流放的惩罚。要是在《启示录》里用错了一个句号，就会马上被处死。

这种人以极其严肃的态度对待宗教信仰，在他们看来，文艺复兴那种轻松的妥协方式是懦夫的行为。

结果，文艺复兴和宗教改革分道扬镳，再也没有联合。

于是，宗教改革穿上“正确”的铠甲单独与整个世界对抗，目的是保卫最神圣的信仰。

开始时，叛乱的人几乎全是德国人，他们战斗，受难，英勇无比。但相互嫉妒很快抵消了北方各国的努力，最后他们被迫停战。

最终致胜的策略是一个和他们完全不同的天才提出来的。

路德将位置让给了加尔文。

正当其时。

伊拉斯谟在法国的大学里度过了许多不愉快的日子。那所大学有一个留着黑胡子的瘸腿（被高卢人用枪打瘸的）西班牙年轻人（指罗耀拉），此人梦想有一天能率领上帝的一支新军队除掉世上所有异教徒。

只有狂热者才能对抗另一个狂热者。

只有像加尔文这种坚忍不拔的人，才能打败罗耀拉。

我很庆幸自己没有生活在十六世纪的日内瓦。不过同时，我也很庆幸十六世纪有这样一个日内瓦。

要是没有它，二十世纪的生活会更糟糕，我这样的人可能也得进监狱。

这场光荣之战的英雄，著名的约翰·加尔文，1509 年 6 月 10 日出生在法国北部的诺扬，他比路德小几岁，他的家庭属于法国中产阶级。父亲是个低级的神职人员，母亲则是酒馆老板的女儿。家中一共有五个兄弟、两个姐妹。他在少年时期求学时表现出来的特点是节俭淳朴，做事有条有理、细致有效，不拘泥于琐事。

约翰是家里的二儿子，父母本打算让他以后当教士。他的父亲有一些有势力的朋友，最终将他安排在了一个好教区。他没满十三岁就在故乡的一所大教堂里有了自己的一间小办公室，收入不多但很稳定。这笔钱可以支持他去巴黎的一所好学校读书。这是个出色的孩子，和他接触过的人都说："瞧瞧这个小伙子！"

十六世纪的法国教育制度完全能培养好这个孩子，可以让他充分发挥自己的各种才能。十九岁时，约翰得到许可开始布道，似乎命中注定他将来要做一个资深执事。

但他有五个兄弟、两个姐妹，在教会中晋升得又很慢，而法律行业却有更好的机会。另外，当时是宗教狂热的时代，教会的前途难测。他有一个叫彼尔·奥利维坦的远亲刚刚把《圣经》译成法语，约翰在巴黎时经常和他待在一起。一个家庭里有两个异端分子，这肯定是不行的，于是约翰便收拾行李去了奥尔良，拜一个老律师为师，以便学会如何申诉、辩护和起草案情。

这里发生了和巴黎一样的情况。还不到一年，这个学生变成了老师，教那些不够勤奋的同学学习法学原理。他很快就掌握了一切基础知识，可以开始当律师了。他的父亲曾经希望儿子有朝一日能和那些著名律师竞争，那些律师只要发表一点意见就能得到一百个金币。在远方的贡比涅国王召见这些律师时，他们还能坐着四轮马车前往贡比涅。

但这些梦想都没有实现，约翰·加尔文没有当律师。

他又回到自己最初的爱好，卖掉了法律汇编和法典，并把这笔收入拿去一丝不苟地开始出版神学著作。这项工作让他成为二十个世纪以来最重要的历史人物之一。

多年研究罗马法原理给他以后的活动打下了基础，他不可能再从情感的角度看待问题了。但他也是有感情的，而且情感丰富。他曾给一些追随者写过信，这些追随者后来落入天主教会手中被判处火刑，活活烧死。读一读这些信就会发现，在表达无助的痛苦之情时，信中文笔可以跟世间最优美的佳作相媲美。它们能微妙地把握人类的心理，以至于虽然正是加尔文的教诲让这些追随者们身陷险境，但那些可怜的受难者在英勇赴死时却依然为他祝福。

不，加尔文不像他的许多敌人所说的是个铁石心肠的人。对他而言，生活是一种神圣的职责。

他竭尽全力对上帝和自己诚实。因此，他总是先把每个问题都简化成基本的信仰和教义原则，然后再用人类情感这个试金石来检验。

教皇庇护四世得知他的死讯后说："这个异端分子的力量在于他对金钱的淡漠。"如果教皇的意思是称赞他的死敌毫不吝啬，那么他说对了。加尔文一生贫穷，并拒绝接受最后一个季度的薪水，虽然"他应该挣这笔钱，但疾病使这件事无法实现了"。

但是他的力量却不仅如此。

他只怀有一个信念，一生都以一个极为强烈的冲动为中心，那就是认识《圣经》中真正的上帝。等他最后得出的结论已经没有人反对时，他就把它纳入到自己的生活准则中。此后，他我行我素，完全无视自己行动的后果，这让他成了一个不可战胜、无法阻挡的人。

但这种品质直到许多年后才显现出来。在皈依新教后的头十年，他不得不竭尽全力解决一个特别普通的问题——维持生计。

"新学"在巴黎大学取得了短暂的胜利，人们尽情地享受希腊语词尾变化、希伯来语不规则的动词和其他被禁止的知识所带来的成果。甚至连这个著名学府的校长也受到了德国新教义的污染。于是当局决定采取措施，清洗那些现代医学术语称之为"思想携带者"的人。据说加尔文曾经把几份最具争议的演讲材料给了校长，于是他的名字也被列为嫌疑犯名单的榜首。他的房间被搜查，论文被抄没，当局下令要逮捕他。

他闻讯躲到了一个朋友的家里。

然而，学术小圈子里的风浪不会持久，但加尔文已经不可能继续在罗马教会里供职了。到了他要做出明确决断的时候了。

1534 年，加尔文与他的旧信仰决裂。与此同时，在能够俯瞰法国首都的蒙特马特山上，罗耀拉和他的几个学生正在庄严宣誓。后来，他们的誓言被纳入耶稣会章程。

不久，他们都离开了巴黎。

伊格纳提乌斯·罗耀拉往东而去，但一想到他第一次前往耶路撒冷的失败结局，他又原路返回来到罗马，然后开始工作，他所做的事情让他的名字（也许是恶名）传遍了世界的每个角落。

约翰·加尔文则不同。他的上帝之国不受时间地点的限制。他四处漫游，希望能找到一处安宁之地，用余下的时间阅读、思考，平静地宣讲他的道理。

在他前往斯特拉斯堡时，查理五世和弗朗西斯一世之间爆发了战争，这迫使他绕道瑞士西部。在日内瓦，他受到吉勒莫·法雷尔的欢迎。法雷尔是法国宗教改革运动中的雨燕，教会和宗教裁判所的地牢都关不住这个杰出的“逃犯”。法雷尔张开双臂迎接他，并告诉他在小小的瑞士公国大有可为，还请他留下。加尔文考虑一番，然后留下了。

就这样，偶然爆发的战争让新的耶路撒冷出现在了阿尔卑斯山脚下。

当时的世界是个奇怪的世界。

哥伦布出发去寻找印度，却意外发现了新大陆。

加尔文还想寻找一处安宁之地，以便能在研究和思考中度过余生。他又漫游来到一个三等的瑞士小镇，这里很快成了一些人的精神首都，他们把自己天主教王国的领地变成了庞大的新教帝国。

历史既然如此具有戏剧性，为什么还要去读小说？

我不知道加尔文家的《圣经》是否保留了下来。如果有，人们会发现，第六章载有《但以理书》的那一页磨损得特别厉害。作为法国宗教改革家，加尔文很谦虚。他必定在但以理的故事中找到了慰藉。但以理被扔进狮穴，后来他的清白救了他，使他没有悲惨地英年早逝。

日内瓦不是巴比伦。它是个体面的小城，这里居住着令人尊敬的瑞士裁缝。他们的生活态度很严肃，但比不上这位新宗教领袖，他像圣彼得一样在讲坛上滔滔不绝地布道。

而且，还有一个像尼布甲尼撒的萨瓦伊公爵。被凯撒征服的阿洛布罗克斯人的后裔在和萨瓦伊家族不断争吵时决定跟瑞士其他地区联合起来，加入宗教改革运动。所以，日内瓦和维登堡“联姻”是为了相互利用，它们之间的情感建立在共同利益而不是相互仰慕的基础之上。

但是，日内瓦皈依新教的消息一传开，就有几十个热衷于各种匪夷所思的新教派的传教士涌到莱芒湖边，饶有兴致地宣扬迄今为止最为怪异的教义。

加尔文从心底里厌恶这群业余的传教士。他很清楚虽然这些人热情可嘉，但他们的方式只会为自己的事业带来危险。休息几个月后，他做的头一件事便是尽可能准确、简练地写下他认为对和错的东西，并希望他的新教民谨记。这样，谁也不能用“我不懂法”这样的陈词滥调作为借口了。他和朋友法雷尔把日内瓦人仔细地检查了一遍，只有宣誓效忠这个奇怪的新宗教法的人才能享有全部公民权。

之后，他为年轻一代编写了一本令人望而生畏的《教理问答手册》。

他又说服了市议会，驱逐了那些屡教不改的人。

为下一步行动清扫道路之后，他开始按照《出埃及记》和《申命记》中的政治学家和经济学家定下的规矩建立一个新国度。加尔文像其他大宗教改革家一样，不是现代基督徒，应该说他更像个古代犹太人。他嘴上崇拜耶稣的上帝，但心里却向往摩西的耶和华。

当然，这是在情感动荡的年代经常出现的情况。耶稣这个拿撒勒的卑微木匠对仇恨和斗争的看法太明确。两千年来，各民族每一个个体在实现自己的目的时往往会诉诸暴力，在耶稣的教义和暴力之间实在很难折中。

因此，战争一爆发，参战各方都默默地暂时合上《福音书》，沉迷在《旧约》的血腥厮杀、电闪雷鸣、以牙还牙的哲学之中。

宗教改革实际上就是一场战争，而且是一场惨烈的战争。没人乞求饶命，也没有人会饶别人的命，加尔文创建的国度实际上是个军营，它压制了个性自由。这并不令人意外。

当然，这一切都是在遭遇巨大的阻力后才实现的。1538 年，加尔文组织中更开明的态度对加尔文形成了很大的威胁，迫使他离开了日内瓦。但到了 1541 年，他的支持者再次掌权。在响亮的钟声和教士们的欢呼声中，加尔文回到了罗讷河畔的堡垒。从此他成为日内瓦的无冕之王。在此后的二十三年中，他建立并完善了一个神权政府，这在以西结、以斯拉之后还不曾有过。

按照《简明牛津辞典》的解释，“纪律”一词的意思是“控制、训练别人，使其服从和执行命令”。这个词恰如其分地表达了加尔文梦想的政教制度中所渗透的精神。

路德在一定程度上跟大部分德国人一样，是个情感主义者。在他看来，只有上帝的话才向人们指明了通向永生的路。

但这太模糊，无法满足加尔文的口味。上帝的话可以是希望的灯塔，但道路漫长黑暗，还有许多诱惑，会让人们忘记他们的真正目的地。

但是牧师不会走入歧途，牧师是个例外。他知道所有的陷阱，也不会被收买。如果偶尔进入歧途，每周的例会能让他们很快地意识到自己的责任。在例会中,这些名副其实的君子们可以自由地相互批评。因此，对所有真正想获得救赎的人来说，牧师是榜样。

爬过山的人都知道，职业向导有时候真的像暴君一样。他们知道哪堆岩石危险，也知道看似无害的雪地中存在着潜在的危机。因此，他们对游客有完全的指挥权，哪个傻瓜胆敢不听从命令，就会被他们痛斥。

在加尔文的理想国度里，牧师也有同样的责任感。要是有人跌倒了请求帮助，牧师很乐意伸出援助之手。但要是某个一意孤行的人故意离开正确的道路，离开主流人群，那这只手就会抽回来变成拳头惩罚他。

其他宗教社会的牧师们也喜欢使用同样的权力，但是世俗机构的地方长官嫉妒他们的特权，极少允许牧师与法庭和行刑官竞争。加尔文清楚这个情况，他在自己的辖区建立了一种教会管辖制度，实际上取代了当地的法律。

大战之后，许多奇怪的历史误解广为流传，其中最令人吃惊的是说法国人（与他们的邻居条顿人相比）是个热爱自由的民族，憎恨所有的严格管辖。实际上，几个世纪以来，法国一直处在官僚统治之下，比战前普鲁士的官僚体制更庞杂，但效率又低了很多。官员们上班经常迟到早退，衣服也不是很干净，还抽着劣质香烟。除此以外，他们和东部普鲁士的官员一样，喜欢管闲事，引人反感。而公众却很顺从地接受了这些官员们的粗鲁。在一个习惯反叛的民族中，这令人震惊。

在热爱集权这一点上，加尔文是个典型的法国人。他在某些细节上近乎完美，而这正是拿破仑成功的秘诀。但他不像那个法国大帝，他完全没有个人野心，只是个严肃可怕的丝毫没有幽默感的人，而且他的胃还不太好。

为了寻找适合耶和华的词句，他翻遍了《旧约》。然后，他让日内瓦人接受他对犹太历史的解释，并将其看成是上帝意愿的直接体现。

几乎在一夜之间，罗讷河边的这座快乐的城市变成了可怜罪人的云集之地。由六个牧师和十二个长老组成的城市宗教裁判所日夜监视着市民的私下议论。谁要是被怀疑持有“被禁止的异端观点”，这个人就会被传讯到长老法庭。法庭会盘问他所有教义方面的要点，并要他解释他是在什么地方用什么方式得到了那些灌输他有害思想让他误入歧途的书。被告如果有悔过之意，便可免于刑罚，但必须去主日学校旁听。如果被告固执己见，那就要在二十四小时内离开日内瓦，永远都不能在日内瓦城邦管辖的地界出现。

除了缺乏正统思想，很多其他行为一样会招惹所谓的“宗教法院”。比如，在隔壁村子玩一下午滚木球会被严厉警告。无论是恶作剧还是别的玩笑，都会被看成是非常坏的行径。婚礼上想活跃一下气氛都足以被判监禁。

这个新耶路撒冷逐渐被法律、法令、规则、命令和政令所控制，生活变成了一件非常复杂的事，失去了昔日的滋味。

跳舞、唱歌、玩扑克牌都是被禁止的，当然更不允许赌博，生日宴会和乡间集市也被禁止，丝绸和所有外表奢华的东西一样被禁止。人们只被允许去教堂和学校，因为加尔文是个思想主张鲜明的人。

“禁止”的招牌可以挡住罪孽，但不能强迫人热爱美德，遵循美德必须发自内心。因此日内瓦建立了很多好学校和一所一流的大学，鼓励各种学术活动。还建立了一种有趣的集体生活方式，以此吸引人们剩余的精力，使普通人忘记各种苦难和限制。加尔文的制度如果完全没有人情味，那就不能生存下去，也就不会在近三百年的历史中扮演决定性的角色。所有这些都属于思想政治发展史的范畴。现在我们感兴趣的是日内瓦为宽容事业做了什么贡献，我们得出的结论是，日内瓦这个新教的“罗马”一点儿也不比天主教的“罗马”强。

我在前面几页已经介绍了可以减轻罪孽的情况。当时的世界对诸如圣巴托罗缪大屠杀和铲除许多荷兰城市的野蛮行径无可奈何。在这种背景下，期望一方（而且是弱势一方）实现无异于自取灭亡的宽容是荒谬的。

但这并不是说加尔文会成为帮凶，煽动法庭杀害格鲁埃特和塞尔维特。

在格鲁埃特的案件中，加尔文还可以找借口说，雅克·格鲁埃特有煽动市民暴动的重大嫌疑，而且他所属的团体试图颠覆加尔文派。但很难说塞尔维特威胁了日内瓦的安全。

按照现代护照的规定，塞尔维特只是“过境旅客”，再过二十四小时就离境了。但他误了船便丧了命，这是桩耸人听闻的惨事。

麦格尔·塞尔维特是西班牙人，他的父亲是个体面的公证人（在欧洲，这是一种半法律性质的职业，不只是拿着图章机看人签了字就索要二毛五的年轻人）。麦格尔也准备从事法律工作，他被送到图卢兹大学。在那个幸福的时代，授课都用拉丁语，老师会讲授世界性的知识。只要掌握了拉丁语的五个词尾变化和几十个不规则的动词，全世界智慧的大门就朝你敞开了。

塞尔维特在那所法国大学认识了一个叫胡安·德·昆塔纳的人，此人不久后成了查理五世的告解神父。

中世纪皇帝的加冕仪式很像现代的国际展览会。1530 年查理在博洛尼亚加冕时，昆塔纳让朋友麦格尔做自己的秘书。他带着这个聪明的西班牙年轻人开阔了眼界。像当时的许多人一样，麦格尔的好奇心永远得不到满足。在接下来的十年里，他接触了无数学科，有医学、天文学、占星术、希伯来语、希腊语等，最要命的是，他还接触了神学。他是个很有潜力的医生，在研究神学时他突然发明了“血液循环”理论。他写了一些书反对三位一体的教义，在其中一本书的第十五章中，他提到了血液循环，当时审查塞尔维特著作的人竟然没有看到它。它是有史以来最伟大的发现之一。这充分说明十六世纪的神学思想是多么的偏执。

如果塞尔维特一直坚持行医该有多好啊。他至少可以安度晚年，得个善终。

但他放不下当时激烈争论的热门问题。在联系上里昂的印刷厂后，他便开始就形形色色的问题发表自己的看法。

如今，慷慨的百万富翁可以花钱让大学把“三位一体学院”改为流行香烟的品牌，而且还安然无事。媒体会说：“丁古斯先生如此慷慨解囊，这不挺好吗？”民众也大喊：“阿门。”

今日的世界对亵渎神明这种事情似乎不再感到震惊了，在现在这个环境描绘当时的情况是很不容易的。在当时，只要有人怀疑某个公民对三位一体说了不敬之言，那就足以使整个社会陷入恐慌之中。我们要是没有充分意识到这一点，就无法理解十六世纪上半叶塞尔维特在虔诚的基督徒世界所引发的恐惧。

但他根本不是激进派。

他是我们现在所称的“自由派”。

他摒弃了新教徒和天主教徒都承认的“三位一体”的旧信仰，因为他坚信自己的观点正确（可以说很幼稚）。塞尔维特犯了一个严重错误，他给加尔文写信，希望能到日内瓦和他私下面谈，彻底讨论一下整个问题。

加尔文没有邀请他。

而且，就算日内瓦方面邀请了他，其实他也不可能接受这个邀请了，里昂的宗教裁判所的大法官已插手此事。塞尔维特被投入了监狱。对此事好奇的读者可以在拉伯雷的著作中找到关于这个法官的描述。拉伯雷将他称为“道理布斯”，这是他的名字“奥里（ory）”的双关语。这名法官早已从一封信中听闻了这个西班牙人亵渎神灵的行为。信是日内瓦的一个居民在加尔文的默许下写给他里昂的表亲的。

不久，加尔文秘密提供了几份塞尔维特的手稿，增加了对他的不利证据。看起来，加尔文并不在乎是谁绞死了这个可怜的家伙，只要绞死他就行。可是宗教法官在神职上玩忽职守，塞尔维特逃走了。

他先是企图穿越西班牙边境，但像他这样的“名人”，要长途跋涉穿过法国南部是非常危险的，于是他决定绕道日内瓦、米兰、那不勒斯和地中海。

1553 年 8 月，一个星期六的下午，他来到日内瓦。他本来想找船到日内瓦湖对岸去，但在安息日将近的时候船是不开的，他得等到星期一。

第二天是星期日，无论是当地人还是外地人，都必须参加宗教礼拜仪式，否则便是行为不轨，所以塞尔维特也去了教堂。他被认了出来，随即被逮捕。从来没有人能说出他被捕的原因。塞尔维特是西班牙人，并没有违反日内瓦的任何法律。但他在教义问题上是自由派，他亵渎神灵，胆敢对“三位一体”问题发表异端言论。这样的人要想得到法律的保护简直荒唐可笑。普通罪犯或许可以，但异端分子却不行！他被锁进一间肮脏潮湿的地牢，还被没收了个人钱财。两天后他在法庭被要求必须回答清单上的三十八个问题。

审判持续了两个月零十二天。

最后，他被指控犯有“相信反对基督教基础的异端邪说”的罪行。在讨论他的观点时，他的回答惹怒了法官。对这类案件的判罚，尤其是对外国人，一般会将其永远逐出日内瓦城，而塞尔维特的案子成了例外，他被判处火刑。

与此同时，法国的宗教裁判所也重新开庭审理这个逃犯的案子，裁判所的官员与新教徒达成一致，判处塞尔维特死刑，并派出一名执行官紧急前往日内瓦，想将罪犯带回法国。

这个请求被回绝了。

加尔文也能执行火刑。

前往刑场的时候一路煎熬，一群喋喋不休的牧师跟着这位异教者走完了他人生最后的旅程。让人极度痛苦的火刑持续了半个多小时，直到人群出于对这个可怜殉道者的同情，向火焰里添上刚采集的柴火为止。对于喜欢这种事情的人来说，此时读起来倒是很有趣，不过在此还是略过不谈为好。在那个宗教狂热肆无忌惮的年代，死刑多一次或少一次又有什么区别？

可是塞尔维特案不一样，它的后果是可怕的。因为我们清楚地看到，那些新教徒虽然总是高呼“保留己见的权利”，但他们实际上是伪装的天主教徒，跟他们的敌人一样心胸狭隘，对待不同己见者也一样残忍。他们只是在等待时机建立自己的恐怖统治。

对新教徒的这个指控是很严肃的，不只是耸耸肩说“你以为会怎样”就算了。

我们有关于这次审判的大量材料，也清楚外界是怎样看待这次火刑判决的，它们读起来的确令人痛心。加尔文曾经确实大发慈悲，建议不烧死塞尔维特，改为斩首。塞尔维特对他的仁慈表示感谢，却提出了另一种解决方法——获释。塞尔维特坚持认为（道理全在他这边）法庭无权裁判他，他只是个探求真理的老实人，因此他有权利在大庭广众之下与对手加尔文医生公开辩论。

但加尔文对此不屑一顾。

他已经起过誓，这个异教徒一旦落到他手中，绝不能让他活着逃走，他要说到做到。他想让塞尔维特的罪名成立，就必须与他的死敌宗教裁判所合作。但这对加尔文来说无关紧要，如果教皇有材料可以进一步指控这个不幸的西班牙人，他甚至也可以与教皇联手。

更糟糕的还在后头。

行刑的那天早上，塞尔维特要求面见加尔文。

加尔文来到那间又黑又脏的牢房。

至少在此时此刻，加尔文应该大度一些，甚至可以展示出人性的光辉。

但他全然没有。

他面前的这个人在一小时内就要去见上帝了。加尔文争辩着，唾沫四溅，脸色铁青，大发雷霆。但他没有说一句同情或开恩的话，一句都没有。有的只是刻骨的仇恨，他只想说：“活该，顽固的无赖！烧死你这个应该下地狱的人！”

这是发生在很久以前的事。

塞尔维特死了。

所有的塑像和纪念碑都不能让他复活。

加尔文死了。

就算有无数咒骂他的书，也不会惊扰到他那不为人知的坟墓里的骨灰。

狂热的宗教改革者在审判时一直发抖，生怕亵渎神灵的无赖逃掉。教会坚定的支持者在行刑后高唱赞美诗，相互写信道：“日内瓦万岁！终于采取行动啦！”

这些人全都死了，也许最后他们也被人遗忘了。

只是我们要留心一件事。

宽容就和自由一样。

只靠乞求是得不到的。只有永远保持警惕才能保住宽容。

为了子孙后代中新的塞尔维特，让我们铭记这一点。

第十六章　再洗礼派教徒

每一代人都会出现“怪物”。

我们的祖父辈出了“莫利·马圭尔社”。

我们的曾祖父辈出了“雅各宾派”。

三百年前我们祖先的日子并不比现在好过多少。

他们出了“再洗礼派”。

十六世纪最流行的《世界史纲》是一本“世界史”或编年史，作者塞巴斯蒂安·弗兰克是个肥皂制作的工人，也是禁酒主义者和作家，他住在乌耳姆城。这本书出版于 1543 年。

塞巴斯蒂安了解再洗礼派。他和一个再洗礼派家庭的女儿结了婚。他并不赞同他们的信仰，因为他是个坚定的自由思想者。但他是这样描述的：“他们只宣扬爱、信仰和肉身受难，在任何苦难中都能保持忍耐和谦卑，彼此之间真诚相助，互称兄弟，并相信大家可以分享一切。”

当时具有这些优良品质的人一百年以来被人像野兽一样追杀，在几个最血腥的世纪里被处以最残忍的刑罚，这的确令人奇怪。

其中必定有原因，要弄清楚原因是什么，就必须清楚宗教改革中的一些情况。

宗教改革实际上什么问题也没有解决。

在宗教改革之前，世界只有一座监狱，改革给世界带来了两座监狱。以前是教皇绝对正确，现在多了一个《圣经》绝对正确；以前由白衣教士统治，现在则增加了黑衣牧师。

经过半个世纪的斗争和牺牲只取得这样微不足道的成绩，这的确让无数人心灰意冷。他们本来指望能出现一个社会正义和宗教安定的新时代，根本没有为充满迫害和经济奴役的新地狱做任何准备。

改革者本来准备经历一场大冒险，结果却出了事。他们滑进码头和船的空隙里，为了不沉没而拼命挣扎，尽量让自己露出水面。

他们的处境非常可怕，这些人离开了旧教会，自身的良知又不准他们加入新教会。所以在官方眼里他们已经不存在了，但他们还活着，还在呼吸。他们坚信自己是上帝心爱的孩子，所以，他们有责任继续活着，继续呼吸，以便能将邪恶的世界从愚昧中解救出来。

最后他们活了下来，但请不要问他们是怎样活下来的。

他们旧有的关系都中断了。

他们被逼无奈，只能自己建立新的组织，寻找新的领袖。

但头脑正常的人怎么会和这群狂热的疯子在一起呢？

因此，有预见力的鞋匠和眼中充满幻觉行为歇斯底里的助产婆就成了先知。他们祈祷、布道、胡言乱语，直到虔诚信徒的赞美声让集会小黑屋的房梁都颤抖起来，村子里的法警才不得不前来查看这种不得体的混乱状态。

接着，好几个人被捕入狱。强力机构，也就是城镇里的居民代表们才开始进行所谓的“调查”。

这些人既不去天主教堂，也不去新教教会，那就要请他们解释清楚自己到底是什么人，信仰什么。

说实在的，那些可怜的居民代表的处境确实尴尬，因为他们的囚犯是所有异教徒中最让人不舒服的，他们非常严肃地看待宗教信仰问题。许多最受敬重的宗教改革家颇为实际，只要能让生活过得舒适体面，他们也会在宗教问题上做一点妥协。

而真正的再洗礼派却不是这样，他们厌恶所有的妥协。耶稣曾对追随者说，如果敌人打了你的脸，要把另半边脸也转过去让他打。耶稣还说执剑者必将死于剑下。对再洗礼派而言，这分明是在明确规定不许使用暴力。有的人对此不在乎，还玩弄辞藻说时代不同了，说自己当然是反对战争的，但这场战争不同往常，所以他们觉得扔几颗炸弹或偶尔射杀几条鱼，上帝是不会介意的。但再洗礼派却不这么认为。

上帝的命令就是上帝的命令，没什么可说的。

因此，再洗礼派拒绝参军，拒绝持有武器。如果他们因为主张和平主义被捕，他们总是欣然地接受命运，并背诵《马太福音》第二十六章第五十二节，直到死亡结束他们的苦难。

反对战争只是他们怪僻行为里的一种。耶稣曾教导说，上帝之国和凯撒王国完全是两回事，彼此不能也不应该调和。非常好，这话说得很明白。因此，所有忠实的再洗礼派都小心地避免参与国家政治，拒绝当官，把别人浪费在政治上的时间用来研读《圣经》。

耶稣曾告诫他的信徒不要斯文扫地去争吵，于是，再洗礼派宁可丧失财产的合法所有权，也不愿意向法庭提出一点异议。

即使是这样，如果再洗礼派像浸礼教派以及其他许多观点不同的人一样能保护自己不受朋友的伤害，最后也许能找到与当局和解的办法。

然而作为一个教派，他们被怀疑犯有许多奇怪的罪，而且还有根有据。首先，他们研读《圣经》成癖。这当然不是一种罪，先让我把话说完。再洗礼派研读《圣经》时不带任何偏好，但要是有人特别喜欢《启示录》，那可是很危险的一件事。

直到十五世纪，这本奇怪的书仍然因为“文笔虚假”而遭抵制，但是对处在感情容易冲动的时代的人来说，这本书很受欢迎。当他们无奈的怒火迫使他们沉浸在现代巴比伦歇斯底里的预言中时，所有再洗礼派教徒就齐声高呼“阿门”，祈祷新天国和新大地加速到来。

这并不是软弱的头脑第一次屈从于极度狂热的压力。再洗礼派遭遇的每一次迫害几乎都发生在宗教的疯狂爆发之中。男人和女人在大街上赤裸奔走，宣布世界末日的到来，他们沉浸在怪诞的牺牲方式中，企图以此平息上帝的怒火。老巫婆跑进其他教派正在举行的仪式中，打断集会，刺耳地胡乱号叫说魔鬼就要来了。

当然，这种苦恼（程度要轻一些）总是伴随着我们。读读日报，你会看到在俄亥俄州、衣阿华州或佛罗里达州的偏僻村庄里，有一个女人用切肉刀宰了她的丈夫，因为天使的声音“让她这样做”。或是本来神志正常的父亲预见自己会听到七支号角的声音，便杀死了妻子和八个孩子。不过，这是罕见的情况。当地警察想抓住他们并不难，他们也不会影响到国家的生活和安全。

1534 年，在美丽小城明斯特发生的事却不同往常，严格按照再洗礼派的规则来说，那里的确建立了新的天国。

欧洲北部的人一想到那个恐怖的冬季和春季就不寒而栗。

这次的恶棍是个仪表堂堂的裁缝，名叫扬・鲍伊克岑。史书上称他为莱顿的约翰,因为莱顿是他出生的地方。在缓缓而流的老莱茵河畔，他度过了童年。像当年所有学徒一样，他四处游历，学习裁缝这一行的秘诀。

他的读写能力一般，没有受过正规的教育。那些明白自己社会地位卑贱和缺乏知识的人往往有一种自卑的心理，但他没有。他是个非常英俊的年轻人，脸皮很厚，酷爱虚荣。

他在离开英国和德国很长一段时间之后，又回到故乡做起了服装生意。同时他加入宗教，这是他奇特生涯的开始，因为他成了托马斯・闵采尔的信徒。

这个闵采尔是个面包烘焙师，颇为著名。1521 年，有三个再洗礼派先知突然出现在维登堡，要向路德指出通往救赎的正道，闵采尔便是三人之一。他们的本意虽好，却不受对方赏识，被赶出了那座新教徒城堡，并被规定永远不能在萨克森公爵的管辖范围内出现。

1534 年，再洗礼派屡遭失败，于是他们决定孤注一掷，把一切希望都寄托在一次大胆的大规模行动上。

他们选中威斯特伐利亚西部的明斯特作为最后的试验地点，这在意料之中。该城的采邑主教弗朗兹・冯・瓦德克是个鲁莽的酒鬼，长年和很多女人公开姘居，从十六岁起就因为品行的堕落得罪了所有的正派人士。当城市兴起新教时，他妥协了。但他是个远近闻名的骗子，所以他签订和平协议并没有让新教徒觉得安全。明斯特居民的生活很不幸福，于是他们都憋足了劲，等待着下一次选举。结果出人意料，城市的政权落入再洗礼派手中，新当选的市政官叫伯纳德·克尼伯多林克，他白天是布商，晚上则成了先知。

主教看了一眼新当选的市政官便出逃了。

这时莱顿的约翰登场。他作为扬·马希兹的使徒来到明斯特。扬·马希兹是哈勒姆的一个面包商，他创建了自己的教派，被推为神圣者。约翰听说正义事业光辉重现，便留下来庆祝胜利，清除原主教在教区里留下的坏影响。再洗礼派为了彻底改革，把教堂变成了采石场，为了无家可归的人没收了女修道院，焚烧除了《圣经》之外的所有书籍。更有甚者，他们把所有拒绝接受用再洗礼派仪式进行洗礼的人赶到主教的营地，将他们斩首或淹死，因为他们都是异端分子，即使死了也不会对社会造成什么损失。

这只是序幕。

这出戏本身的可怕程度有增无减。

信仰几十种新教义的上层教士不分远近，纷纷涌向这个新耶路撒冷。那些自以为对虔诚、正直、向上的自由民有号召力的人加入了他们，但说到政治和权术，他们就像孩子一样无知。

明斯特被占领了五个月，在此期间，再洗礼派将所有社会和精神复兴的计划、制度和议程都尝试了一遍，每一个羽翼未丰的先知都在议堂上显露身手。

但一个充满逃犯、瘟疫和饥饿的小城显然并不适合试验社会学。不同宗派之间的分歧和争吵削弱了军事首领的所有努力。在这危机关头，裁缝约翰站了出来。

他短暂的荣耀时刻到来了。

在充满了饥饿人群和受苦孩子的社会中，一切皆有可能。约翰将他在《旧约》里读到的旧神权政府的形式付诸实践，开始建立他的王国。明斯特的自由民被分为以色列的十二个部落，他自己则当国王。他之前已经和先知克尼伯多林克的女儿结了婚，现在又和他的前任导师约翰·马希兹的遗孀结婚。后来他想起所罗门，便又增加了两个妃子。至此，一出令人作呕的闹剧开场了。

约翰整天坐在市场的大卫宝座上，人们站在一边，听宫廷教士宣读最新的圣旨。一道道圣旨被迅速颁布，因为城市的状态每况愈下，人民生活窘迫。

然而约翰是个乐观派，他完全相信几道敕令可以无所不能。

人们抱怨食物不足，约翰便许诺解决这个问题。接着他下了一道圣旨，要求城中财产在所有富人和穷人中均分，铲除街道改为菜园，所有的食物共同享用。

到目前为止还算顺利。但有人说，城里富人藏起了一部分财产。约翰让臣民不要担心。第二道圣旨规定，谁要是违反了任何一条法律就立即斩首。注意，这条警告可不是随意的恐吓，因为这个当国王的裁缝使剑和使剪刀一样娴熟，他经常亲自充当刽子手。

接着到了幻觉时期，人们都陷入了各式各样的宗教狂热之中，成千上万的人不分日夜地挤在市场上等待天使加百列吹响号角。

接着进入恐怖时期，先知不停地靠献血来维持子民们积攒起来的勇气，他甚至将自己的一个王后割喉。

然后到了报应来临的可怕日子，两个绝望的自由民为主教的军队打开了城门，约翰被锁在铁笼里，在威斯特伐利亚的各个乡间集市上示众，最后被折磨至死。

这是一段怪异的时期，对众多敬畏上帝的淳朴灵魂造成了可怕的后果。

从此，所有再洗礼派都被通缉。躲过明斯特大屠杀的再洗礼派首领也像兔子一样遭到追捕，一旦落网便会就地处决。在各个讲坛上，牧师和教士们都谴责再洗礼派，声明要将他们逐出教籍，还将他们称为叛逆者。再洗礼派妄图颠覆现有的秩序，却还不如狼和疯狗值得人们同情。

对异端的围剿行动很少有如此成功的。再洗礼派作为一个教派从此不复存在。然而发生了一件怪事，他们的很多思想活了下来，被其他教派吸收，融入了各种宗教和哲学体系中，变成了体面的思想，如今成为了每个人精神和智慧财产的一部分。

叙述这样一个事实倒不难，但要解释形成的原因却很难。

几乎所有的再洗礼派信徒都来自将文化看作无用的奢侈品的阶层。

因此，撰写再洗礼派历史的人都把这个教派看成特别有害的激进教派。在经过一个世纪的研究后，我们才开始明白，在将基督教发展成一个更理智、更宽容的宗教的过程中，这些身份卑微的农民和工匠的思想扮演了多么重要的角色。

但是，思想就像闪电，谁也不知道它接下来会劈向哪里。当锡耶纳的上空风暴席卷时，明斯特的避雷针又有什么用呢？

第十七章 索齐尼一家

意大利的宗教改革从未成功过，也不可能成功。首先，南部的人并没有把宗教问题看得很重，也不需要为它兵戎相见；其次，罗马近在咫尺，装备精良，它是宗教裁判所的中心，所以随便发表见解成了一种代价高昂的危险消遣。

不过，在意大利半岛住着成千上万个人文主义者，他们中间当然会有几个“害群之马”，这些人更看重亚里士多德的精辟观点，而轻视圣克里索斯托的布道。但这些杰出人士也有许多机会来发泄他们的精力，比如俱乐部、咖啡馆和体面的沙龙，任何人都可以在这些地方释放自己的求知热情而不会扰乱帝国。这一切都悠闲宜人，令人非常愉快。其实生活本身不就是妥协吗？过去不是一直都如此吗？在世界末日到来之前，生活不依然是妥协吗？

为什么要为个人信仰中的微小细节而大动肝火？

在这个介绍性的引子之后，读者在两位主人公登场时就不要指望会有夸夸其谈或隆隆炮声了。因为他们都是说话斯文的绅士，做事情都讲究体面。

但是，在推翻世界忍受已久的暴政上，他们的贡献却比所有吵吵嚷嚷的宗教改革者还要大。但这种怪事无人能预测。事情发生了，我们心怀感激，但要问是怎么发生的，啊……这个连我们也不太明白。

在理智的葡萄园里安静干活的两个人都姓索齐尼。

他们是叔侄俩。

不知为什么，叔叔雷利欧・弗朗西斯科拼写名字时有一个“Z”，而侄子福斯图斯・保罗有两个“ZS”。但人们更熟悉他们名字的拉丁化形式“索西尼厄斯”，不熟悉意大利语的“索齐尼”，我们可以把这个细节留给语法学家和词源学家。

在他们的影响力上，叔叔远不如侄子，因此我们先说叔叔，然后再说侄子。

雷利欧・索齐尼是锡耶纳人，祖上出过很多银行家和法官，他从博洛尼亚大学毕业，本来应该从事法律工作，但他却和许多同代的人一样，也自行其是地搞起神学，不再读法律，学起了希腊语、希伯来语和阿拉伯语，最后成了理性的神秘主义者（和大多数同类人一样）。他很通晓世故，但又不够圆滑。这听起来很复杂，但对能理解我的人不用多加解释，不理解我的人，我再多解释也是徒劳。

然而他的父亲还认为儿子会在文坛走红。他给了儿子一张支票，让他去开开眼界。于是雷利欧离开了锡耶纳，在以后的十年中，他从威尼斯到日内瓦，从日内瓦到苏黎世，从苏黎世到维登堡，然后又去了伦敦、布拉格、维也纳和克拉科夫，不时在某座城镇或村庄逗留几个月或一年半载，希望能发现有趣的伙伴，学到有趣的新东西。在那个年代，人们一谈起宗教就没完没了，正像今天的人无休止地谈生意一样。雷利欧肯定搜罗了各种奇思异想，他随时打听，很快熟悉了从地中海到波罗的海的所有异端论调。

不过当他带着知识的行李来到日内瓦时，他得到了客气但毫不热情的接待。加尔文浅色的双眼疑心重重地看着这个意大利来客。雷利欧是个出身良好的杰出年轻人，不像塞尔维特是个无亲无靠的流浪汉。可是据说他有塞尔维特的宗教倾向，这很令人不快。加尔文觉得，随着那个西班牙异端分子被执行火刑，“三位一体”的问题已经有了定论。其实，事实恰恰相反！从马德里到斯德哥尔摩，塞尔维特的命运已经成了热议的话题，世界各地思想严肃的人都开始站在反对“三位一体”学说的一边。而且这还没完，他们还利用古登堡的邪恶发明，四处传播自己的观点。由于离日内瓦很远，比较安全，所以他们的言辞常常都很不客气。

在这之前不久出了一本才学横溢的册子，里面收有历代教会神父就迫害和惩罚异端分子所说所写的一切。在加尔文所说的“仇恨上帝”的人或他们自己反驳的只是“厌恶加尔文”的人中，这本书非常畅销。加尔文放出风声，要和这本奇书的作者会一会。不过作者已经预见到了这一邀请，所以他明智地在封面上隐去了姓名。

据说这位作者名叫塞巴斯蒂安·卡斯特利奥，曾经是日内瓦一所中学的教师。他对各种神学“罪行”的温和看法，引来了加尔文的憎恨和蒙田的赞赏。不过这无人证明，只是道听途说。然而，一有人带头，其他人便会跟上来。

因此加尔文对索齐尼的态度礼貌而又疏远。他说巴塞尔的温和空气比萨沃伊的潮湿气候更适和这位来自锡耶纳的朋友。于是，索齐尼动身前往伊拉斯谟著名的传统大本营巴塞尔，加尔文则衷心祝他一路平安。

让加尔文感到庆幸的是，索齐尼不久便引起了宗教裁判所的怀疑，他被没收了财产，还生病发烧，年仅三十七岁便死在了苏黎世。

他的早逝在日内瓦引起了欢呼，但好景不长。

因为雷利欧・索齐尼除了留下一个遗孀和几箱子笔记本外，还有一个侄子。他不仅继承了叔叔未发表的手稿，而且还很快成为比叔叔更狂热地支持塞尔维特的人。

福斯图斯・索齐尼在年轻时几乎像他叔叔雷利欧一样四处游历。他的祖父给他留下了一处不大的房产。他直到近五十岁才结婚，因此可以把所有时间用在他喜欢的神学上。

他似乎在里昂做过一小段时间的生意。

我不知道他是个怎样的生意人，但他买卖具体商品（而不是精神财富）所获得的经验使他相信，如果对手在生意中占上风，不管是大发雷霆还是杀掉竞争对手都无济于事。他一直都让自己保有这种清醒的认识，在账房里当然可以随意找到这种意识，但在神学院的日常教学中却非常少见。

1563 年，福斯图斯回到意大利。在返程中他拜访了日内瓦。他似乎没有去向当地主教加尔文表示敬意。况且加尔文那时已经卧病在床，索齐尼家族的人拜访他只会徒增他的烦恼。

在以后的十几年里，索齐尼为伊莎贝拉・德・美第奇工作。但 1576 年，这位夫人刚过了几天幸福的新婚生活，就被丈夫保罗・奥希尼杀死了。于是索齐尼辞了职，永远地离开了意大利。他来到巴塞尔，把旧约《诗篇》译成意大利白话文，还写了一本关于耶稣的书。

从他的作品来看，福斯图斯是个谨慎的人。首先，他的耳朵很聋，而耳聋的人都天性谨慎。

第二，他从阿尔卑斯山另一侧的几块地产中获取了收入。托斯坎纳当局曾暗示他说，被怀疑支持“路德学说”的人在处理让宗教裁判所恼火的问题时，最好不要太过分。于是他用了许多化名，每次出版书，他都会请朋友们先看一遍，当他们都觉得比较安全时，他才送去印刷。

这样一来，他的书从来没有被列入禁书目录，他的那本《耶稣传》一直流传到特兰西瓦尼亚，并落到了另一个思想自由的意大利人手里。这个人给米兰和佛罗伦萨的一些贵妇当私人医生，后者与波兰和特兰西瓦尼亚的贵族成了亲。

特兰西瓦尼亚是欧洲的“远东”，直到十二世纪初，它还是一片荒野，一直是德国多余人口青睐的移居目的地。勤劳的撒克逊农民将这片沃土变成了一个繁荣昌盛、秩序井然的小国。这个小国有城市、学校，还有几所大学，但它依然远离商旅要道。一些人由于某种原因总想躲避“宗教裁判所”的人，想跟他们相隔几英里沼泽地和高山。于是，对这些人而言，这个小国家便成了理想的栖身之地。

至于波兰这个不幸的国家，多少个世纪以来，一直都和反动及沙文主义联系在一起。但是我接下来要说的事可能会让读者感到意外的高兴，在十六世纪上半叶，波兰是个名副其实的避难所，保护了欧洲其他地方因宗教信仰而饱受折磨的人。

这一出乎意料的局面完全是由典型的波兰风格造成的。

在当时，波兰这个共和国很长时间都是欧洲大陆上管理最糟糕的国家，可谓臭名昭著。虽然波兰的上层教士玩忽职守，但西方各国主教的放荡和乡村牧师的放纵酗酒也司空见惯，因此这个现象并没有像后来那么明显。

但在十五世纪后半叶，在德国大学就读的波兰学生迅速增多，这引起了维登堡和莱比锡当局的关注。他们询问其中的原因，发现由波兰教会管理的位于克拉科夫的波兰血源已非常衰败，可怜的波兰人要么被迫背井离乡求学，要么无学可上。不久，条顿大学受到新教的影响，从华沙、拉杜姆和琴斯托霍瓦来的聪明的波兰年轻人自然跟风效仿。

等他们学成返乡，已经是羽翼丰满的路德派了。

在宗教改革的早期阶段，波兰的国王、贵族和教士要让流行病一样的错误思想停止传播还是很容易的。不过，要这样做，就必须要求共和国的统治者在明确的政策下联合起来，这当然会引发矛盾，因为在波兰这个奇怪的国家，有一项最神圣的传统，那就是一张反对票便能推翻一条法律，即便该法律得到了议会所有成员的支持也没用。

不久，那位著名的维登堡教授路德在宣扬他的信仰时又弄出了一个经济副产品，那就是没收所有的教会财产。于是，从波罗的海到黑海之间的肥沃平原上的博莱斯劳斯家族、弗拉迪斯劳斯家族以及其他骑士、伯爵、男爵、公爵和亲王，都明显偏爱新教，因为新教意味着他们又可以赚得盆满钵满。

在发现这一点后，就出现了为修道院的财产而进行的不神圣的争夺，导致了一个著名的“间歇”，自从有记载之时起，波兰人就利用这种“间歇”拖延思考的时间。在此期间，各方都按兵不动，新教徒则利用这样的机会，不到一年就在全国各地建起了自己的教会。

当然，新教长们在神学问题上的争论最后又将农民赶回了天主教会的怀抱，波兰再次成为天主教的一个坚固堡垒。但在十六世纪后半叶，波兰在宗教上变得完全自由。西欧的天主教和新教开始灭绝再洗礼派，幸存者便向东逃亡，最后定居在维斯瓦河畔。就在此时，布兰德拉塔医生拿到了索齐尼的《耶稣传》，表示想认识作者。

乔古奥·布兰德拉塔是个意大利医生，颇有才华。他毕业于蒙彼利埃大学，是特别出色的妇科专家。他一直桀骜不驯，但很聪明。他像当时的许多医生一样（想想拉伯雷和塞尔维特），既是神学家又是神经方面的专家，经常要在这两个角色之间转换。他成功地治愈了波兰太后波娜·苏佛查（波兰国王斯基斯蒙德的遗孀）的"病"，她原来固执地认为凡是怀疑"三位一体"的人都是错的，在这种思想之"病"痊愈后，她悔恨自己的错误，从此只相信"三位一体"教义的人。

这个好王后已经死了（是被她其中一位情人杀死的），她的两个女儿嫁给了当地的贵族，布兰德拉塔作为她们的医疗顾问，在政治方面造成了很大的影响。他意识到除非采取行动终止没完没了的宗教争论，否则波兰内战一触即发，于是他尽力想促成对立教派和解。但要达到目的，他需要一个比他更精通错综复杂的宗教论战的人。所以他灵机一动，想起了《耶稣传》的作者。

他给索齐尼写了一封信，请他到东方来。

可惜，索齐尼到达特兰西瓦尼亚时，布兰德拉塔的私生活正巧被爆出一大丑闻，这个意大利人被迫辞职，然后去了无人知晓的地方。索齐尼则留在这个遥远的国度，娶了一个波兰女子，于1604年在波兰去世。

事实证明，最后二十年是他一生中最有趣的阶段，因为在此期间，他具体地表述了自己的宽容思想。

这些思想都可以在《拉科教理问答》中找到。索齐尼写这本书是要将其当成一份共同宪章，并把它提供给希望这个世界变好、教派之争结束的人。

十六世纪后半叶出版了大量的宗教问答手册。那是一个在信仰、信条和教旨上进行告解的时代，在德国、瑞士、法国、荷兰和丹麦，到处都有人在写这些东西。各地草草出版的小册子都表达了一个可怕的信念，认为只有它们才代表真正的“真理”，所有宣誓信仰这种真理的当权者都要用剑、绞刑架和火刑柱惩处那些固执地信仰另一种虚伪“真理”的人。

索齐尼的信仰则具有截然不同的精神。他开门见山地说，信条的真正意图绝不是和别人争吵。

他继续写道，“许多虔诚的人都合情合理地抱怨说，现在已经出版的以及各个教会正在出版的各种教义阐释和教理问答是基督徒之间纷争的祸根，因为它们都试图把某些原则强加在人的良知之上，把持不同观点者视为异端。”

这样一来，索齐尼以最正式的方法表明他这一派绝不主张剥夺或压抑任何人的宗教信仰。在讲到广义上的人性时，他又做了如下的呼吁：

“让每个人自由地判断自己的宗教信仰，因为这是《新约》和最初的教会立下的规矩。我们这些可怜人有什么资格去压抑、熄灭上帝已经在别人心中点燃的神圣之火。难道我们谁能独占解读《圣经》的权利么？为什么不记住我们唯一的主都是耶稣基督，大家都是兄弟，有谁被赋予了控制别人的力量？可能其中某个兄弟比别人更博学，但是在与基督自由联系这一点上，我们都是平等的。”

所有这些话都令人惊叹，只是说早了三百年。不管是索齐尼派还是其他任何新教派，在那个动荡的世界里都无法长期坚持自己的立场。反对宗教改革的运动已经气势汹汹地拉开了帷幕。成群的耶稣会教士出现在先前失守的省份中。这些人忙碌时，新教徒在争吵，很快，东部人又回到了罗马的控制中。今天，到欧洲文明中心旅游的人很难想象，曾几何时这里曾经是最先进最自由的思想堡垒，谁也不会猜到在立陶宛那些荒凉的群山中有一个小村庄，在那里出现了世界上第一个支持宽容的明确又实际的思想体系。

出于好奇，我最近在图书馆待了一早晨，浏览了我国青年人中最流行的历史教科书，但我没有看到关于索齐尼派或索齐尼叔侄的任何描述。所有的书都从社会民主派跳跃到汉诺威的索菲亚，从索别斯基跳到阿拉伯人。在这个被越过的时期中，有很多伟大的宗教革命领袖，其中包括奥科兰帕迪乌斯和其他一些次要人物。

只有一本书提到了这两个锡耶纳的人文主义者，但只出现在一份语焉不详的附录中，这份附录罗列了路德和加尔文的所言所行。

预言的确很危险，但我怀疑，在以后三百年的通俗历史里，这一切都会改变，索齐尼叔侄会有专属的一小章，而宗教改革的传统主角则会下降到次要的地位。

这些传统主角的名字即使放在脚注里也是相当醒目的。

第十八章 蒙田

在中世纪，有人说是城市的空气成就了自由。

确实如此。

躲在高高石墙后面的人尽可以安全地对男爵和教士嗤之以鼻。

过了不久，欧洲大陆的条件大为改善，国际贸易再次成为可能，于是另一种历史现象出现了。

用一句话总结——商业成就宽容。

你可以在一周内的任何一天，特别是星期天，在我国任何一个地方证实这个论点。

俄亥俄州的温斯堡可以支持三 K 党，纽约却不行。纽约人如果要发起一场运动，驱逐所有犹太人、天主教徒和外国人，华尔街就会乱作一团，劳工运动就会席卷而来，纽约的一切都将化为废墟，局面变得不可收拾。

中世纪的后半段正是如此，莫斯科在当时是一个小公国的首都，可以对新教徒严加管教。但是国际商业中心诺夫哥罗德却小心谨慎，把前来做生意的瑞典人、挪威人、日耳曼人和佛兰芒人赶去了维斯比，提前排除了冒犯他们的可能。

如果威尼斯人、热那亚人和布鲁日人在城市中屠杀异教徒，那么外国商社的代表便会马上外逃，资金也会立即被撤出，城市陷于破产。

有些国家从来不会在经验中汲取教训（如西班牙、教皇统治区和哈布斯堡王朝的某些领地），他们的思想一直被所谓的“对自己的信仰需忠诚”所左右，这种思想无情地把“真正信仰”的敌人驱逐出去。结果，这些国度不是消失就是沦落成了九流国家。

但是商业国家和城市的统治者通常都很尊崇既定事实，知道自己的利益所在。因此，他们在精神世界上保持中立，这样他们的天主教、新教、犹太人和华人主顾都能照常经商，同时继续忠于各自的宗教。

为了维持表面的尊严，威尼斯通过了一项反对加尔文教派的法案，但是，威尼斯的十人内阁却小心地告诉警察，说这条法令不必执行得太认真，除非异教徒要把圣马可教堂改成自己的聚会场所，在一定的“安全”范围内，他们信仰什么都可以。

他们在阿姆斯特丹的好友也这么做。每个星期天，新教牧师们都在高声斥责“绯衣妇人”的罪孽。但是在旁边的街区，可怕的天主教徒也在某个不显眼的房子里默默地做弥撒，外面还有新教的治安总长警戒，提防某个《日内瓦教理问答》的狂热崇拜者闯入这个“被禁的”集会，吓跑能给城市带来利益的法国和意大利游客。

这并不是说威尼斯和阿姆斯特丹的大多数人已经不再是各自教会的忠实弟子了。他们一如既往，仍然是虔诚的天主教徒或新教徒。不过他们知道，从汉堡、吕贝克或里斯本来经商的异教徒的善意，要比日内瓦或罗马的寒酸教士的口头允许更有价值，他们也据此去做了。

蒙田的父亲和祖父经营鲱鱼生意，母亲是个西班牙犹太人的后裔，如果把蒙田的开明思想和自由思想（二者并不总是一回事）跟他的家庭背景相联系，未免有些牵强附会。不过据我看，他的商人先辈对蒙田的世界观有很大的影响。他当过兵，做过政治家，一生都特别厌恶宗教盲信和宗教偏执，他的这种精神起源于离波尔多主码头不远的一家小鱼铺。

如果当着蒙田的面这样说，他恐怕不会感谢我，因为他出生的时候，所有“经商”的痕迹都已经从他们家华丽的纹章上被小心地抹去了。

他的父亲获得了一片名为“蒙田”的地方，因为想让儿子成为绅士，他舍得大把花钱。蒙田刚会走路，私人教师便已经在他可怜的小脑瓜里塞满了拉丁文和希腊文。他六岁的时候被送往高级学校，不到二十岁便成为波尔多市议会中羽翼丰满的议员。

然后，他参军，还在法院工作。直到三十八岁时，他的父亲去世，之后蒙田退出了所有的外部活动，把余下的二十一年（除去几次违心的短期政治参与）都花在他的马、狗和书上，而且从这些东西中学到了不少。

蒙田在当时的确声名显赫，但也有不少严重的缺点。他从没有彻底摆脱矫揉造作的风格，这个鱼贩的孙子以为“矫揉造作”也是真正的绅士风度的一部分。他直到死还一直说自己不是真正的作家，只是个乡村绅士，只是为了消磨漫长的冬日，才草草记下一点略有哲学内容的随想。这都是骗人的话。如果说有人把自己的心、自己的灵魂、自己的善恶和一切都献给了自己的书，那此人就是这位能和不朽的达尔塔昂相媲美的开朗绅士。

因为这颗心、灵魂和美德都属于这个豁达慷慨、有教养、性格平易近人的人，他的作品似乎不能只算作文学作品，它们已经发展成一种明确的生活哲学，以常识和实际的日常情理为基础。

蒙田生为天主教徒，死时依然是天主教徒。他年轻的时候还加入过一个天主教徒联盟。这个组织是法国贵族创建的，目的是把加尔文主义逐出法国。

1572 年 8 月，教皇格列高利十三世欢庆三千名法国新教徒被杀，在这决定命运的一天，蒙田永远离开了天主教会。他从来没有加入新教一派，而且继续参加某些重大礼仪，免得被旁人嚼舌头。然而自圣巴托罗缪屠杀之夜后，他的作品便与马克·奥勒利乌斯、伊壁鸠鲁等十多位希腊或罗马哲学家的著作归为一类。在一篇值得让人牢记的题为“论良心自由”的随笔中，他文章中的语气就好像是伯里克利的同代人，而不是凯瑟琳·德·美第奇女王的仆臣，他还认为背教者朱利安的一生是真正宽容的政治家应该学习的典范。

这篇文章很短，只有五页，你可以在他随笔的第二卷第十九章中找到。

蒙田已经看够了新教徒和天主教徒无可救药的固执，他们提倡的那种自由（在当时环境中）只会导致新的内战。但当环境允许，新教徒和天主教徒不再枕着武器入睡时，明智的政府就应该尽量避免去干涉别人的思想，应该允许所有臣民，按照能让自己的心灵感到最幸福的方式去爱上帝。

产生这种想法并将其大胆地公之于世的法国人不止蒙田一个。早在1560年，凯瑟琳·德·美第奇女王的前任大臣麦克尔·德·豪皮塔尔和几所意大利大学的毕业生（他们因此被怀疑有再洗礼派倾向）就曾经提出，对异端者只适宜用文字来论战。他这个让人惊讶的观点是，从人的本性来说，武力并不能改变良心。两年以后，他努力促成了《宽容敕令》的颁布，该法规定胡格诺教派有权集会，有权举行宗教会议讨论教会的事务，总的来说，胡格诺教徒可以像自由独立的教派一样行事，而不用寄人篱下。

巴黎律师让·布丹是个可敬的人（他反对托马斯·莫尔在《乌托邦》里表达的共产倾向，为私有财产辩护），他也曾表达过类似的观点，认为君主无权用武力强迫臣民进某个教会。

大臣们的演说和政治哲学家用拉丁语撰写的论文极少能流行，但只要有识之士聚集在一起，进行智慧的集会，做有益的谈话，就有人阅读、翻译和讨论蒙田，这种情况持续了三百多年。

正因为他的业余身份，以及他坚持说自己没有个人企图只为乐趣而写作让他深受大众欢迎，否则人们绝不会买也不会借一本被官方归类为“哲学”的书。

第十九章 阿米尼乌斯

“有组织的社会”总把长治久安看得最重，而才智或精力非凡的人却认为世界的发展和进步都靠个人努力，而不是靠集体的努力（其实就是“大众”在本质上不相信所有变革）。因此，个人的权利要比集体的权利重要得多，“有组织的社会”和那些非凡个人之间世代延续的冲突是为了争取宽容。

我们如果可以接受这个前提，那么任何一个国家的宽容程度都该与大多数居民个性的自由程度成正比。

在过去，有时会出现某个非常开明的统治者对自己的子民说：“我坚信‘待人宽则人亦待己宽’的原则。我希望亲爱的子民们能宽容别人，不然会自食其果。”

如果这样的话，性急的臣民们就会赶忙储备许多官方徽章，上面骄傲地刻着：“宽容第一”。

但公民这种突然的转变只是出于对国王刽子手的畏惧，并不会长久。国王只有在威胁的同时，按照日常实用的政治原则建立起一套逐级教育的体系，才能有所收获。

十六世纪后半叶，荷兰共和国幸运地出现了由这些因素促成的结果。

首先，荷兰这个国家由数千个半独立的城镇和村庄构成。居民大部分都是渔夫、水手和商人。这三种人习惯了一定程度的独立行动，他们的职业性质迫使他们必须果断决定，根据自己的利弊来应对一天中的偶发事件。

我不是说他们比世界其他地方的人更聪明或者更宽容。然而他们凭借吃苦耐劳和不达目的不罢休的干劲成为整个北欧和西欧的谷物和鱼类搬运者。他们清楚，天主教徒的钱和新教徒的钱一样好用，他们宁愿喜欢付现金的土耳其人，也不喜欢赊账六个月的长老会教徒。因此，这是个进行宽容小实验的理想国度，而且正好有个合适的人出现在了这个合适的地方。更为重要的是，这个人来得正当其时。

沉默者威廉是“要统治世界必先了解世界”这句古老格言所描述的光辉典范，他一开始是个时髦富有的年轻人，是当时最伟大君主的贴身秘书，有着令人羡慕的社会地位。他在晚宴和舞会上挥金如土，接连娶了好几个颇为知名的女继承人，生活放荡，只顾今朝有酒今朝醉。他不是个特别好学的人，相比宗教论文，他更喜欢赛马图表。

宗教改革引起的社会动荡并没有引起他的特别注意，他觉得这不过是劳资之间的又一次争吵，只要稍用手腕，再派出几个身材彪悍的警察，就可以平息一切。

不过，等他了解了君主和臣民之间冲突的本质时，这个和蔼的绅士突然变成了一个能力出色的领袖。其实，他当时的生活已经完全衰败了。

他的宫殿、马匹、金盘和乡下的房产很快被卖光（或者不经通知就被没收了）。这个布鲁塞尔的花花公子成了哈布斯堡王朝最顽固最成功的敌人。

然而生活的变化并没有改变他的个性。威廉在生活富足时是个哲学家，住在两三间出租房里、在“星期六都不知道如何付洗衣费”的时候他依然是个哲学家。曾经有一个红衣主教想建造更多的绞架来处死所有的新教徒，威廉竭力挫败了这位红衣主教的计划，现在他也用同样的努力去遏制狂热的加尔文教徒想要绞死所有天主教徒的冲动。

他几乎毫无成功的希望。

有二万至三万人惨遭屠杀，宗教裁判所的监狱则装满了新的即将牺牲的人，而遥远的西班牙已经召集了一支军队，准备在叛乱还没有扩散到欧洲其他地方之前将其粉碎。

跟为生存而战的人说应该爱那些吊死他们儿子、兄弟、叔伯和祖父的人是不可能的。但威廉以身作则，依靠对反对者的温和态度，向追随者表明有个性的人应该能超越以牙还牙的旧摩西律法。

在这场涉及公共道德的论战中，威廉得到了一个杰出人物的支持。在高德的教堂里，你至今都能看到一篇极为奇特的简短墓志铭，上面每个词都只有一个音节，内容是记载迪尔克·库恩赫特的美德。这个库恩赫特是个很有意思的人。他出身富裕家庭，年轻时长年在国外旅行，得到了很多关于德国、西班牙和法国的第一手资料。他一回国，便爱上了一个身无分文的姑娘。他在荷兰的父亲处事谨慎，禁止他们结婚。但儿子充耳不闻，还是结了婚，父亲便做了长辈们在这种情况下必然会做的事——他指责儿子不孝并剥夺了他的继承权。

年轻的库恩赫特不得不自己养家糊口，这确实有些困难。不过他是个有才华的年轻人，学会了一门手艺，当了铜版画雕匠。

啊！荷兰人天生就爱说教。一到晚上，他就急忙扔下雕刻刀，拿起鹅毛笔，记下一天的大事。他的文笔在现代人看来并不“引人入胜”。但是他书里的内容易于让人接受，这是伊拉斯谟作品的特点，这使他交了许多朋友，认识了沉默者威廉。威廉非常赏识他的能力，雇他做机要顾问。

当时威廉正忙于一场奇怪的论战。国王菲利浦在教皇的支持下要干掉人类的大敌（也就是他的敌人威廉），他悬赏两万五千金币，并用贵族头衔和赦免一切罪行作为奖励，招人去荷兰杀死威廉这个头号异端分子。威廉已经五次死里逃生，他觉得有必要写一套小册子驳倒菲利浦国王。在这件事上，库恩赫特助了他一臂之力。

论点直指哈布斯堡王朝，不过要是指望哈布斯堡王朝会就此变得宽容，那才是妄想。全世界都在关注威廉和菲利普的决斗，小册子被译成了不同语言，人们广为传阅，其中有许多过去大家只敢悄声议论的问题，现在却都热烈地讨论了起来。

可惜，争论没多久就结束了。1584 年 7 月 9 日，一个年轻的法国天主教徒拿到了两万五千金币悬赏金。六年后，库恩赫特还没将伊拉斯谟的著作都译成荷兰语，也去世了。

在之后的二十年中，狼烟四起，战争掩盖了持不同观点的神学家之间的争吵。最后，敌人被逐出了新共和国，但此时却没有像威廉这样的人来主持大局。几十个因为要对抗西班牙雇佣大军而暂时结盟的教派，现在又忙着要割断对方的喉咙。

他们争吵当然要有个借口。

在莱顿大学，有两个各执一词的教授。这并不新鲜，但这两个人争论的是意志自由的问题，这可是个严肃的问题。民众很快就兴奋地参加到讨论中去，不到一个月，整个国家便分裂成了两大敌对阵营。

一方是阿米尼乌斯的朋友。

另一方是高马鲁斯的追随者。

高马鲁斯虽然出生在荷兰，但在德国度过了一生，是德国教育体系的出色产物。他的学识非常渊博，却又缺乏起码的常识。他的头脑精通希伯来韵律学的奥秘，而心里却遵循阿拉米语的句法规则。

他的对手阿米尼乌斯则迥然不同。他生于小城奥德沃特，离伊拉斯谟少年时代苦修的斯特恩修道院不远。他幼年时赢得了马尔堡大学著名数学家、天文学教授鲁道夫・斯奈留斯的友谊，此人也是他的邻居。他把阿米尼乌斯带去了德国，让他接受良好的教育。可这个孩子在第一次假期回家时，发现家乡已被西班牙人洗劫一空，亲属们也都遇难。

这似乎表明他的前途已经断送，幸亏一些好心的富人听说了这个年幼孤儿的遭遇，慷慨解囊，送他去莱顿大学学习神学。他努力学习，短短六年便学完了所有的课程，之后便开始寻找新的知识来源。

当时，出类拔萃的学生总能找到资助人为他们的前程提供资金。阿米尼乌斯很快拿到了阿姆斯特丹的行会给他开的介绍信，然后启程前往南方，寻找接受教育的机会。

作为一个颇受尊敬的未来神学家，他首先去了日内瓦。加尔文已经死了，继承人西奥多・拜扎代替加尔文，成了新的牧羊人。这个追杀异端邪说的老手鼻子很灵，很快闻出了这个年轻荷兰人宣扬的教旨中有一股拉米主义的味道。于是，阿米尼乌斯的拜访时间缩短了。

“拉米主义”这个词对现代读者而言毫无意义。但在三百年前，熟悉《弥尔顿文集》的人都清楚，这种思想被看成是十分危险的宗教新学说。创始人（你愿意的话，也可以称其为发明者）是一个名叫德·拉·拉米的法国人。在学生时代，他十分反感老师过时的教学方法，于是在写博士论文时选了一个相当吓人的题目——《亚里士多德的一切教诲都是错误的》。

不用说，这个题目得不到老师的好感，几年后，他在几本很能彰显才华的书里陈述了自己的观点，这让他必死无疑，成了圣巴托罗缪大屠杀的第一批受难者。

但他那些可恶的书并不会随作者一起被杀掉，而是保留了下来。拉米奇怪的逻辑体系也在西欧和北欧大受欢迎。不过真正虔诚的人却认为，拉米主义是去往地狱的通行证，于是有人建议阿米尼乌斯去巴塞尔，这个不幸的城市自从被受人嘲笑的伊拉斯谟迷惑后，一直把“自由派”当作好公民。

阿米尼乌斯得到警告后，便出发北行。然后，他又做出了一个颇为反常的决定。他大胆地踏上敌人的领土，在帕多瓦大学学习了几个学期，还去了一趟罗马。1587年回国时，他在国人眼里已经成了一名危险分子。但他既没有长角也没有长尾巴，于是他又逐渐赢得了大家的好感，被允许在阿姆斯特丹担任新教牧师。

他做了很多有益的事，还在一次瘟疫中博得了英雄的美誉。人们很快就开始真心实意地拥戴他，委托他重建阿姆斯特丹这座大城市的公共教育体系。1603年，当他作为羽翼丰满的神学教授应邀前往莱顿时，首都的居民都对他依依不舍。

他要是事先知道在莱顿等待他的是什么，我敢肯定他不会去。他到达的时候，“堕落后预定论者”和“堕落前预定论者”之间的争斗已经呈白热化。

无论从本性还是教育来讲，阿米尼乌斯都属于“堕落后预定论者”。他本想公正地对待同事——“堕落前预定论者”高马鲁斯，但是两派之间的矛盾不容调和，于是阿米尼乌斯被迫宣布自己是不折不扣的“堕落后预定论者”。

读者当然会问我，这两派指的是什么，我也不知道，我似乎也无法理解这些东西。但据我看，两派的争论由来已久，一方（如阿米尼乌斯）认为，人们在某种程度上具有自由意志，可以决定自己的命运；另一方（如索福克勒斯、加尔文和高马鲁斯）认为，我们一生中的一切早在出生之前便已注定，因此，我们的命运完全取决于上帝创造世界时掷圣骰的那一下。

1600 年，欧洲北部的大部分人都是“堕落前预定论者”。他们喜欢听布道说除了自己以外的大多数人已经注定要下地狱，如果有几个牧师敢宣传善意和仁爱的福音，马上会有人怀疑他们有罪。而这几个牧师的对手，像心慈手软的医生一样，不能给病人开苦口的良药，结果原本出于善意，却害死了病人。

莱顿的许多喜欢嚼舌头的老妇人一旦发现阿米尼乌斯是“堕落后预定论者”，他就无法再发挥作用。他从前的朋友和支持者大肆攻击他，把他折磨至死。之后，这两派都开始介入政治，这在十七世纪似乎是无法避免的。“堕落前预定论者”在选举中获胜，“堕落后预定论者”被宣布是公共秩序的敌人和国家的叛徒。

这场荒唐的论战还没有结束，奥登·巴奈维特就以脑袋夹在两脚中间的姿势死去了。他曾是仅次于沉默者威廉的共和国奠基人。格劳秀斯的温和态度使他成为第一个宣扬国际法律公正体系的伟大倡导者，但这时他已经逃到瑞典女王那里，在宫中过着寄人篱下的生活。沉默者威廉所献身的事业似乎完全付诸东流。

但是加尔文主义并未得到预期的成功。

荷兰共和国只是名义上的共和国。这个国家实际上是商人和银行家的俱乐部，由几百个颇有势力的豪门统治着。这些绅士对平等和博爱根本不感兴趣，但他们信仰法律和秩序。他们承认并支持已有的教会。每逢星期天，他们就满怀热情地来到四壁洁白的大建筑中，这里曾经是天主教的教堂，现在是新教徒的布道厅。可到了星期一，当教士带着一长串清单，拜见市长阁下和市议长阁下，想抱怨这人不行那人不好的时候，这些官员们却又都在“开会”，无法接见教士先生。如果教士坚持不懈，召集好几千名忠诚的教民在市政大厅前“示威”（这种事常常发生），官员们也会礼貌地垂顾，接过教士抄写整齐的诉苦书和建议书。可是，在最后一个黑衫请愿者离开，大门关上以后，这些阁下们就会用这张文书来点燃烟斗。

因为他们相信一条金科玉律：“一次足矣，下不为例。”“堕落前预定论者”那几年掀起的大论战吓坏了他们，于是他们坚定地抑制一切狂热的宗教活动。

后人并不总是夸赞这些贵族。这些贵族毫无疑问地把国家视为私有财产，也并不能持之以恒地将祖国的利益和自己的利益区分清楚。他们缺乏全局观，因此常常小事精明，大事糊涂。但是他们做了一件值得我们真心称道的事。他们把国家变成了国际性的中心，让思想各异的人在这里获得最广泛的自由，可以随心所欲地说话、思考、写作、出版。

我并不想将画面描绘得太乐观。有时候，因为要避免引发牧师的不满，市议员也会被迫压制天主教的秘密集会，或是没收某本过于嚣张的异端分子印发的小册子。不过总的来说，只要不到集市中央的街头演讲台上去高声诋毁宿命论，只要不把天主教的念珠带到公共餐厅，只要不在哈勒姆的南方卫理公会的地盘上否认上帝的存在，就可以确保一定程度上的平安无事。在差不多两个世纪的时间里，对世界其他地方因为思想而受到迫害的许多人来说，荷兰共和国确实是他们的天堂。

很快，荷兰这个人间天堂的名气传开了。在以后的两百年里，荷兰的印刷作坊和咖啡馆里挤满了各种各样的狂热分子，他们是“精神解放”这支奇特新军的先锋。

第二十章 布鲁诺

据说第一次世界大战是没有军衔的士兵之间的战争，这话颇有道理。

将军、上校和三星战略家孤独而光荣地坐在某个废弃城堡的大厅中盯着作战地图，直到想出一点新战术，能让他们赢得半平方英里的土地（为此要牺牲三万人）。与此同时，下级军官、中士、下士在一些聪明大兵的协助和鼓动下，做着所谓的“脏活”，最终引发了德国防线的崩溃。

为获得精神独立而进行的伟大征战的情况也基本相似。

没有五十万士兵参与正面交锋。

没有为敌人的炮兵提供廉价靶子的疯狂冲锋。

我甚至可以进一步说，大多数人根本不知道有战争发生。有时候，在好奇心的驱使下，他们可能会问今天早晨烧死了谁，明天下午又会绞死谁。然后他们也许会发现，有几个亡命之徒还在继续为某些自由原则而战，而这些原则都是天主教徒和基督徒非常不赞成的。但我觉得，大多数人只会稍微轻叹惋惜而已，会说要是自己的叔叔落得如此可怕的下场，他可怜的亲戚们一定痛不欲生。

情况大体如此。殉道者为自己的事业牺牲，他们的功绩无法用数字公式表示，也不能换算成安培或马力。

任何一个想得到博士学位而勤奋学习的年轻学生可能都仔细阅读过乔尔丹诺·布鲁诺的文集，他们可以耐心地收集文集中包含此类感情的话语，比如“国家无权告诉人们应该想什么”、“社会不应该用刀剑惩处不同意教理的人”等，这样就可以写出题为“乔尔丹诺·布鲁诺（1549—1600）和宗教自由的原则”的论文并得到通过。

但是，我们之中不再研究这些重要语句的人，看问题的角度肯定不同。

我们在最后的分析中说过，有许多虔诚之士，他们对当时的宗教狂热深感震惊，也对各国百姓头上的枷锁感到震惊，于是他们起来反抗。他们都是穷困的人，除了身上的斗篷，几乎一无所有，连睡觉的地方都没有保证，但是他们内心燃烧着圣火。他们四处奔走、演讲、写作，把高深学府里的高深教授拉进高深的争论中。他们在普通的乡间酒馆与卑微的乡巴佬辩论，并且总是在宣讲彼此之间要有善意、理解和仁爱的福音。他们拿着书和小册子，衣衫褴褛，周游四方，最后在波美拉尼亚某个穷乡僻壤的小村子里死于肺病，或者在苏格兰的小村子里被喝醉的村民私刑处死，或者在法国的某条省道上被车轮碾死。

所以，如果我提到乔尔丹诺·布鲁诺的名字，我并不是说他这样的人只有一个。但他的生平和思想，还有他为自己认为正确的东西所产生的不息热情，的确是所有先驱者的典型，因此，他是一个很好的例子。

布鲁诺的父母都很穷，在他们眼中，他们的儿子就是个普通的意大利孩子，不会有什么远大的前程，只是遵循一般惯例来到修道院，顺理成章地成为多明我会的修士。但他与多明我会格格不入，因为这个团体非常支持各种迫害行为，当时被人们称为“真正信仰的警犬”。多明我会很机警，异端分子就算没有把自己的观点亮出来，也会被前去追踪的多明我会密探嗅出来。一个眼神，一个手势，耸耸肩膀，就足以露馅，接下来他将被迫和宗教裁判所打交道。

布鲁诺就是在这种一切都要俯首听命的环境中成长的，他怎么会叛逆地摒弃《圣经》而捧起芝诺、阿那克萨哥拉的著作，我也不知道。但这个奇怪的新修士还没有完成规定的学业，就被赶出了多明我会，成为了流浪者。

他翻过了阿尔卑斯山。在他之前，有多少年轻人冒险穿过了这个古老的山口，希望能在罗讷河和阿尔瓦河交汇的新教强大堡垒中找到自由。

又有多少人心灰意冷地离开了，他们发现那里和别的地方一样，总有人在迷惑人们的心，改变教义并不一定意味着改变了心灵和思想。

布鲁诺在日内瓦住了不到三个月。城里挤满了意大利难民，他们给这个同乡弄了一套新衣服，还找了一份校对的工作。到了晚上，他就读书写作。他得到了一本德·拉·拉米的书，这让他终于找到了志同道合的人。德·拉·拉米也相信，如果中世纪教科书中所宣扬的暴政不被打碎，那么世界就无法进步。布鲁诺不像那位著名的法国老师那样走得那么远，他不认为希腊人的一切教诲都是错的。但是十六世纪的人为什么还要受基督出生前四世纪的字句的束缚呢？究竟为什么？

支持正统信仰的人回答他说：“因为一直都是这样。”

“我们与祖先有什么关系，他们与我们又有什么关系？让死去的人死去吧。”这个年轻的反传统观念者回答道。

很快，警察来找他，建议他最好收拾行李到别的地方碰碰运气。

此后，布鲁诺的生活就是无休止的游学，四处寻找一个比较自由能安全生活和写作的地方，但他从未如愿。他从日内瓦来到里昂，又到了图卢兹。那时他已经开始研究天文学，成为哥白尼的热情拥护者，这在当时可以说是危险的一步，因为在那个时代，人们都在大声说：“世界围绕太阳转？世界只是绕太阳转动的普通行星？胡说！谁听说过这种蠢话？”

图卢兹对他来说已不再是可以久留之地。他横穿法国,步行到巴黎，然后作为法国大使的私人秘书来到英国。但他再一次失望，英国的神学家并不比欧洲大陆的强。也许他们只是更实际一点，比如在牛津，如果学生犯了错，反对亚里士多德的教诲，神学家只是罚他十个先令。

布鲁诺变得尖刻起来。他开始撰写一些文采勃发却又颇为危险的短篇文章，还有一些以宗教、哲学、政治为内容的对话。在这些东西里，整个现存的秩序被翻了个个儿，但却受到了细致且绝无赞赏的检查。

他还就他喜爱的天文学发表演说。

但是学院的当权者对学生喜欢教授这种事是极少笑脸相迎的。布鲁诺又一次被下了逐客令。他回到法国，又去了马尔堡。不久前路德和茨温利曾在虔诚的匈牙利女王伊丽莎白的城堡里进行过一次关于“化体”①实质的辩论。

① Transubstantiation，是天主教的理论。在圣餐礼时，尽管基督徒所领的酒和面饼在形式上没有改变，但举行仪式后，基督的血化作酒，基督的肉化作面饼。

啊！他的“自由派”大名早已先他而行，当局甚至不允许他授课。事实证明维登堡应该好客一些，但这座路德派的旧堡垒已经被加尔文的信徒把持，因此，布鲁诺这种有自由倾向的人再也没有容身之地。

他向南走，到约翰·胡斯的地方碰运气。新的失望在等待着他。布拉格已经成了哈布斯堡王朝的首都。哈布斯堡王朝从前门进入，“自由”便从后门离去。布鲁诺再次上路，前往遥远的苏黎世。

在苏黎世，他收到一个意大利年轻人乔瓦尼·摩瑟尼戈写的信，邀请他去威尼斯。我不知道布鲁诺为什么接受了邀请。也许这个意大利农民被古老贵族的名字所迷惑，因此感到受宠若惊。

乔瓦尼·摩瑟尼戈的前辈敢于蔑视苏丹和教皇，但他自己却不是这样。摩瑟尼戈意志薄弱，胆小如鼠，当宗教裁判所的官员到他家要把客人抓去罗马时，他连手指头都没有敢动一下。

威尼斯政府一直小心翼翼地保护自己的权力。如果布鲁诺是个日耳曼商人或荷兰船长，他们或许还会强烈抗议，说外国军队胆敢在他们的辖区抓人，甚至会发动战争。可是何必为了一个流浪汉去惹教皇？这个流浪汉除了思想，并不能给威尼斯带来任何好处。

布鲁诺的确自称学者，威尼斯共和国也对此甚感荣幸，但威尼斯的学者已经够多了。

和布鲁诺告别吧，愿圣马可宽恕他的灵魂。

在宗教裁判所的监狱里，布鲁诺被关了七年之久。

1600 年 2 月 17 日，他被烧死在火刑柱上，骨灰随风而去。

他是在“百花广场（Campo dei Fiori）”被执行火刑的，懂意大利语的人大概能从这个短小而又精巧的比喻中获取某些灵感吧。

第二十一章　斯宾诺莎

历史上有些事情让我一直不能理解，其中之一就是过去一些艺术家和文学家的作品数量。

现代写作的人有打字机、录音机、秘书和自来水笔，每天能写三四千字。而莎士比亚有十多份工作让他分心，还有个爱吵架的老婆，用的又是笨拙的鹅毛笔，他怎么能写出三十七个剧本？

“无敌舰队”的老兵洛坡·德·维加一辈子都很忙碌，他从哪儿弄来那么多墨水和纸，写下一千八百个喜剧剧本和五百篇文章？

那个奇怪的宫廷音乐家约翰·塞巴斯蒂安·巴赫又是什么人？他住的小房子里有二十个孩子吵吵闹闹，而他居然有时间谱写了五个清唱剧、一百九十个教堂大合唱、三个婚礼大合唱、十二首圣歌、六首庄严弥撒曲、三部小提琴协奏曲、一部双小提琴协奏曲（仅这一项就足以让他的名字永载史册）、七部钢琴管弦乐队协奏曲、三部双钢琴协奏曲、两部三钢琴协奏曲、三十部管弦乐总谱，还有大量为长笛、羽管键琴、风琴、低音提琴、法国号写的曲子，足够让音乐系的普通学生练一辈子。

还有，伦勃朗和鲁本斯在三十年中几乎每个月都能创作四幅画或四幅蚀刻画，这得勤奋用功到什么程度。像安东尼·斯特拉迪瓦里这样的普通公民是怎样在一生中制作了五百四十把小提琴、五十把大提琴和十二把中提琴？

我要说的不是他们的头脑怎么能想出所有的情节，听出所有的旋律，看出各式各样的颜色和线条的组合，选择出需要的木材。我只是奇怪他们怎么会有这样的体力？他们不睡觉？他们难道不会抽个几小时去打台球吗？他们不知疲倦吗？他们听说过“神经疲劳”吗？

十七和十八世纪，这样的人比比皆是。他们无视健康规律，随便吃喝，根本不知道自己作为光荣的人类所负有的崇高使命，但他们有的是时间，他们的作品多到了惊人的程度。

艺术领域和科学领域的情况也出现在了烦琐的神学领域中。

如果你去一间有两百年历史的图书馆，就会发现，在地窖和阁楼里塞满了八开、十二开和十八开的宗教小册子，布道书、文集、评论、文摘，它们用皮革、羊皮纸或普通纸张装帧，上面蒙了厚厚的尘土，早已被人遗忘，但它们都蕴藏着渊博而又无用的学问。

在现代人看来，其中谈论的题目和采用的许多词汇如今早已丧失意义，可是这些发了霉的集子从某个角度来说又很有用。如果说它们毫无贡献，但它们至少还清洁了空气。因为它们要么解决了讨论的问题，让各方满意，要么让读者相信那些问题并不能通过逻辑推理和辩论解决，干脆搁置算了。

这听来好像是讽刺挖苦的假恭维。不过我希望公元 3000 年的批评家们在整理我们今天的文学和科学成就时也能如此宽宏大量。

巴鲁克·德·斯宾诺莎是这一章的主人公，就作品数量而言，他并没有追求当时的时尚。他的全集不过只有三四卷小书和几捆信札。

但是，如果用正确的数学方法来解决他在伦理学和哲学上探讨的深奥问题，需要花的工夫足够吓退大多数正常人。也正是因为这样，身体不好的斯宾诺莎试图通过乘法表来理解上帝，最后却不幸过劳死。

斯宾诺莎是犹太人。不过那时的犹太人还没有受过犹太隔离区那样的苦难。西班牙半岛还是摩尔人的一个省时，他们的祖先就在那里定居了。西班牙被收复后，引入了“西班牙属于西班牙人”的政策，这最终导致了该国的崩溃。斯宾诺莎一家被迫离开故土,他们走水路来到荷兰，在阿姆斯特丹买了座房子。他们辛勤工作，积聚钱财，很快就成了“葡萄牙移民区”中最受尊敬的家族。

他们的儿子巴鲁克意识到了自己的犹太血统。这倒不是因为邻居小孩对他的嘲讽，而更多得归结于他在犹太小学受的教育。由于荷兰共和国充斥着阶层偏见，种族偏见被放在一边，所以外来移民在北海和须德海的海岸定居，与荷兰人和平相处，过着平静和谐的生活。这是当时荷兰人生活的一大重要特征，当时的旅行者在写“游记”时都一定会提到这一点，而且也有充足的理由去提。

在欧洲的其他地方，甚至到了相当晚的年代，犹太人和非犹太人之间的关系也非常不理想。二者之间的争斗简直达到无法调解的程度，双方都据理力争说自己是对方不宽容和偏见的受害者。这本书已经说过，不宽容只是大众自我保护的一种方法，按照这个理论，可以看清楚一点，只要基督徒和犹太人忠于各自的宗教，就会将对方当成敌人。首先双方都坚信自己的上帝是唯一的真神，其他民族的神都是伪神。其次，双方互为对方的商业死对头。像最初到巴勒斯坦一样，犹太人来到西欧也是在寻觅新家园。当时的工会，即“行会”，不让犹太人进入各行各业，所以他们只好开当铺和银行，作为经济上的权宜之计。这两种行当在中世纪很相似，在当时的人们眼里，正派人是不会干这些的。直到加尔文时期，教会都一直对金钱（税收除外）深恶痛绝，把拿利息看成犯罪，这一点让人很难理解。当然，没有政府会允许高利贷，早在四千多年以前，古巴比伦人就通过一项严厉的法律，惩治企图从别人钱财中谋利的放贷者。我们从两千年前写下的《旧约》中的某些章节里能读到，摩西曾经严格禁止信徒借钱给别人，然后收取高利息，不过借给外国人则除外。之后，包括亚里士多德和柏拉图在内的大希腊哲学家都不赞同用别人的钱生钱的做法，教会的神父们对这个问题的态度更明确。在整个中世纪，放贷人一直被瞧不起。但丁在他描写的地狱里还专门为他金融业的朋友们准备了一个小壁龛。

从理论上大概可以证明，开当铺和开银行的人都是不受欢迎的公民，要是没有他们，世界会更好。不过，当世界不再是清一色的农业社会时，人类马上发现，如果不借助信贷，就连最普通的商业活动都无法开展。于是放贷成了一种不可缺少的恶行。而按照基督徒的看法，犹太人本来就注定是要下地狱的，他们从事这种人们需要的行当也没什么关系，因为正派人绝不会参与。

这样，这些可怜的流放者被迫干上了不光彩的行当，他们自然而然地成了富人和穷人的敌人。这些犹太人一旦发迹，对方便翻脸谩骂，把他们限制在城市里最肮脏的地方，在情绪激动之下还会把他们作为不信教的恶棍绞死，或当成叛教的基督叛徒烧死。

这些行为真是令人害怕的愚蠢。无休止的攻击和迫害并没能让犹太人喜欢基督徒的邻居们。导致的直接结果是一大批人才退出了公共生活，成千上万聪明的年轻人本来可以促进商业和科学的发展，却把智慧和精力浪费在研究那些无用、深奥莫测且琐碎的古书上，数以百万计无依无靠的男女青年注定要在发臭的小屋里过着扭曲的生活，一边听老人讲他们是上帝选中的人，一定会继承整个世界和所有的财富，一边却又听到邻居不停地骂他们是猪，只配上绞架或刑车。

要让在这种恶劣环境中生活的人（不管是谁）正常地看待生活，那是不可能的。

在基督徒同胞的压迫下，犹太人一次又一次被迫铤而走险，在怒火冲天时起来反抗压迫者。他们被称为“叛徒”“忘恩负义的恶棍”，之后受到更严重的欺侮和限制。但是这种限制只会导致一个结果，它让心怀怨恨的犹太人变得越来越多，其他人则精神崩溃，最终把犹太聚居区变成了抱负受挫、仇恨积累的可怕之所。

斯宾诺莎生在阿姆斯特丹，所以他躲过了大部分亲戚生来就遭受的苦难。他先是被送进犹太教会（被恰当地称为“生命之树”）掌管的学校。在学会希伯来文的动词变位以后，他就被送到学识渊博的弗朗西斯库斯·阿皮尼厄斯·冯·德·恩德博士那儿，学习拉丁文和科学。

正如名字所示，弗朗西斯库斯博士出身于天主教徒家庭，传闻他是卢万大学的毕业生，按照城中消息最灵通的教堂执事的说法，弗朗西斯库斯其实是伪装的耶稣会修士，是个很危险的人物。但这不过是胡说。冯·德·恩德年轻时确实在天主教神学院待过几年，但他对那儿的内容不感兴趣。在离开家乡安特卫普以后，他来到阿姆斯特丹，自己办了一所私立学校。

他的鉴别能力非凡，很会想办法让学生们喜欢古典文课，阿姆斯特丹的加尔文派市民不管他过去与天主教的历史，情愿把孩子交给他。而且家长们都感到很自豪，因为这个学校的孩子学习六韵步诗和名词变格的成绩一直比当地其他学校的孩子强。

冯·德·恩德教小巴鲁克拉丁语，但他热切地追求科学领域的一切最新发现，对乔尔丹诺·布鲁诺也很崇拜，因此冯·德·恩德毫无疑问教给了这些孩子一些正统犹太家庭不会提到的东西。

和当时的习惯不同的是，年轻的斯宾诺莎没有和其他学生同住，而是住在家里。他很博学，家人对此印象深刻。亲戚们都自豪地叫他小教授，毫不吝啬地给他零花钱。斯宾诺莎没有把这些钱浪费在买烟草上，而是用来买与哲学相关的书。

有一个作者特别吸引他。

这就是笛卡尔。

勒内·笛卡尔是法国贵族，出生在图尔和波尔蒂耶交界处，一千年前，查理曼大帝的祖父曾在这里阻挡了穆罕默德征服欧洲。笛卡尔不到十岁就被送去耶稣会接受教育,在之后的十年中,他成了一个让人“讨厌”的人，因为他肯思考，除非他亲眼看到，否则拒不接受。可能世界上只有耶稣会会士知道怎样对付这种难管的孩子，既不打击他们，又将他们训练得很成功。要检验教育成果就得靠实践。如果现代教育工作者学会了耶稣会罗耀拉兄弟的方法，我们也会有几个自己的笛卡尔了。

笛卡尔二十岁时参了军，他到了荷兰，在那里，纳塞公国的毛利斯曾彻底地完善了他的军事体系，让他的军队成了有志当将军的年轻人想去进修的学校。笛卡尔并不经常去纳塞公爵的司令部。一个虔诚的天主教徒怎能为新教徒的首领做事！这听上去就像叛国罪。不过笛卡尔感兴趣的是数学和火炮，不是宗教和政治。因此，荷兰刚与西班牙停战，他便辞职前往慕尼黑，去巴伐利亚天主教公爵的麾下作战。

但这场战役并没有持续很久，当时唯一一场至关重要的战斗是在拉罗歇尔附近进行的，那时胡格诺派正在抵御黎塞留。于是，笛卡尔回到法国，以便学会更高级的攻城术。但军营的生活很快让他厌倦。他决定辞去军职，致力于哲学和科学。

他自己有一笔小收入。他不想结婚，也没什么奢望，只想过宁静、快乐的生活，他如愿以偿了。

我不知道他为什么选中荷兰作为居住地。不过荷兰到处都有印刷商、出版商和书店，只要不公开攻击现有的政府和宗教，当时的出版检查制度就是走过场。况且，他从未学会荷兰语（学荷兰语对真正的法国人来说并不难），所以避开了不必要的伙伴和无聊的闲谈，能把全部时间（每天差不多二十个小时）都用在工作上。

对于当过兵的人来说，这种生活似乎太枯燥。但笛卡尔目的明确，他似乎很满足于这种自我放逐且背井离乡的生活。经过多年的观察，他逐渐相信，世界仍然陷于深不可测的无知泥沼中，当时被称作“科学”的东西其实与真正的科学毫无关系，只有铲掉古代的错误，才会在总体上取得进步。这可不是个小命题。但笛卡尔很有耐心，到三十岁时，他开始工作，为我们奉献了一套崭新的哲学体系。他在工作上的投入越来越多，在最初的体系外加进了几何学、天文学和物理学。他在工作中一直心怀公正，这让天主教徒说他是加尔文派，而加尔文派又骂他是无神论者。

这些咒骂传到了他的耳朵里，但完全没有影响他。笛卡尔平静地继续研究，在斯德哥尔摩同瑞典女王讨论哲学，最后安详地死在了那里。

笛卡尔的哲学被称为笛卡尔主义，在十七世纪的社会掀起轩然大波，这和维多利亚女王时代的达尔文主义很像。在 1680 年，如果一个人是笛卡尔主义者，那是件很可怕的事，很不光彩。这表明此人是当时社会制度的敌人，是索齐尼派，是下等人。这样的人因为自己的信仰将自己与正派的邻居隔绝开。但这并没能阻止知识界大部分人如饥似渴地接受笛卡尔主义，就像我们的祖父接受达尔文主义一样。但是在阿姆斯特丹的正统犹太人中，几乎从来没有人提起这些问题。在《塔木德经》和《律法书》中都没有提到过笛卡尔主义，因此笛卡尔主义相当于不存在。如果有人能看到巴鲁克・德・斯宾诺莎的脑子里有笛卡尔主义，犹太教会当局一经调查，就会采取官方行动，这个斯宾诺莎也会同样不复存在。

那时阿姆斯特丹的犹太教会刚刚渡过一场严重的危机。小巴鲁克十五岁的时候，来了一个名叫乌雷尔・艾考斯塔的葡萄牙流亡者。此人断然抛弃了在死亡威胁下被迫接受的天主教，回归父辈的犹太教。可是这个艾考斯塔不是普通的犹太人，而是个绅士，习惯在帽子上插根羽毛，腰上佩剑。对他而言，那些在日耳曼和波兰学校受过训练的荷兰拉比所表现出的高傲自大让他感到惊讶与恼怒，他自己太清高，从来都不屑掩饰自己的观点。

在这样的小社会里，如此公开的对抗是不可能被容忍的。于是你死我活的斗争开始了，一方是清高的梦想家，半先知半西班牙贵族，另一方是铁面无情的律法卫道士。

最后以悲剧收场。

首先，有人将艾考斯塔告到了当地警察局，指控他写了几本否认灵魂不朽、亵渎神明的小册子。这让他与加尔文派教士之间发生了摩擦。不过事实很快澄清，控告也撤销了。犹太教会开除了这个顽固的叛逆分子的教籍，让他无法谋生。

这个可怜的人在阿姆斯特丹街头流浪了好几个月，最后贫困和孤独又迫使他回到教会。但他首先要当众认罪，任教会成员鞭打脚踢，然后才能被批准重新入会。这些屈辱让他精神失常了。他买了一支手枪，打爆了自己的头。

这次自杀事件在阿姆斯特丹主要居民区中引起了众多议论。犹太教会觉得不能冒险再惹出另一桩丑闻。当“生命之树”中最有前途的学生已经被笛卡尔的新异端学说所污染的时候，犹太教会的反应是将事情掩盖起来。人们找巴鲁克谈话，说只要他发誓不捣乱，继续去犹太教堂，不再发表或散布任何有悖于律法的言论，就可以每年发给他一笔固定的奖金。

斯宾诺莎最厌恶妥协，他干脆利落地回绝了。结果，根据著名而古老的《惩处准则》(这个准则不给人思考的余地，全是照搬耶利哥时代的做法，以寻找数量合适的诅咒字眼)，他被逐出教会。

面对各种咒骂，斯宾诺莎泰然自若地待在家里，从第二天的报纸上了解到了这件事。甚至当一个狂热遵循律法的人要杀他时，他都拒绝离开这座城市。

这对犹太拉比们的威信是个沉重的打击，他们尽管乞灵于《圣经》中的约书亚和以利沙,但都白费了。他们发现在短短不到六年的时间里，第二次有人敢公开挑战他们。他们情急之下诉至市议会，要求和市长见面，告诉他这个刚被逐出教会的巴鲁克·德·斯宾诺莎的确是个危险分子，是不可知论者，他拒绝信仰上帝，阿姆斯特丹这样体面的基督教社会容不下这种人。

当局的诸位大人按照自己的好习惯，凡事都不插手，而是踢给了教士们组成的二级委员会。这个委员会研究之后，发现斯宾诺莎并没有做违反城市法律的事，便如实向当局官员们汇报。不过他们又觉得教派的人最好能统一，便向市长建议，请这个看似特立独行的年轻人离开阿姆斯特丹几个月，等风头过了再回来。

从那以后，斯宾诺莎的生活就像他窗外的景色一样波澜不惊。他离开了阿姆斯特丹，在莱顿附近的莱茵斯堡村里租了一间房子，白天打磨光学仪器的镜头，晚上抽烟斗，兴之所至时读写一番。他一生未婚。谣传说他和他的前任拉丁文老师冯·德·恩德的女儿有一段私情，可斯宾诺莎离开阿姆斯特丹时，那个女孩才十岁，所以这个传言并不靠谱。

他有几个挚友，每年至少接济他两次，让他能把全部时间用于研究。他感谢他们的好意，但他更愿意独立，除了每年从一个有钱的笛卡尔主义者那儿领八十元的补贴外，他不再多要一分钱。他的一生是作为一个真正的哲学家，在令人尊敬的贫穷中度过的。

他曾经有机会去德国当教授，但他拒绝了。他听说著名的普鲁士国王给他写信，愿意当他的资助人和保护人，他也拒绝了，一直平静快活地过着流放的生活。

在莱茵斯堡住了几年后，他搬到荷兰海牙。斯宾诺莎的身体一直不好，他没有做完的镜头上的玻璃粉末让他身患肺病。

1677年，他孑然一身地死去。

让当地教士不满的是，当时宫廷中的显赫人物出动了六辆私人马车来为这个“无神论者”送葬。两百年后，当纪念他的雕像落成时，警察部门都需要调动预备队来保护参加这个隆重仪式的人，以免他们遭到狂热的加尔文主义信徒袭击。

这就是斯宾诺莎，他有什么影响？他只是个勤奋的哲学家，只会把没完没了的理论塞进无数的书里，使用能让欧马尔·海亚姆恼火的语言吗？

不对。

他取得的成就绝不是因为他的充满才智或者是他能头头是道地阐述自己的理论。他之所以伟大，靠的是他的勇气和力量。他这样的人只知道一种法则，这是一套在早已被忘却的遥远的黑暗年代就定下的法则，不可更改。这套精神专制的法则是专门为那些自命可以解释圣言的职业教士所创立的。

在他生活的世界中，知识自由的思想与政治上的无政府主义几乎是同义词。

他知道他的逻辑体系肯定不仅仅只是得罪犹太人，也同样会得罪非犹太人。

但他从来没有犹豫过。

他把所有的问题都视为普遍问题，将它们都看作一种无所不在的意志的体现，一种终极真理的体现。这个真理适用于创世之初，也适用于世界末日。

就这样，他为人类的宽容事业做出了巨大的贡献。

斯宾诺莎和之前的笛卡尔一样，摈弃了旧宗教设下的狭隘界限，以百万星辰为基石，大胆地建立起了自己的崭新思想体系。

这样一来，他恢复了从希腊和罗马时代起就被歪曲的人类本质，再次让人类成为宇宙真正的一员。

第二十二章 新天国

几乎没有理由担心斯宾诺莎的著作会有流行的时候。他的书像三角学教科书一样枯燥，很少有人能在读过任何一章开头两三句以后还能接着读下去。

要传播新思想需要另一种人。

法国一旦转为君主集权制，人们独立思考和研究调查的热情便告结束。

在德国，三十年战争之后是一片贫穷和恐怖，它扼杀个人的进取心的时间至少长达两百多年。

所以，在十七世纪下半叶，英国是欧洲大国中唯一在独立思考方面有进步的国家，国王与议会的长期争吵增加了不安定的因素，这促进了个人自由的事业。

首先我们要谈谈英国的君主。多年来，这些不幸的国王一直在阴险的天主教和汪洋大海般的清教徒之间徘徊。

他们的天主教臣民（其中包括许多暗地里倾向罗马的圣公会教徒）总是吵着要回到英国国王为教皇当仆从的幸福年代。

而他们的清教徒臣民却用另一只眼睛紧盯着日内瓦，梦想英国有一天也没有国王，英格兰变成瑞士山脉角落里的幸福的日内瓦。

但还不只是这样。

统治英格兰的国王同时也是苏格兰国王，苏格兰臣民在宗教方面完全清楚自己要什么。这些苏格兰人坚信自己是正确的，坚决反对宗教信仰自由的理念。他们觉得在新教徒的土地上有其他教派存在，还能自由地信仰是一件邪恶的事。他们不仅坚持认为天主教徒和再洗礼派应该被赶出英伦三岛，而且索齐尼主义者、阿米尼乌斯主义者、笛卡尔主义者，所有不认同存在一个活着的上帝的人，都应该被绞死。

但是这种三角冲突产生了出人意料的后果。它让那些想在对立的教派之间保持中立的人不得不宽容很多，而他们原本不会这么宽容。

历史告诉我们，如果斯图亚特和克伦威尔在他们一生中的不同时期都坚持说各教派都有同等权利，绝不是因为他们偏爱长老会教徒和高教会派，或者是他们受到那些教徒的爱戴。他们只是在艰难处境中尽力而为罢了。马萨诸塞湾殖民地最后由一个教派掌了权，结果发生了可怕的事，这告诉我们，如果英国众多相互争斗的教派中有任何一个建立了全国性的绝对专制，那英格兰会出现什么样的局面。

克伦威尔的地位当然让他能为所欲为，但是这个护国公很明智。他知道他的统治是靠铁的军队维系的，因此，他小心谨慎，避免极端行为，以免反对派联手对付他。不过他的宽容思想也就到此为止了。

至于可怕的“无神论者”，也就是前面提到的索齐尼主义者、阿米尼乌斯主义者、笛卡尔主义者以及其他宣扬个体神圣权利的人，他们的性命依然堪忧。

当然，英国的“思想自由主义者”有一个很大的优势。他们靠近大海，只要忍受三十六个小时的晕船，就能到达安全的港湾——荷兰城市。荷兰城市的印刷机构出版了南欧和西欧封禁的大量书籍，所以，穿越北海就意味去出版商那儿走一趟，雄心勃勃的旅客可以乘机拿到自己的版税，还能看一看知识界思想反抗主题的文学中最近又出了什么新东西。

有些人用这个好机会进行宁静的研究与平和的思索，这些人中最有名的是约翰·洛克。

他和斯宾诺莎同年出生。他像斯宾诺莎（其实和大部分独立的思想家一样），出生于对宗教虔诚的家庭。巴鲁克的父母是正统的犹太人，约翰的双亲是正统的基督徒。这些家庭都用各自教派的严格教义教育孩子，当然他们的本意是好的。但这样的教育要么摧残孩子的心灵，要么就将他们变成了叛逆。约翰同巴鲁克一样，都不是容易屈服的人，他咬紧牙关离开了家门，出去自谋生路。

二十岁时，洛克来到牛津，他在那里第一次听说了笛卡尔。可是在圣凯瑟琳大街布满灰尘的书店里，他发现了其他几本更对口味的书，比如托马斯·霍布斯的著作。

霍布斯是个有意思的人，他曾在抹大拉学院当过学生，总也不安分，去过意大利跟伽利略谈过话，与大名鼎鼎的笛卡尔本人通过信，他为了躲避清教徒的怒火，大半生都住在欧洲大陆。他偶尔写了一本大部头，把他想到的，对所有题目的见解都写了进去，书用了一个引人注目的名字：《利维坦：教会国家或公民国家的性质、形式和权力》。

这本高深的巨著出版时，洛克正在上大二。这本书一针见血地指出了王公的本质、权力，尤其是他们的责任，就连最彻底的克伦威尔派也不得不赞同他的观点。许多克伦威尔派都倾向于宽赦这个具有怀疑精神的人。虽然霍布斯是个保皇派，但是却在这本重量不到五磅的书里揭露了保皇派的虚伪。当然，并不容易将霍布斯归类。当时的人称他是“宗教自由主义者”，这个说法的意思是：他更感兴趣的是基督教的伦理学而不是基督教的教义，他主张在不太重要的问题上，应该给人一定程度的“自由”，允许他们在非原则性的问题上保留自己的态度。

洛克与霍布斯想法一样。他一生在教会中，却又从心底赞同对生活和信仰应该有一种宽容的态度。他和朋友们认为，国家摆脱一个戴金王冠的暴君，如果只是为了让另一个戴黑色低垂帽的暴君上位来滥用权力，那又有什么意义？为什么要在今天摒弃一帮教士，而第二天又接受另一帮同样专横跋扈的教士的统治？从逻辑上讲这当然是没问题，不过有那么一伙人，对他们来说，如果“自由主义者”成功，把僵化的社会体系变成一个在伦理上辩论不休的社会，他们就会失业。显然洛克的这种观点在他们当中是行不通的。

洛克本人似乎是个魅力十足的人，他有几个颇有势力的朋友能保护他不受地方长官的骚扰，但是没过多久，洛克也无法撇清“无神论者”的嫌疑了。

这发生在 1683 年的秋天，洛克来到阿姆斯特丹。斯宾诺莎已去世六年，不过荷兰首都的学术气氛还是很自由的，洛克有机会研究、写作，而不受官方的干涉。他是个很勤奋的人，在外的这四年，他写下了著名的《关于宽容的一封信》，这让他成为我们这本宽容小史里的主角。在信中（为了驳斥反对派，信被拆成了三封），他从根本上否定了国家有权干涉宗教的观点。洛克认为（这一点源于另一个法国流亡者，此人叫比埃尔·培尔，他当时住在鹿特丹，正独自编撰一本包罗万象到惊人程度的百科全书），国家只是一个由一些人创建并维持的保护性的组织，为的是保护这些人之间的利益和安全。洛克和他的信徒不明白，这么一个组织凭什么发号施令要人信仰这个而不允许信仰那个？国家并没有规定人应该吃什么喝什么，那么为什么要强迫他们去这个教会，而不能去另一个教会？

新教主义取得的不彻底的胜利让十七世纪成为奇特的宗教妥协时代。

威斯特伐利亚合约应该终止了所有的宗教战争。合约规定了这样一条原则："所有臣民都必须服从统治者的宗教。"这样一来，一个小公国的臣民都是路德教徒（因为公国的大公爵是路德教徒），而在另一个公国里，臣民又都是天主教徒（因为这个公国的男爵恰好信奉天主教）。

洛克据此推理道："如果国家有权对臣民灵魂的今后幸福做出规定，那么一半人都注定要下地狱，因为不可能两种宗教都是正确的（按照它们各自的《教理问答》第一条的说法），出生在边界一边的人注定要进天堂，出生在另一边的人则注定要下地狱。这样的话，出生时的地理位置便决定了一个人的灵魂是否会得救。"

洛克没有把天主教徒列入他的宽容体系中，这的确是件令人遗憾的事，不过也可以理解。在十七世纪普通英国百姓的眼里，天主教并不是一种宗教形式，而是一个政党。这个政党一直在企图危害英国的安全，它打造了"无敌舰队"，还准备了大量的炸药，要摧毁英国这个友善之邦的议会。

所以洛克宁愿主张把权力交给殖民地的异教徒，也不愿意给天主教徒，而且他还认为，应该继续在英国驱逐天主教徒。但这样做只是因为天主教徒危险的政治活动，而不是因为信仰不同。

要听到这样的说法，还得回到一千六百年之前。当时一个罗马皇帝定下了一条著名的原则：宗教是人与所信仰的神之间的事，神如果觉得自己的尊严受到损害，完全知道该如何照顾自己。

英国人在不到六十年里换了四届政府，所以他们较容易接受这种基于常识的宽容思想所包含的基本真理。

1688 年，奥兰治的威廉渡过北海，洛克紧跟着乘船而去，同船的还有英格兰的新女王。他从此过着安定无事的生活，当他七十二岁去世时，已经成了人们尊敬的作家，而不再是令人恐惧的异端分子了。

内战是件可怕的事，但有一大好处，那就是可以清洁社会气氛。

十七世纪英国的纷争耗尽了该国多余的精力。其他国家还在为“三位一体”“出生前下地狱”的论点厮杀时,大不列颠的宗教迫害已经结束。偶尔会出现一个过于放肆的批评家抨击教会，像丹尼尔·笛福，可能会略微触犯法律。不过这位《鲁滨逊漂流记》的作者被戴上颈手枷，不是因为他是业余神学家，而是因为他作为幽默家犯了法。因为盎格鲁—萨克逊民族天生就对“讽刺”存有疑心。假如笛福写的是一本文风严肃、维护“宽容”的书，他最多只会受点斥责。他把对教会暴政的攻击化为一本半幽默的小册子，题目是“对付持不同意见者的最简单的办法”，当局据此认为他是个恶俗的人，不懂礼法，只配被放到纽盖特监狱和小偷关在一起。

笛福是幸运的，因为他从没有离开过不列颠群岛。从英国这个母国赶出来的不宽容，在大洋彼岸的殖民地备受欢迎，找到了栖身之地。之所以如此，与其说这归因于刚刚迁居新大陆的人的性格，不如说是因为新世界比旧世界具有更强的经济优势。

英格兰是人口稠密的小岛，大部分人刚好只有立足之地，人们如果不愿意再履行古老可敬的“互谅互让”的原则，那么一切都将停摆。但是在不知有多大的美国，加上多得难以置信的财富，只住着寥寥几个农夫和工人，就没有必要妥协了。

因此，在马萨诸塞海岸的一个小团体里，很快出现了一个自诩正确的教派，自从加尔文在瑞士西部充当警察总长和最高审判长的幸福岁月之后，上述情况还是第一次出现。

在查尔斯河冰天雪地里第一个永久性定居点入住的人，是一群人称“朝圣前辈移民”的人。一般“朝圣者”指的是“为表达宗教虔诚而去圣地旅行的人”。按照这个意思讲，“五月花号”的旅客并不是朝圣者，他们是英国的瓦匠、裁缝、制靴匠、铁匠和修车匠，他们为了躲避可恨的“罗马天主教徒”而离开英国，那些天主教徒当时把持着他们周围大部分教会组织。

他们首先渡过北海来到荷兰。当时荷兰正赶上经济大萧条。我们的教科书总是说，他们决心继续旅行是因为不愿意让孩子们学荷兰语，否则就会被这个国家同化。这些纯朴的人居然不图报答收留之恩，这听起来似乎不可能。其实他们大部分时间都被迫住在贫民窟里，他们发现在荷兰这个人口已经很稠密的国家谋生的确很难。据说在美洲种烟草的收入远胜于在莱顿梳羊毛,因此他们起程前往弗吉尼亚。但因为遇上逆风，加上糟糕的驾船技术，他们停在了马萨诸塞岸边，之后就决定就地住下，不再乘着漏水的船继续冒险。

他们虽然避开了淹死和晕船的厄运，但处境却依然危险。他们大多来自英格兰内地的小城镇，没有拓荒的能力。寒冷将他们共产化的想法打得粉碎，不息的狂风吹冷了他们对公共事业的热情，妻子和孩子由于没有像样的食物而死去。最后，只有很少的人熬过了三个冬天，这些人都是习惯了家乡粗糙而质朴的宽容环境的好人。可随后数以千计的新殖民者将他们完全淹没。那些后来的人无一例外全是更严苛、更不宽容的清教徒，他们让马萨诸塞成为查尔斯河畔的日内瓦，持续数世纪之久。

清教徒在弹丸之地上惨淡地谋生，又总是遇到灾难，他们比从前任何时候都更想从《旧约》中为他们的思想和行为找到依据。他们与体面的社会生活以及图书相隔离，悟出了自己的一套奇怪的宗教心理。他们把自己看作是摩西和基甸的后裔，对他们西边的印第安人来说，他们成了真正的马加比人。如今他们只靠一个信念来慰藉自己艰苦乏味的生活，那就是相信他们是为了唯一真正的信仰而受难，还由此得出结论说，其他人必定都是错误的。如果要是有人含蓄地说清教徒的行为并不完全正确，便会由于观点与清教徒不一致而被排挤，不是遭到无情的鞭打后被赶到荒野里，就是被割去耳朵和舌头。这些被排挤的人要是走运的话，也许还能逃到邻近的瑞典或荷兰殖民地。

这块殖民地对宗教自由和宽容事业毫无贡献，就算它起了一点作用，那也不是出于本意，而是歪打正着，这在人类进步史中很常见。他们残暴的宗教专制引起了反抗，这对形成更为自由的政策是有利的。在经过将近两百年的教士专制以后，新一代人崛起了，他们反对所有形式的教士统治，认为政教分离是很有必要的，厌恶父辈将宗教和政治混为一谈。

还好这个发展过程很缓慢，直到大英帝国和它的美洲殖民地即将爆发战争之前危机才出现。因此，起草美国宪法的人要么是自由思想者，要么私下里是旧式加尔文主义的敌人。他们在宪法里写入了某些颇为现代的原则，事实证明，这些原则在维持美国的和平稳定上发挥了很大的作用。

可在这以前，新世界在宽容领域曾经经历过一次出人意料的发展，而且奇怪的是，事情发生在天主教区里，就是现在美国马里兰州的一个地方。

做这次有趣实验的人是马里兰殖民地的建立者卡尔弗特父子，他们来自弗莱芒，不过父亲后来迁居到了英国，为斯图亚特王朝立下了汗马功劳。他们起先是新教徒，但是做过英王詹姆斯一世私人秘书和总管的乔治·卡尔弗特对当时人们在神学问题上的争论很反感，便又回归到以前的天主教。不管人们说天主教好不好，还是说对它没有感觉，天主教毕竟黑白分明，而不是把每一个教义问题都交给一群半文盲的教士组成的委员会。

这个乔治·卡尔弗特似乎本事很大，他退回天主教（这在当时是很严重的罪名）并没有让他在国王那里失宠。相反，他被封为巴尔的摩的巴尔的摩男爵，在计划为受迫害的天主教徒建立一小块定居点时，各方还许诺要帮他。他先去纽芬兰试试运气，但是他派去的手下因为没有房子住而差点冻死。于是他申请在弗吉尼亚要几千平方英里的土地。谁知弗吉尼亚人都是顽固的圣公会教徒，不想与这些危险分子做邻居。巴尔的摩男爵接着要求得到弗吉尼亚、荷兰以及瑞典殖民地之间的一片荒地，但没等到特许就去世了。他的儿子塞西尔继续做这件事，1633年至1634年冬天，名为“方舟号”和“鸽子号”的两条小船在乔治的兄弟列奥纳多·卡尔弗特的率领下，穿过大西洋，于1634年3月满载着旅客平安抵达切萨皮克湾。这个新地区被称为马里兰，以法兰西国王亨利四世的女儿玛丽命名。亨利四世曾经计划建立一个欧洲联盟，但在实施之前，他被一个疯狂的僧侣用匕首刺杀。玛丽成了英国国王查理一世的妻子，而没过多久，查理又在清教徒手里丢了脑袋。

这个特殊的殖民地与印第安人和平相处，对天主教徒和新教徒也平等相待，度过了好几个困难的年头。先移民这里的有很多新教圣公会教徒，他们是为了逃避马萨诸塞清教徒的不宽容。后来清教徒也踏足这里，为的是逃避弗吉尼亚圣公会教徒的不宽容。这两群逃难的人依然保留着以往的傲慢，都想把自己的“正确信仰”引入这个刚刚给他们提供避难的马里兰。在马里兰，“所有可能引起宗教狂热的争论”都是被禁止的，老殖民者有权让圣公会教徒和清教徒和平相处。但是，英国的保皇党和圆颅党之间爆发战争，马里兰人不禁害怕不管哪一方获胜，他们都会失去过去的自由。因此，1649年4月，就在查理一世被处决的消息传到马里兰不久，在塞维尔·卡尔弗特的直接建议下，马里兰通过了著名的《宽容法案》，其中有这样一段精彩的文字：

“由于宗教对思想的高压统治经常在所在地区产生有害的结果，鉴于此，为了本省的管理更安宁，为了更好地保护居民之间的友爱和团结，特此决定，本地区任何人不得以宗教或宗教信仰为理由，干扰、骚扰或迫害本地区所有信仰耶稣基督的人。”

在一个耶稣会教士执掌大权的地方，能够通过这样的法案，这显示了巴尔的摩家族杰出的政治才能和超人的勇气。这种宽宏大度的精神深受来访者的赞颂。后来，一伙流亡的清教徒推翻了马里兰的政权，废除了《宽容法案》，用自己的《关于宗教问题法案》取而代之，该法案给予所有自称是基督徒的人以完全的宗教自由，但天主教徒和圣公会教徒除外。

还好这个逆潮流而动的时期并不长。1660 年，斯图亚特王朝重新当权，巴尔的摩派再次执掌马里兰的统治权。

对他们政策的又一次攻击来自另一方面。圣公会教徒在本国获得了完全胜利，他们宣称，从此以后自己的教会是所有殖民地的官方教会。卡尔弗特家族继续抗争，但他们发现要吸引新移民者已成妄想。所以，在经过整整一代人的斗争之后，这次试验宣告终止。

新教徒胜利了。

不宽容也占了上风。

第二十三章 太阳王

十八世纪常被指为专制的时代。在今天这样一个信仰民主的年代，不管是多么开明的专制，都不会被看成理想的政府。

相信人类的历史学家总是喜欢指责路易十四，然后让我们自己去得出结论。这个聪明的国王登基时，他继承的国家里天主教和基督徒两派势均力敌。这两派经过一百多年的厮杀（天主教占了大便宜），最终达成了和平协议，双方许诺，彼此接受对方，虽然互不欢迎对方，但既然是无法避开的邻居和同胞，就要承认其存在。1598 年发布的“不可撤销且永久有效的”《南特敕令》包含了双方和解的各项协议。该法令规定，天主教是法国国教，但新教徒享有充分的信仰自由，不得因其信仰而遭受任何迫害。他们还被获准建造自己的教堂并担任公职。为了表示诚意，新教徒还被获准掌管法国境内两百个要塞城市和村庄。

当然，这是不可能实现的。胡格诺派教徒不是天使，把法国两百多座繁荣的城市和村庄交给敌视政府的政党，就如同我们把芝加哥、旧金山和费城交给民主党人以换取他们接受共和党人的统治一样荒唐，反之亦然。

黎塞留是该国最聪明的统治者之一，他看到了这一点。经过长期的斗争，他剥夺了基督教徒的政治权利。尽管他本人是大主教，但他谨慎地不干涉新教徒的宗教自由。胡格诺派教徒再也不能跟法国的敌人进行单独的外交谈判了。但除此之外，他们享受的特权还和从前一样，可以自由地唱赞美诗，听布道。

下一个执行类似政策的法国统治者是马萨林，他是真正意义上“统治了”法国的，但是他于 1661 年就去世了。年轻的路易十四开始亲政，和平共处的时代终结了。

这个国王很聪明但又颇有争议，十分不幸的是，他一辈子似乎只有一次被迫与正派人结交，但又落入一个宗教狂热的女人手里。这个女人叫弗朗索瓦斯·杜比尼，是一个叫斯卡宏的御用文人的遗孀。她最开始在宫中担任路易十四和蒙特庞侯爵夫人七个私生子的家庭教师。等这位侯爵夫人魅力不再，国玉偶尔厌烦时，那位女教师便将侯爵夫人取而代之。她与以前所有国王的情妇唯一不同的地方是，在搬入国王寝宫之前，巴黎大主教为他们举行了隆重的婚礼仪式。

在此后的二十年里，王位后面的权力就落在了这个女人手中，而她又完全听凭她的告解神父的摆布。法国的天主教教士从来没有原谅过黎塞留或马萨林对新教徒的妥协态度。现在他们终于有机会毁掉这些精明政治家的成果了，于是他们便动手大干起来，因为他们不仅是王后的官方顾问，而且掌管着国王的财富。

这又是一个奇怪的故事。

在此之前的八百年里，修道院聚敛了法国的大部分财富，他们不顾国库财政的吃紧，从不纳税，因而握有海量过剩的财产。国王陛下（他的荣耀比他的信誉大得多）抓住这个机会充实自己的金库。为此，他给了支持他的教士某些好处作为报答，而他则被允许随意向教会借钱，无论多少。

就这样，“不可撤销”的《南特敕令》的条款被逐条撤销。起初还没有完全禁止新教信仰，但忠实于胡格诺派事业的人总是被弄得无法安宁。龙骑兵进驻了据说新教根基最深的省份。士兵住在民宅中，并收到要从心理上压制百姓的命令。他们狂吃豪饮，偷走百姓的勺子和叉子，打破家具，侮辱本分人家的妻女，就像在被征服的敌人领土上一样无恶不作。可怜的房主们在绝望之下冲到法庭要求保护，结果却被嘲弄一番，还说他们这是咎由自取，并告诉他们说自己应该知道怎样摆脱这些不受欢迎的客人，同时又重新博得政府的欢心。

只有极少的人听从了劝告，到附近村庄的牧师那里接受天主教洗礼，而绝大部分淳朴的人还是坚守自小就信仰的思想。最后，他们的教堂被逐渐关闭，教士被送去做劳役，他们这才明白失败是注定的。他们不想投降，宁愿被流放，可刚到边境，才得知谁也不许离开，一旦抓住就要被绞死，协助逃犯的人也得终身服苦役。

显然，这个世界永远无法学会一些东西。

其实从法老的时代到列宁的时代，所有政府都尝试过“关闭边境”，但从来没有成功过。

决意要逃走的人只要不惜冒任何危险，总能找到出路的。成千上万的法国新教徒选择“秘密路线”，很快就到了伦敦、阿姆斯特丹、柏林和巴塞尔。当然，这样的外逃者身上钱很少，但他们都是忠诚勤恳的商人和工匠，在各地都有很好的信誉，精力又充沛，没过几年便再度兴旺发达起来。这种繁荣本来应该属于法国，但现在却离法国而去。法国在经济上的损失无可估量。

如果说《南特敕令》的撤销是法国大革命的前奏，这种说法并不算夸张。

法国一直是个非常富庶的国家,但“商业”和“宗教”从来无法共存。

自从法国的政权落入女人和教士手中的那一天起，法国的命运就注定了。写下驱逐胡格诺教派法令的那支笔，后来也签署了路易十六死刑的宣判令。

第二十四章 腓特烈大帝

霍亨佐伦王室从未因喜欢民主制政府而闻名。这个家族的人主要源自头脑清醒的记账人和监工。在巴伐利亚的维特斯巴赫家族的疯狂气质侵蚀他们之前，霍亨佐伦王室还为宽容事业做了一些非常有益的贡献。

从某种角度上说，这是实际需要的结果。霍亨佐伦王室继承了欧洲最穷的地区，那是漫无边际的沙地和森林，人口稀少，一片荒凉。三十年战争让那里的居民家破人亡。他们需要人力和资金才能重整家业，于是四处吸引人口，而不论其种族和信仰，也不管对方之前是否身份卑贱。

腓特烈大帝的父亲是个粗人，言谈举止像个采煤工，个人趣味像酒吧伙计。不过，当他会见外国逃亡者的代表时，倒是表现得彬彬有礼。在处理涉及王国的各项重要统计数字的时候，他会强调“多多益善”，他有意识地招揽各国家失去继承权的人，就像他收集六英尺三英寸高的掷弹兵担任自己的卫兵一样。

他的儿子跟他不一样，很有教养。父亲不允许他学习拉丁文和法文，可他偏偏精通了这两种语言。他喜欢蒙田的随笔，讨厌路德的诗，喜欢爱比克泰德的智慧，讨厌那些先知的小聪明。父亲按照《旧约》中的教义对孩子严加管教（为了让孩子学会服从，父亲命令把孩子最要好的朋友押到儿子窗前斩首），但这没有使儿子偏爱那些犹太式的犹太思想，那时的路德派和加尔文派牧师都对犹太思想大加赞扬。腓特烈逐渐将所有的宗教都看作是史前的恐惧和无知的残余。宗教是一种奴性情感，是被一小撮精明而又无耻的家伙操纵的。这些家伙知道怎样充分利用自己的优越地位，靠着牺牲别人来让自己享乐。腓特烈不仅对基督教义感兴趣，对基督本人的兴趣更大，但是他从洛克和索齐尼的角度来看待这些问题。因此，至少在宗教问题上，他是个非常宽容大量的人，而且他甚至可以夸口说，在他的国家，“每个人都能按照自己的方法寻求救赎”。

腓特烈把这句充满智慧的话当作自己将来进行各种宽容实验的基础。譬如他说，只要信仰宗教的人是正直的，过着正派和遵纪守法的生活，那么所有的宗教就都是好的，因此，所有宗教都必须享有同等权利，政府不应该干涉宗教事务，而是应该充当警察的角色，让不同教派之间保持和平相处。他自己笃信这一点，所以只要求臣民顺从和忠诚，把对他们的思想和行为的最后评判权留给上帝，“只有主才理解人的心灵”，腓特烈从不敢妄议上帝的旨意，以免让人们以为上帝需要人的帮助，而人自以为靠暴力和残忍就可以推动神的事业。

腓特烈的思想意识比他所处的时代超前了好几个世纪。国王在首都的中心给天主教的臣民拨出一块土地，让他们在这个中心位置修建自己的教堂，当时的人都不禁摇头。耶稣会的人从大多数信奉天主教的国家中被赶了出来，而腓特烈挺身保护他们，于是人们开始喃喃地说一些恶毒的警告。腓特烈又宣布说伦理和宗教不相干，只要交纳税款和服兵役，人民可以随意信奉宗教，这时候人们再也不认为他是基督徒了。

由于当时批评他的人恰好住在普鲁士境内，所以都不敢轻举妄动，因为国王陛下精通警句，他在圣旨边稍加评论，就可以让那些惹他心烦的人吃不了兜着走。

不过事实上，他是一个在位三十年，开明而专制的君主，他让欧洲第一次感受到几乎完全的宗教自由。

在欧洲这个偏远的角落，新教徒、天主教、犹太人、土耳其人和不可知论者生平第一次享有了平等的权利和待遇。喜欢穿红衣服的人不能凌驾于穿绿衣服的人之上，反之亦然。

那些回到尼西亚寻找精神慰藉的人，被迫与那些宁愿跟魔鬼一起吃晚餐，也不愿意和罗马主教共进晚餐的人和平相处。

腓特烈真的很满意他的努力成果吗？我对这一点很怀疑。他在去世之前，让人把他忠实的狗叫来。在这个最重要的时刻，狗似乎比“所谓的人类”更像是个好伙伴（腓特烈的文笔很好）。

他去世了，这又是一个生错时代的马可·奥勒利乌斯，像他那位伟大的先辈一样，他给继承者留下了过于丰厚的遗产，而后人们完全不配继承。

第二十五章 伏尔泰

今天，我们常听人们说起新闻宣传人员有多无法无天，很多好心人都斥责“宣传”是现代的一项邪恶发明，是一种新奇而又不正当的，吸引人们关注某人或某事的手段。不过这种谴责实在是老生常谈。现代人一般认为“宣传”是最近才发明的。但是如果不带偏见地看待历史事件，就会发现这与事实恰恰相反。

《旧约》中大大小小的先知们都曾是吸引人们注意力的大师。用新闻行业的话来说，希腊史和罗马史就是一部漫长的“宣传攻势史”。有些宣传很正当，但大部分都是现在连百老汇都不喜欢的露骨、粗俗、卑劣的宣传。

路德和加尔文这样的改革者们完全知道精心布置的宣传活动的巨大价值。这无可厚非。他们可不会像雏菊那样，只要能卑微地生长在路边就行。他们都是非常认真的，想让自己的思想延续下去。如果不吸引一大群人跟随，又怎么能取得成功？

坎普斯的托马斯在一处修道院安静的角落生活了整整八十年，这种长期的自愿放逐，如果及时宣传得力（确实得力），就会产生深远的道德影响，人们会很好奇地去阅读那本由他一生的祈祷和静思凝结而成的书。但是阿西斯的方济各或罗耀拉希望能在有生之年看到自己这些工作的成效，那他们一定要不惜一切代价地使用某些手段。现在往往是马戏团或电影新星在用这些手段做宣传。

基督教特别看重性格谦虚这种特质，赞美那些精神谦卑的人。但是赞扬这些美德的布道之所以现在能成为人们谈论的话题，正是因为当初得力的宣传。

难怪那些被谴责为教会大敌的人在抗争西方世界的精神专制时，会从《圣经》上找出依据，并采用某种显而易见的方法进行宣传。

我之所以这样略微解释，是因为善于做大量宣传的最伟大的学者伏尔泰，经常因为不择手段地利用公众意识而遭受谴责。也许他的手法并不总是很高明，但是那些被他救下的人对这些事或许有另一番说法。

而且，就像检验布丁好不好吃必须要品尝后才知道，像伏尔泰这样的人的成败也应该根据他对同胞们做的贡献来评定，而不是他喜欢的袍子、玩笑或糊墙纸。

这个奇怪的人有一天忽然大发豪情，说："没有王权又有什么关系？我有笔。"他说得没错。他有笔，他有许多笔。他是鹅的天敌，因为他用坏的鹅毛笔比二十多个普通作家用坏的还要多。他属于文学巨匠，孤军奋战，在最可怕的逆境中写的文章也比作家协会的所有作家写的还要多。他在肮脏的乡村酒馆伏案疾书。他在冰冷孤独的乡下客房里创作了无数的六韵步诗。他在格林威治寄宿的屋子的破地板上丢满了稿纸。

他把墨水飞溅到普鲁士皇家客房的地毯上。他用过大量印有巴士底狱监狱长名字的私人信笺。当他还小的时候，尼农·德·兰克罗曾给他一大笔零用钱，让他“买几本书”。八十年后，还是在巴黎，我们听见他说要买一本大页纸和许多散装咖啡，以便在不可避免的离世来到之前，再写完一部书。

不过他之所以成为本书的一章，并不是因为他写的悲剧、故事、诗歌、哲学论文以及物理论文，他的十四行诗并不比同时期的几十位诗人写得好。作为历史学家，他的资料并不可靠，也很枯燥，他在科学领域的探险也并不比我们在星期日报纸上读到的东西好多少。

但他勇敢坚韧，是一切愚蠢、狭隘、固执和残忍的敌人，他的影响一直持续到 1914 年的第一次世界大战。

伏尔泰生活的年代是个极端的年代，一方面，宗教、社会和经济制度极端自私和腐败过时；另一方面，大批过分热忱的青年男女想要创造新的太平盛世，但这个理想的盛世没有基础，只是他们一厢情愿而已。伏尔泰是个不引人注意的公证员的儿子。他体弱多病，喜欢开玩笑的命运女神把他扔进了鲨鱼和蝌蚪的洪流中，他要么溺死，要么游出来。伏尔泰长期同逆境斗争的方法是值得商榷的。他乞求，谄媚，充当小丑。但这是在他没有版税和成为文学经纪人之前。敢说自己没有写过粗制滥造的作品的人，才有资格批评伏尔泰！

再多批评他一些，伏尔泰也不一定在乎。在他长期与愚蠢斗争的一生中，他经历了无数次挫败，因此不在乎被丢香蕉皮这样的小事。但他是一个不屈不挠、极其乐观的人。如果他今天只能在陛下的监狱里消磨时光，说不定明天就会在放逐他的同一个宫廷里得到一个显赫的职位。

他一生都得被迫听愤怒的乡村牧师咒骂他是基督教的敌人，但有谁知道在塞满了旧日情书的某个壁橱里，说不定放着教皇赠送给他的漂亮勋章，以证明他既遭到神圣教会的反对，也同时得到了教会的赞许。

这并不奇怪。

他尽情地享受生活，年复一年、日复一日地想将他的时光用最丰富多彩的经历填满。

伏尔泰出身中产阶级的上层。

他的父亲，由于缺少一个合适的叫法，我们可以将他的父亲比作开私人信托公司的人。他的父亲为许多豪门贵族做事，负责管理他们的法律和财务事宜，因此年轻的阿鲁埃（伏尔泰的姓）习惯接触比自己家境更好的阶层，这在他后来的生活中让他有了超过大多数文学对手的优势。他的母亲是一个叫德·欧玛尔小姐的人。她曾经是个穷姑娘，没给丈夫带来一分钱的嫁妆。但是她的姓前面有一个“德”字，所有法国中产阶级（所有欧洲人，特别是一些美国人）都对这个“德”肃然起敬，她丈夫觉得能娶到这样的妻子，自己是相当幸运的。她的儿子也沉浸在祖辈的贵族身份给他带来的荣耀里。伏尔泰一开始写作就把带有平民色彩的弗朗索瓦·马利·阿鲁埃改为更具有贵族特色的弗朗索瓦·马利·德·伏尔泰，但是他怎么想到这个姓，又是在什么地方更改的，还是一个不解之谜。他有一个哥哥和一个姐姐。伏尔泰非常喜欢姐姐，因为母亲去世后一直是姐姐照料他。他哥哥是詹森教派的虔诚牧师，狂热而正派，但伏尔泰十分讨厌他，这是他尽量不在父亲名下生活的原因之一。

父亲阿鲁埃不是傻瓜，他很快就发现小儿子“佐佐”（伏尔泰）是个难以管束的人。为此他把儿子送到耶稣会，希望他成为一个精通拉丁文六步韵诗，并用斯巴达式的纪律管理自己的人。虔诚的神父们在他身上尽了最大的努力，他们让这个长着长腿的学生在已经消亡和正在使用的语言上都得到了扎实的基础训练。但是他们发现不可能根除这孩子某种“古怪”的才能。从一开始，这个孩子就与众不同。

伏尔泰十七岁的时候，教士们如释重负地让他离开耶稣会。为了让父亲开心，年轻的伏尔泰开始学习法律。但一个人不可能整天闭目塞听地读法律。晚上是漫长的空闲时光。为了消磨这些时光，伏尔泰不是为地方报纸撰写一些幽默风趣的小段子，就是在附近的咖啡店将自己最新的文学作品读给他亲密的朋友们听。两个世纪以前，一般认为过这种生活是要下地狱的。父亲阿鲁埃充分意识到儿子所冒的风险。他有许多有权势的朋友，于是他找其中一位帮忙，在海牙的法国公使馆为伏尔泰谋得一个秘书的职位。当时荷兰的首都和现在一样，枯燥无聊得出奇。由于无聊，伏尔泰开始和一个容貌平平的女孩谈起了恋爱。女孩的母亲是一个社交界的记者，一个令人生畏的女人。她希望自己的女儿能嫁给一个更有前途的人，就赶忙找到法国公使，请求他趁着全城都还不知道这件“丑闻”时赶走这个危险的“罗密欧”。公使自己的麻烦事已经够多了，不想再找麻烦。他匆忙地把自己的秘书撵上去巴黎的下一辆马车，伏尔泰就这样丢了工作，又回到了父亲那里。

在这种紧急时刻，伏尔泰的父亲阿鲁埃想了一个权宜之计，当时宫中有朋友的法国人经常用这样的方法。他要求并得到一封“封印密信”吓唬儿子。他把信放到儿子面前，问他要么在监狱里无聊地过日子，要么去法律学校勤奋用功。伏尔泰说他选择后者，并保证做勤奋用功的模范。伏尔泰信守诺言，他在创作小册子的快乐时光上很用功，整个镇子都在议论他。这当然不符合父亲的要求，于是他决定凭借父亲的权威，把儿子从塞纳河的花花世界赶走，让他到乡下的一位朋友家里住上一年。

在乡下，他天天有二十四小时的闲暇时间（包括星期日），伏尔泰开始非常认真地钻研文学并且创作了他的第一个剧本。在呼吸了十二个月的清新空气，过了让他受益匪浅的单调生活后，他被准许回到花天酒地的首都。他马上写了一系列讽刺摄政王的文章，以弥补自己浪费的时间。摄政王是个讨厌的老家伙，骂他什么都不过分，但是他一点也不喜欢伏尔泰这样让他公开丢脸。于是后来创作的文章让伏尔泰再度被流放，最后还不得不在巴士底狱被关上一段时间。但当时的监狱，也就是说为伏尔泰这种在社会上很有名望的年轻绅士准备的监狱，并不是什么坏地方。监狱只是禁止囚犯擅自离开房间，但可以随心所欲地做自己的事。这正是伏尔泰所需要的。位于巴黎中心的孤单牢房正好给了他认真工作的机会。他被释放的时候已经完成了好几个剧本，上演后都非常成功，其中一个剧本打破了十八世纪的所有纪录，连演了四十五个晚上。

这不仅让他赚了一笔钱（他非常需要钱），也让他获得了“会说俏皮话”的名声。这对于一个还得为事业奋斗的年轻人来说是不幸的，因为从此以后，人们把在林荫大道上或是咖啡馆里长时间博得欢迎的俏皮话都归功于他。顺便提一句，这也是他到英国参加自由政治家研究生课程进修的原因。

1725 年，伏尔泰对古老但无作为的德·罗兰家族开了（或没开）几句玩笑，德·罗兰骑士觉得自己的荣誉受到了损害，决心要报复。当然不可能让布列塔尼古老统治者的后裔和一个公证员的儿子决斗，这位骑士就把复仇的事交给了他的随从。

一天晚上，伏尔泰正与父亲的一个主顾德·苏里公爵共进晚餐，有人告诉他说外面有人要找他。他到了门口，就被罗兰爵士的随从们狠揍了一顿。这件事第二天在城里不胫而走。就算打扮得最体面的时候，伏尔泰也活像漫画里极为丑陋的小猴子。而他现在鼻青眼肿，头上缠满绷带，成了大众评论杂志再好不过的话题。他只有采取一种非常断然的措施才能挽救自己的名声不被讽刺报纸毁掉。吃过生牛排后，德·伏尔泰先生就派见证人去了德·罗兰骑士那里，自己也开始紧张地练习剑术，准备与对方殊死决斗。

啊！等到决斗的那天早晨，伏尔泰再次被送进监狱。罗兰这个无赖把这场决斗报告给了警察，于是斗志高昂的作家被拘留了。释放后，有人给了他一张去英国的船票，打发伏尔泰朝西北启程，并且告诉他，除非国王陛下的宪兵让他回来，否则他就不能回法国。

伏尔泰在伦敦住了整整四年。不列颠王国并不是个真正的乐园，但和法国相比，也算是个小天堂。

国王的断头台给这块土地洒下了一道阴影。1649 年 1 月 30 日是所有身居高位的人永远不会忘记的日子。神圣的国王查理被斩首，他身上发生的这件事也会发生在任何胆敢凌驾于法律之上的人身上。至于英国国教，官方教会当然要享用权力和优厚的待遇，但是喜欢在别的教会做礼拜的人也不会被横加干涉。与法国相比，英国神职人员对国家事务的直接影响几乎微乎其微。公开承认是无神论者的人，或者某些不信奉国教的讨厌的人，偶尔也会进一下监狱，不过对于伏尔泰这个路易十五的臣民来说，英国的整体生活状况还是近乎完美的。

1729 年，伏尔泰回到法国，虽然得到了在巴黎生活的允许，但他很少利用这种特权。他像一只受惊的动物，愿意从朋友们手里接过糖，但又总是保持警惕，稍有危险的迹象就会准备逃跑。他努力地工作，非常高产。他根本不管时间和事实，从秘鲁的利马到俄国的莫斯科，都是他写作的题材。伏尔泰写了一系列内容广博而又流传广泛的历史剧、悲剧和喜剧。到四十岁时，他已经是当时独步文坛的大家了。

之后发生了一件事，让伏尔泰接触到了一种不同的文明。

在遥远的普鲁士，善良的腓特烈国王在粗陋的宫廷里被一帮乡巴佬簇拥着，厌倦地连打呵欠，他非常希望能有几个让他快活的人陪伴。他非常仰慕伏尔泰，多年来一直想把伏尔泰请到柏林。但是对于 1750 年的法国人来说，去柏林就等于去弗吉尼亚的荒野，腓特烈一再提高价码，伏尔泰这才接受了邀请。

他来到柏林，矛盾也就开始了。普鲁士国王和这个法国剧作家都是很自负的人，不可能在同一个屋顶下和睦相处。经过两年的争执，一场无关紧要的争吵把伏尔泰赶回了他乐意称为“文明国度”的法国。

不过伏尔泰学到了一个教训。也许他是对的，普鲁士国王写的法国诗歌的确很蹩脚。但是国王腓特烈对宗教自由的态度是无可指责的，这一点，当时欧洲的任何君主都无可企及。

差不多六十岁时，伏尔泰回到了故土，他没有心情去接受法国宫廷对他的严酷判决，而法国宫廷想通过这一判决来维护秩序，但又不引起他激烈的抗议。上帝在创世纪的第六天赋予了他最伟大的造物以神圣的智慧之光，而人类却不愿意利用，伏尔泰一生都为此感到愤怒。他痛恨各种形式的愚蠢行为。他把大部分怒火都发泄在那些“邪恶的敌人”

身上，像古罗马的政治家加图一样，伏尔泰总是威胁要摧毁这个敌人。这个所谓的“邪恶的敌人”不是别的，就是“群氓”。这些人只要有吃有喝，有地方休息就拒绝独立思考。

从孩提时代起，伏尔泰就觉得自己被一台巨大的机器驱赶着，这台机器似乎是靠惰性的力量驱动，把维基洛波提特里的残忍和印度神话中世界主宰神的无情以及坚忍结合在了一起。他晚年醉心于摧毁或至少推翻这台机器。法国政府在这件事上实际也出了力，提供了大量的法律丑闻，着实帮了伏尔泰的大忙。

第一个丑闻出现在 1761 年。

在法国南部的图卢兹住着一个叫让・卡拉的店主，是个新教徒。图卢兹一直是个对天主教虔诚的城市。那儿的新教徒都不能担任公职，也不能当医生、律师、书商或是助产士。任何天主教家庭都不许雇新教徒做佣人。每年 8 月的 23 日和 24 日，城里全体居民都要用隆重的赞美和感恩仪式以纪念屠杀新教徒的圣巴托罗缪惨案。

尽管这样的环境不妙，卡拉也还是一直与左邻右舍和睦相处。他的一个儿子改信了天主教，但是父亲对儿子仍然很好，而且卡拉还对人们说，就他而言，他完全可以让孩子们自由选择喜爱的宗教。

但卡拉家发生了一件不可外扬的丑事，那就是关于他的大儿子马克・安东尼。马克是个不幸的家伙。他想当律师，但这个职业不让新教徒参与。马克是虔诚的加尔文主义者，拒绝改变自己的宗教。他的思想斗争让他患上了忧郁症，最后似乎摧残了这位年轻人的思想。他开始为父母背诵哈姆雷特的著名独白，还长时间地独自散步，并常常和朋友谈论自杀的好处。

就这样过了一段时间，有一天晚上，当一家人正在招待一个朋友时，这个可怜的孩子悄然溜进了父亲的储藏室，借助一根打包绳悬梁自尽了。

他的父亲几小时后发现了他，他的外套和衬衣都整整齐齐地叠好放在柜台上。

一家人陷入了绝望。那时自杀的人要脸朝下，赤身裸体地被拖着穿过城市的街道，然后绑在门外的绞刑架上喂鸟。

卡拉一家是体面人，不甘心接受这样的奇耻大辱。他们围在尸体旁讨论应该做什么，要怎么做。这时一个邻居得知了此事，报告了警察。丑闻迅速传开，这条街上马上挤满了愤怒的人群，他们大声呼喊要求处死卡拉，“因为他为了不让儿子成为天主教徒，就杀了儿子。”

小城市里什么事都可能有，而且在十八世纪法国的乡下，无聊就像黑色的棺罩，沉重地笼罩着人们，因此最愚蠢、最离奇的事也有人相信，这些事能使人们如释重负似的松口气。

城里的高官们完全清楚在这种可疑的情况下自己应该做什么，于是他们立即逮捕了卡拉全家、客人、佣人及最近去过或接近过卡拉家的人。他们把犯人送到市政厅，给他们戴上镣铐，扔到专门用来关押最丧心病狂的罪犯的地牢里。第二天他们审讯了这些人。所有犯人讲的都一样，马克・安东尼怎样不露声色地进了家门，怎样离开屋子，他们认为他是一个人去散步了，等等。

但这个时候，图卢兹的教师们已经插手此事。在他们的帮助下，一条可怕的消息传遍了朗格多克：卡拉这个胡格诺派教徒杀害了自己的儿子，因为他的儿子要回归真正的信仰天主教，于是卡拉杀死了他。

熟悉现代侦破方法的人可能以为当局在那天应该调查谋杀现场。人们都知道马克·安东尼身强力壮，他二十八岁，父亲六十三岁。他父亲不经任何搏斗就轻而易举地把儿子吊在门柱上，这样的可能性实在是微乎其微。但是没有一个市议员为这样琐碎的细节费神，他们忙着处理受害人的尸体，因为自杀的马克·安东尼被认为应当得到殉教者的待遇。尸体在市政厅停放了三个星期，然后穿白衣的苦修会修士们按最隆重的仪式将其埋葬。出于某种无法解释的原因，白衣修士将这个已死去的加尔文教徒看作是自己教派的成员，在他的尸体上涂抹了防腐药，然后抬到大教堂，这种规格和待遇通常是为主教或当地最富有的教会资助人准备的。

在这三个星期中，城里每个布道坛都一再敦促图卢兹虔诚的人们拿出证据，指控让·卡拉一家。案件在报刊上经过了彻底的讨论，在自杀事件五个月后，审判开始了。

当时一个审判官突然清醒了一下，提出应该去这位老人的店铺看看，调查一下他所描述的那种自杀是否可能，但他被十二票对一票的结果压倒性地驳回，卡拉被判接受酷刑，用车轮将其生生撕裂。

他们把卡拉斯带到刑讯室，将他吊了起来，直到脚离地有一米高，然后使劲拽他的四肢，直到全都拉得“脱臼为止”（这是我抄自官方的报告）。由于他拒不承认自己根本就没有犯下的罪，就又被放了下来，然后对他灌了大量的水，一会儿他的身体就“鼓到了原来大小的两倍”。他还是拒不认罪，于是又被抬上死囚押送车，送到刽子手那里。他的胳膊和腿都被行刑官打断。在后来的两个小时里，他无助地躺在斩首用的铁砧上，市政官和教士们还在喋喋不休地问他各种问题。这个老人以令人难以置信的勇气，继续辩称自己无罪。最后，大法官被这种固执的谎言激怒，便放弃了继续审理这个无望的案子，下令将他绞死。

这时大家的愤怒已经释放完，于是他的家人没有被杀。卡拉的遗孀被剥夺了一切财产，允许她隐居起来。她在忠心的女佣的陪伴下，忍饥挨饿地度日。而孩子们除了最小的一个，全都送去不同的修道院。最小的那个孩子在哥哥自杀的时候正在尼姆读书，他明智地逃到了日内瓦。

这个案子引起了极大的关注。居住在费尔内城堡（城堡建在瑞士的边界附近，只要走几分钟就能出境）的伏尔泰听说了这个案件，但一开始他拒绝探究其中的原委。他与瑞士的加尔文派的牧师们一直不和，而牧师们也把矗立在他们城里的伏尔泰私人小剧院视为明目张胆的挑衅，是恶魔的建筑。因此，伏尔泰在高傲的情绪下写道：他对这个所谓的新教殉难者并没有什么感觉，因为如果天主教不好的话，那么那些专横得可怕的胡格诺教徒要更坏，因为他们拒绝上演他的戏剧！而且，在他看来（很多其他人也是这么看的），那十二个似乎很受人尊敬的法官，总不会无缘无故就把一个无辜的人判处死刑吧。

但几天后，伏尔泰，这个费尔内的智者对所有客人敞开了大门，来者不拒。从马赛来了一个商人，他在审判期间正好在图卢兹。他向伏尔泰提供了一些第一手的资料。伏尔泰这时才意识到法官犯下了多么可怕的罪行，从那儿以后，他再也无法放下这个问题。

有许多种勇者，但有一种勇者尤其值得赞颂，他们罕有地敢于独自对抗现存的整个社会秩序，在最高法院宣判完毕，而且整个社会都认为判决合理公正的时候，这个勇者依然敢于大声疾呼正义。

伏尔泰很清楚，如果他敢指控图卢兹法庭合法但不公正地判处了卡拉死刑，就会惹来一场风暴。他像个职业律师一样，精心地准备自己的案子。他找到卡拉家逃到日内瓦的孩子。他给每个可能知道内情的人写信。他还雇了辩护人来检查和修改他的结论，以免自己因为义愤填膺而丧失理智。等他觉得有把握时，他投入了这场战斗。

首先，伏尔泰让他认识的每一个在法国有影响力的人（他认识的人大部分都具有一定影响力）给国务大臣写信，要求重新审理卡拉案。然后他开始寻找卡拉的遗孀，找到以后，他又解囊将她带到巴黎，并雇用了一个最有名的律师照看她。这个女人的精神已经完全崩溃。她神志不清地祈祷,说但愿在她死之前能把女儿们从修道院里领出来。除此之外，她不敢有任何奢望。

然后，伏尔泰又和卡拉的另一个信奉天主教的儿子取得了联系，帮助他逃出学校，到日内瓦跟伏尔泰会面。最后，他把所有的事实都写在了题为“关于卡拉一家的原始材料”的小册子里并出版，小册子中全是由悲剧的幸存者们写的信，却完全没有提到伏尔泰。

后来，在案件重审的过程中，伏尔泰还是小心地躲在幕后，但他成功地策划了这场宣传战，卡拉家的这场诉讼很快就成为欧洲各国无数家庭关心的事，各地成千上万的人（包括英格兰国王和俄国的沙皇）都为卡拉家捐款。

伏尔泰最终打赢了他这一生中最艰苦的一仗。

当时，声名狼藉的路易十五刚刚坐上法国王位。幸亏他的情妇非常憎恨耶稣会和他们的一切（包括教会在内），因此她站到了伏尔泰一边。但是国王喜欢让享乐高于一切，人们对一个地位低下，已经死了的新教徒如此兴师动众，这使他很恼火。当然国王只要拒绝签署新的判决，大法官就不敢采取行动。只要大法官不轻举妄动,图卢兹法院就安然无事。

他们自认为很强大，居然用高压手段拒绝伏尔泰和他的律师拿到原始材料（图卢兹法院的判决就是以这些材料为基础的）。

在这可怕的九个月里，伏尔泰继续四处游说，最后在 1765 年 3 月，大法官才要求图卢兹上交所有关于卡拉案的记录，并提议重审。当这项决定公布时，让·卡拉的遗孀和最后回到她身边的两个女儿就在凡尔赛。一年以后，受命调查这个上诉案件的特别法庭判决让·卡拉无罪，他是因为一项莫须有的罪行被处死的。人们总算说服国王给卡拉的遗孀和孩子们捐了一小笔钱。而且，处理卡拉之案的市政官被解职，这间接地向图卢兹人暗示，这种事情不许再重演。

虽然法国政府对这件事可以采取不温不火的态度，但是法国人民内心深处的愤怒被挑起了。伏尔泰突然意识到，这并不是唯一一桩记录在案的冤案，还有许许多多像卡拉一样无辜的人。

1760 年，图卢兹附近的一个新教乡绅在家里盛情招待了一位来访的加尔文教派牧师。由于这是一桩骇人听闻的罪行，他被剥夺了财产并被判处终身苦役。他的身体必定非常强壮，因为十三年后他居然还活着。别人告诉伏尔泰有关这位乡绅的困境。伏尔泰又着手处理这件事，把这个不幸的人从苦役中解救了出来，送到瑞士；他的妻子儿女也在那儿靠政府救济度日。伏尔泰一直照料他们全家，直到国王被说动，退回了他们一部分财产，并允许他们回到荒废的家园为止。

下一个是绍蒙案，这个可怜的人在参加新教徒的户外集会时被捕。由于这个罪名，他被遣送去做终身苦役，但是后来经过伏尔泰的多方调解，他被释放了。

然而这些案件对于下面这一案件来说，不过是小事一桩罢了。

还是在长期惨遭蹂躏的法国朗格多克，在阿尔比格派和沃尔登异教徒被消灭之后，那里就成了一片无知和偏见的荒野。

在靠近图卢兹附近的一个村庄里住着一位名叫西尔万的老年新教徒，他是个很受人尊敬的人，靠钻研中世纪的法律谋生。当时的封建司法制度已经变得非常复杂，连一张普通的租契都像个人所得税申报单一样麻烦，因此从事法律专业能赚大钱。

西尔万有三个女儿。最小的是个傻子，特别喜欢瞎琢磨。1764 年 3 月她离开了家。父母四处寻找她，但一直没有找到，几天之后，该地区的主教告诉西尔万说，他的女儿拜访了他，表示想做修女，现在她在一个女修道院里。

几百年的迫害已经成功摧毁了法国这个地方的新教徒的意志。西尔万毕恭毕敬地回答说，在这个最糟糕的世界里，每件事都会有好报的，他顺从地接受了不可避免的命运。但是，那可怜的女孩在修道院的奇怪氛围中丧失了最后一点理智，等她开始令人生厌时，就被送回了家。那时她的情绪极其低落，总觉得四周有可怕的声音和魔鬼，以至于她的父母担心她活不长。没过多久，她又失踪了。两个星期后，人们从一口老井里打捞出了她的尸体。

当时让・卡拉的案件正在接受审理，对新教徒的任何不利谣传都会让人信以为真。西尔万一家想起了发生在无辜的让・卡拉身上的事，不愿意遭遇同样的厄运，于是落荒而逃，在穿过阿尔卑斯山的可怕的旅途中，他的一个外孙冻死了，最后他们到达瑞士。但他们逃得真是时候。几个月后，父母二人都被判犯有杀害自己孩子的罪（缺席审判），应该处以绞刑。他们的女儿们被判目睹父母的死刑，然后终身流放。

卢梭的一个朋友把这个案件告诉了伏尔泰。伏尔泰一处理完卡拉的案子，就马上把注意力转移到西尔万一家的案件上。这时西尔万的妻子已经死了，剩下的任务就是证明她的丈夫无罪。伏尔泰用了整整七年的时间做这项工作。图卢兹法庭再次拒绝提供任何材料，伏尔泰再次开始宣传，他请求普鲁士腓特烈、俄国女王叶卡捷琳娜、波兰的波尼亚多斯基捐款，直到迫使法国国王关注此事为止。最后在伏尔泰七十八岁高龄的时候，也就是这个没完没了的案子的第八个年头，西尔万一家洗脱罪名，幸存者得到重返家园的允许。

第二个案件就这样结束。

第三个案子接踵而来。

1765 年 8 月，在离法国亚眠不远的阿布维利城，有人发现路边的两个十字架不知被谁折断了。三个少年被怀疑犯了这项渎圣罪，所以当局下令逮捕他们。其中一个逃到了普鲁士，剩下的两个被捕。这两个人中，大一点的是德·拉·巴尔骑士，人们怀疑他是无神论者。在他的藏书中，有人发现了一本《哲学辞典》，这是一本汇集了所有自由思想大师精华的名著。藏书中有这本书很值得怀疑。法官们决定调查这个年轻人的过去。他们确实不能将他和阿布维利一案联系起来。但有一次，当宗教队伍路过时，他不是拒绝下跪、脱帽致敬吗？

巴尔回答说是，但他当时正急着赶乘马车，并不是有意冒犯。

于是法官便折磨他，他由于年轻，不像老卡拉那么能忍受痛苦，就招供说毁坏了其中的一个十字架，这样由于他“不虔诚，故意走在圣体前，不下跪，不脱帽，唱亵渎神圣的歌，研读亵渎神圣的书”以及其他类似表明对教会不敬的罪行而被判处了死刑。

判决非常残忍（要用烧得通红的烙铁把他的舌头拉出来，右手要被砍掉，并要把他慢慢烧死，而这一切发生的时间只是在一百五十年前），民众被触动了。即使他犯了所有写在罗列详细的起诉书上的罪行，也不能因为酒后的恶作剧就用这种惨绝人寰的方法来折磨一个年轻人！人们向国王请愿，牧师们被请求缓刑的呼声包围。但是当时国家动荡不安，必须杀一儆百，于是巴尔受到和卡拉相同的酷刑后，被送上了断头台（这已经是对他的最大开恩）。他的尸体，连同他的《哲学辞典》以及我们的老朋友培尔写的一些书，都被刽子手们当众焚毁。

对于那些害怕索齐尼、斯宾诺莎和笛卡尔的影响不断增长的人来说，这倒是个值得欢庆的日子。这表明那些误入歧途的年轻人如果离开是非之间这条狭窄的道路，而去追随一小撮激进的哲学家，那么必然会有这样的下场。

伏尔泰听说后就接受了挑战。他快要八十岁了，但他还是在风烛残年将自己以往的热情和充满正直怒火的思想倾注到了这个案件中。

巴尔由于“亵渎神圣”而被处死。伏尔泰首先要找出是否有这样一条法律，规定犯了所谓“亵渎神圣”罪的人就应该被处死。他找不到这样一条法律，接着他又询问他的律师朋友们。他们也找不到。人们逐渐明白，是法官们在邪恶的宗教狂热驱使下，捏造了这条根本不存在的法律以便除掉犯人。

在处决巴尔的时候，到处都是不堪入耳的谣言。现在席卷的这场风暴迫使法官们不得不审时度势。所以，对第三个年轻罪犯的审判一直都没有结束。至于巴尔，他也一直都没能沉冤昭雪。复审工作拖了很多年，直到伏尔泰去世都还没有结果。但是他打出的这一记重拳已经开始奏效，如果说即使不是为了宽容，至少也是反对不宽容的。

由爱搬弄是非的长舌妇的煽动和腐朽的法庭判决导致的恐怖行径到此结束。

怀有宗教目的的法庭只有偷偷摸摸地下手才能成功。伏尔泰采取的这种进攻方式是这些法庭无法抵挡的。

伏尔泰点亮了所有的灯，雇用了一支庞大的乐队，邀请公众参与，然后对敌人说，尽管放马过来。

结果，敌人对他只能一筹莫展。

第二十六章　百科全书

有三种不同的政治家。第一种宣扬的学说是这样的：“我们的星球上挤满了愚昧无知的可怜人，他们的思想不能独立，每当要被迫做出决策的时候，就会特别痛苦，会被第一个游说拉票的人引入歧途。如果这些人被某个了解他们思想的人来统治，那对整个世界来说不仅是一件好事，而且他们自己也会幸福很多，因为他们无需再去为议会和投票箱的事操心，可以把时间都花在自己的作坊、孩子、廉价小汽车和菜园子上。”

这类政治家成了皇帝、苏丹、党魁、酋长、大主教，他们很少把工会看作是文明社会的一个基本部分。他们努力工作，修筑公路、营房、大教堂和监狱。

第二种政治家是这样认为的：“普通人是上帝高贵的发明，上帝本身就是统治者，他具有无与伦比的智慧、严谨和高尚的动机。他完全有能力维护自己的利益，但他想通过一个委员会来统治世界。但众所周知，这个委员会在处理一些国家的细节问题时效率低得出奇。因此，人们应该把执政的事情交给几位值得信赖的朋友，这些朋友用不着为生计所累，所以能致力于为人民造福。”

不用说，这种光辉理想的鼓吹者成了寡头政府、独裁者、第一执政官和贵族的保护者。

他们努力工作，修筑公路和营房，却把教堂改造成了监狱。

还有第三种人。他们以冷静科学的眼光观察人，认清人的本性。他们欣赏人的优点，也了解人的局限性。他们通过对历史的长期观察，认为普通人受感情或私心的影响，的确能竭尽全力做正确的事。但他们不对自己抱任何虚假的幻想。他们知道，自然的进步过程非常缓慢，要想让人类的智慧进步加快，无异于拔苗助长。这种人很少被邀请去参与政府的管理，但每当有机会把他们的思想付诸行动时，他们就开始修筑公路、改造监狱，把剩余的资金都投在学校和大学上。因为他们都是坚定不移的乐观主义者，他们相信正确的教育将会逐步消除世界上遗留下来的古老罪恶，因此应该不遗余力地支持教育。

作为实现这个理想的最后一步，他们通常是编著百科全书。

像其他许多需要巨大智慧和极度忍耐力才创作出来的东西一样，编纂百科全书的习惯也源于中国。中国的康熙皇帝组织人手，努力编纂了五千零二十卷的百科全书，赢得满朝称颂。

第一个将百科全书引入西方的是普林尼，但他只有三十七卷。

公元后的一千五百年中，思想启蒙没有产生出任何有价值的东西。圣·奥古斯丁的一个同乡、非洲人菲利克斯·卡比拉把一生中的许多时间都浪费在了撰写一本书上，他自以为它们是汇集了各种知识的宝库。为了使人们能更容易地记住，他提供了许多有趣的事例，并采用了诗歌的形式。这是一堆可怕的错误信息，但却被中世纪以后的十八代子孙记住了，被他们当成了文学、音乐和科学方面的权威。

两百年后，塞维利亚的一个叫伊西多尔的主教撰写了一部崭新的百科全书，从此，百科全书以每一百年两本的速度增加。我不清楚这些书最终如何。蛀书虫（最有用的家养昆虫）可能担当了我们的搬运工。如果所有这些书都保存下来，地球上恐怕就没有地方放其他东西了。

在十八世纪上半叶，欧洲的求知欲大爆发，百科全书的撰写人简直像进了天堂。这些书和现在的一样，通常是由一贫如洗的学者们编撰的，他们靠一周相当于八美元的水平过活，而且大部分都还花在纸墨上。尤其在英国，这种书特别多，所以生活在巴黎的英国人约翰·米尔斯自然想到要把伊弗雷姆·钱伯斯的《普通辞典》译成法语，以便能向路易国王的臣民们兜售他的作品，以此致富。出于这个目的，他和德国的一位教授合作，然后又说服国王的印刷商莱布雷顿，让他做实际的出版工作。长话短说，莱布雷顿看到了这个发笔小财的机会，就故意敲诈他的合伙人，一旦把米尔斯和那个德国教授打发走，他就继续盗印。他把即将出版的书称为《百科全书或艺术与科学总词典》，还印了一系列颇能招徕顾客的精美书讯，预订很快火爆起来。

然后，他从法兰西大学雇了一名哲学教授做总编，买了大量的纸张，接下来就坐等着结果。

可惜，编撰百科全书并不像莱布雷顿想象的那么简单。教授写了些笔记，但没有词条，预订者大吵着要第一卷，事情弄得一团糟。

在这紧急时刻，莱布雷顿想起了几个月前出版且热卖的《医学总辞典》。他让人把这本书的总编找来，当场就雇用了他。这样，一本普通的百科全书就变成了专业领域的《百科全书》。这个新编辑正是丹尼斯·狄德罗，于是这项本来枯燥无味的工作变成了十八世纪对人类启蒙做出的最重要的贡献之一。

狄德罗那时三十七岁，他的生活既不轻松，也不快乐。他拒绝像普通的法国年轻人一样上大学。他一摆脱耶稣会的老师，就到巴黎当了一个文人。在忍饥挨饿一小段时间后，本着两个人挨饿和一个人挨饿是一样的想法，他结婚了。而他的妻子后来证明是一个虔诚得可怕的女人，又很彪悍，这种结合并不少见。但狄德罗得养活她，因此被迫干了各种各样零碎的活，编撰各种各样的书，从《美德与优点研究》到惹来争议的薄伽丘的《十日谈》改编版。然而在他心里，这个培尔的学生还是忠于他的自由思想。不久政府（艰难时期的政府都一样）发现这个看起来并不使人讨厌的年轻作者，对《创世记》第一章记载的创世故事持严重的怀疑态度，在别的方面也可以说是个异端分子。结果，狄德罗被送进了温塞纳监狱，监禁了近三个月。

狄德罗是出狱后才给莱布雷顿做事的。狄德罗是当时最有辩才的人之一。他在自己即将主持的工作上，看到了一个出人头地的机会。如果只是修改钱伯斯的旧资料简直是降低他的身价。当时正处于他思想极为活跃的时期。很好！莱布雷顿的百科全书要包含所有科目的最新结论，让各个领域的权威人物来撰写词条。

狄德罗热血沸腾，他实际上说服了莱布雷顿授予他全权，而且不限制时间。然后，他试着列出了合作者的名单，拿出一大沓大页纸，开始写道："A：字母表的第一个字母"，等等。

二十年后，他写到了 Z，工作完成。然而很少有人能在这种条件极为不利的情况下工作。莱布雷顿雇用狄德罗时，已经在最初的投资上有所增加，但他每年给编辑的钱从不超过五百。至于那些应该做协助工作的人，唉，我们都知道会是怎样。他们要不就是当时很忙，要不就是下个月再说，或者得去乡下探望祖母。结果，狄德罗被迫做了大部分工作，同时还得忍受教会和政府官员们对他的谩骂。

现在他的《百科全书》非常罕见了。这倒不是因为好多人想要它，而是因为好多人都要禁止它。一百五十年前，这部百科全书被当成有害的激进主义的代表，而遭到强烈的压制，如今读起来与教人如何喂食婴儿的文章一样普通无害。但是，对十八世纪教士们中比较保守的人来说，这部书似乎吹响了走向毁灭、无政府、无神论和混乱的嘹亮号角。

当然，人们的反应是司空见惯的。他们指责总编是社会和宗教的敌人，是既不信上帝和国家，又不相信神圣家庭关系的恶棍。但是，1770年的巴黎只是个大农村，人们彼此之间容易认识。狄德罗不但主张生活的目的应该是“做善事，寻找真理”，而且也实践了自己的座右铭。他敞开大门款待饥饿的人，每天工作二十个小时，但要求的回报只是一张床、一张书桌和一沓纸。这个朴实、努力工作的人是这些美德的典范，而这正是高级教士和君王们明显缺乏的，因此要从这个角度攻击他不容易。于是官方就想方设法找他的麻烦。他们不断监视他，总在他的办公室周围窥探，他们抄狄德罗的家，没收他的笔记，有时干脆禁止他工作。

然而这些障碍都不能扑灭他的热情。工作终于完成了，《百科全书》真的按狄德罗所期望的那样编好。这本书成了一个集合点，各种人都在这里感受到了新时代的气息，知道世界需要全面彻底的大修。

可能我有点夸大了这位编辑的真实形象。

这个狄德罗，衣衫褴褛，只要他聪明的朋友德·霍尔巴赫男爵请他吃顿饱饭，他就高兴得不得了。他的书刚销售了四千册时，他也会非常高兴。他和卢梭、达兰贝尔、杜尔哥、爱尔维修、沃尔内、孔多塞，还有其他许多人是同时代的人，这些人的名气都比他大。但是如果没有《百科全书》，这些人就无法发挥他们的影响。这不只是一本书，它是社会和经济的纲领。它告诉我们当时顶尖人物的真实思想。它其中包含的某些思想很快成为领导整个世界的思想。它的出版是人类历史上的一大关键时刻。

没有闭目塞听的人都知道，法国已经到了紧要关头，必须采取某种重大措施避免即将降临的灾难，然而耳聪目明、但视而不见也充耳不闻的人拒绝这样做。他们全都非常固执地坚持说只有严格执行墨洛温王朝的古老法律才能维持和平和秩序。当时这两派势均力敌，一切都停滞不前，这导致了奇怪的复杂局面。法国在保卫自由中起了重大作用，它给乔治·华盛顿先生（共济会成员）写了一封赞赏有加的信，并且为公使本杰明·富兰克林先生安排了愉快的周末宴会（别人称富兰克林是“不可知论者”，我们则称他为朴素的无神论者）。但还是大西洋这一侧的这个国家，却又是所有精神进步的最大敌人。它让哲学家和农民一样，都过着辛劳困苦的生活。应该说在这一点上，它才表现出了不带偏见的民主精神。

最后，这一切都改变了。

然而变化的方式却是人们始料未及的。因为，为所有非权贵的人扫除精神阻碍，打破社会枷锁的那场斗争并不是奴隶本人发起的，而是由一小群无私的人发起的。

新教徒和他们的天主教压迫者一样对他们恨之入骨。那些无私的人唯一期望的就是所有的诚实人都能进天堂。

在十八世纪，保卫宽容事业的人很少属于某个特定的派别。为了方便自己，他们有时也在表面上跟教会保持一致，这样可以让宪兵远离他们的工作台。然而就内心活动来说，你不妨说他们生活在公元前四世纪的雅典或是中国孔子所处的时代。

令人非常遗憾的是，他们对大多数同代人毕恭毕敬的东西往往缺乏敬意，认为这些不过是过去遗留下来的，虽然无害但却是很幼稚的残余。

他们对《圣经》这部古代民族史评价不高（出于某种奇怪的原因，这本书的内容集合了从巴比伦人、亚述人、埃及人、赫梯人和迦勒底人的历史中挑出来的记载，被看作是道德和习俗的指南），但他们作为苏格拉底大师的真正信徒，只倾听自己内心的呼唤，根本不管后果如何，在一个早已变得屈服怯懦的世界上，他们无所畏惧地活着。

第二十七章　革命的不宽容

法兰西帝国是一座金玉其外，败絮其中的大厦。1789 年 8 月一个令人难忘的晚上，这座大厦终于崩塌。

在崩塌前的一周，国民的怒火不断高涨。在那个闷热的夜晚，国民议会沉浸在真正的兄弟博爱的狂欢之中。直到这个群情激昂的时刻，特权阶层才放弃了他们花了三百年才获得的一切旧有权力和特权；广大民众宣布拥护人权理论，此后，这些权利成为民众自治的基石。

就法国而言，这意味着封建制度的消亡。如果贵族阶层确实由“精英”，也就是社会中最上进的因素构成，他们勇敢地承担起领导责任，决定着这个普通国家的命运，这样的贵族还有存活的机会。但如果贵族阶层们都甘愿退出公职，满足于在政府的各个部门里做一点冠冕堂皇的教士工作就心满意足，那这样的贵族阶层只配在纽约第五大道上喝茶，或者在第二大道上开餐馆。

所以旧法兰西死了。

我不知道这到底是福还是祸。

但它确实死了，和它一起死去的还有那看不见的最残暴的统治。自从黎塞留时代以来，教会一直把这种统治强加在圣·路易斯王室的子孙身上。

毫无疑问，人类这次得到的机会是历史上前所未有的。

至于当时人们的心中和灵魂中充满的热情就不用说了。

黄金时代近在咫尺，甚至可以说已经到来。

独裁政府的专横及其各种邪恶的不宽容也应该从这个美好的地球上被永远清除掉。

前进吧，祖国的孩子们，暴政的时代一去不复返了！

还有很多类似的话。

帷幕落下，社会上的许多不公正被清洗得一干二净，一切重新开始。但这一切过去之后，我们又看到面熟的“不宽容”穿上了无产阶级的裤子，梳着罗伯斯庇尔式的发型，与公共检察官并肩坐在一起，度过它罪恶的晚年。

十年前，如果有人要是说自诩君权神授的人有时也会出错，“不宽容”便会送他们上断头台。

现在，谁要是坚持说人民的意愿不一定总是上帝的意愿，“不宽容”也会让他们送命。

这是一个多么可怕的玩笑！

但这个玩笑的代价是无数无辜旁观者的鲜血（公众的错误总要付出高昂的代价）。

不幸的是，我下面要讲的话没有多少新意。人们可以从古人的著作中找到有同样思想的表达，形式与我的不同，可能说得更好。

在人类的精神生活方面，一直都存在着两种完全不同的人。过去如此，将来可能也是如此。

少数几个人没完没了地钻研和思考，对自己的不朽灵魂不断研究，他们可能会从中悟出某些恰当的哲学结论，这些结论，能让他们摆脱常人的苦恼。

但是大多数人并不满足精神上的“淡酒”，他们想找些更刺激的，说出来烫舌头、喉咙的东西，能让他们突然振奋的东西。那“东西”是什么倒不重要，只要能起到上述作用，能直截了当地无限量供应就行。

历史学家似乎不太明白这个道理，这让许多人大失所望。愤怒的民众刚刚摧毁了过去的堡垒（当地的希罗多德和塔西佗们热情地充分报道了此事），就马上让泥瓦匠把旧堡垒的残渣运往城市的另一端，重新建一座新地牢，它和旧堡垒一样邪恶暴虐，用途也是镇压和恫吓。

恰好在这个时候，一些骄傲的民族终于摆脱了“绝对正确的人”强加在他们头上的枷锁，但又接受了一本“绝对正确的书”的统治。

的确，就在旧权威伪装成仆人，骑马向边境狂奔出逃的同一天，“自由”进入了被遗弃的宫殿，他们穿上被丢下的皇袍，又陷入迫使他们的前任出逃的错误和残忍之中。

这一切令人沮丧，但这是我们故事中一个真实的部分，必须说出来。

那些直接引发法国大革命的人本意无疑是好的。《人权宣言》规定任何公民都能依照自己的观点，“包括宗教观点”，寻求自己生活方式的自由。只要他的观点没有扰乱由各项法令和法律制定的社会秩序，就不得干扰。

然而这并不是说所有的宗教派别都享有同等的权力。从此以后，新教得到容许，他们不会因为不和天主教徒在同一个教堂里做礼拜就受到天主教邻居的干涉，但天主教仍然是“占主导地位”的国教。

米拉波在认识政治生活本质上有一种准确无误的本能，他知道这个扬名远近的退让是不彻底的。他试图把一场社会大革命变成一个人的革命，但壮志未酬身先死。许多贵族和主教对他们在 8 月 4 日那晚的宽宏大量感到后悔，于是开始设置障碍，这对他们的国王主子是致命的。直到两年以后的 1791 年（整整两年，这对于贵族和主教想要的实际目的来说太晚了），所有宗教派别，包括新教徒和犹太人在内，才获得了绝对平等，被宣布在法律面前享有同等的自由。

从那时开始，各种角色颠倒过来。法国人民的代表终于给这个前途无量的国家制定了宪法。宪法要求教士们无论信仰什么，都必须宣誓忠于新政体，都必须和学校的教师、邮局雇员、灯塔管理员以及海关官员一样，将自己严格视为国家的公仆。

教皇庇护六世反对这样做。新宪法对神职人员的规定直接违反了 1516 年法国和罗马教廷之间签订的各项正式协定。但是法国国民大会没有时间为先例或条约这类小事操心。教士们要么宣誓效忠宪法，要么辞职饿死。一些主教和教士接受了这个似乎无法避免的命运。他们把食指和中指交叉，履行了宣誓手续。但是绝大多数教士是诚实的人，他们拒绝发假誓。他们已经迫害了胡格诺教派许多年，现在他们又效仿胡格诺派，在废弃的马厩里做弥撒，在猪圈里领受圣餐，在乡下的树篱后面布道，并且深更半夜秘密造访他们以前的教民。

总的来说，他们比新教徒在类似的情况下日子要好过得多，因为法国已经陷入了完全的混乱之中，对宪法的敌人也只能采取敷衍了事的措施。由于他们都没有上断头台的危险，所以那些优秀的神职人员——人们一般称他们是拒绝宣誓的顽固分子——很快就壮着胆子要求官方承认自己是“可以被容忍的派别”，并要求应该得到一切特权，而在此前的三百年里，也正是他们坚决拒绝给加尔文派的同胞们这些特权。

我们现在是 1925 年，回顾那个年代没有风险，难免觉得当时又冷酷又滑稽。但是官方当时并没有就他们的要求采取明确的措施，因为国民大会很快被极端激进派所控制。由于法庭的背信弃义，加上国王陛下愚蠢地与外国勾结，结果在不到一周的时间里就引起了恐慌，从比利时海岸一直蔓延到地中海海滨，最终导致了从 1792 年 9 月 2 日到 7 日的一系列大屠杀。

从那时起，革命必然要堕落为恐怖统治。

饥饿的民众开始怀疑自己的领袖正在策划一场大阴谋，要把国家出卖给敌人，这时哲学家们想徐徐图之来取得成果的打算成了泡影。下面发生的剧变在历史上不足为奇。在这样大的危机中，处理事务的领导权很容易落在鲁莽无情的人手里，认真学习历史的人都很熟悉这种情况。但是这出戏的主要演员竟是个一本正经的模范公民，一个美德的不折不扣的化身，这的确是出人意料的。

等法国开始意识到新主人的真正本质时，已经为时太晚，被判斩首的人在协和广场的断头台上徒劳地发出迟来的警告。

到此为止，我们从政治、经济和社会组织这几个角度研究了这场革命，但是只有当历史学家变成了心理学家，或者心理学家变成了历史学家，我们才能真正地解释或理解那些在危急时刻改变民族命运的黑暗力量。

有些人认为支配世界的是爱和光明。有些人则认为人类只尊重一样东西——暴力。从现在起再过几百年，我们大概会在这二者之间做一个选择。但有一点似乎是肯定的，在社会学的试验室里，法国革命是所有试验中最大的，它将暴力神圣化了。

有些人想通过理性建立一个更具人性的世界，但他们要么已经去世，要么被他们原想赞颂的人民处死。随着伏尔泰、狄德罗、杜尔哥、孔多塞这些人的离去，新至善论的自学成才的学生们变成了国家命运的名正言顺的主人，他们把自己的崇高使命搞得一团糟。

在他们统治的第一阶段，胜利掌握在宗教的敌人手里，出于某些原因，他们痛恨所有的基督教象征。以前，在教士专权的时代，他们默默地忍受了很大痛苦，一看到教士穿的黑色长袍就仇恨不已，只要闻到烧香的气味，就会气得脸色发白。还有些人认为可以借助数学和化学来证明上帝不存在。这两种人联合起来，开始摧毁教会和它的所有业绩。这是件毫无希望的事，充其量也是徒劳无功的，但这是革命者的心理特点之一，正常的变成了不正常的，不可能的事成了家常便饭。于是国民大会的一纸公文就废除了基督的旧历，废除了所有的圣人节日，废除了圣诞节和复活节，废除了星期和月份，重新将一年划分为十天一段，每隔十天有一个异教休息日。接着，又发了一张废除崇拜上帝的声明，这让宇宙没有了主人。

但这些措施并没有持续多久。

在空荡荡的雅各宾派俱乐部里，无论人们如何滔滔不绝地解释和辩解，这种宇宙空虚无垠的主张还是很难让大多数公民接受，大部分人几周就对此无法忍耐。旧上帝满足不了人们的要求，那为什么不效仿摩西和穆罕默德，制造出一个能满足时代要求的新上帝？

结果，出现了理智女神！

她的确切身份还是后来才弄明白的。在当时，找一个漂亮的女演员，让她穿上合适的古希腊服装，就能符合人们的要求。在前任国王的芭蕾舞团中，找到了一位这样的女演员。在适当的时刻，她被人们隆重地送到了巴黎圣母院的高大神坛上，旧信仰的忠实信徒们当时早已抛弃了这里。

至于圣母，许多世纪以来，她一直站在神坛上，用善解人意的耐心目光温柔地注视着灵魂受到创伤的人们。现在她也消失了，被爱她的人匆忙地藏了起来，否则会被送去石灰窑做成灰浆。她的位置被自由女神的塑像取而代之。这是一个业余雕塑家的得意之作。这个塑像用白色的石膏雕塑而成，做工粗糙。但还不止这些，巴黎圣母院还见识了别的新鲜事。在唱诗班中间有四根柱子和一个屋顶，它们象征着“哲学圣堂”，在国家的重大日子里就成为新女神的宝座。当这个可怜的女孩子不主持仪式、不接受忠实的追随者的崇拜时，“哲学圣堂”就会燃起“真理火炬”，意思是用这启蒙世界的火焰照亮世界，直到世界的最后一刻。

但不到六个月，“最后一刻”就来临了。

1794 年 5 月 7 日早晨，法国人民被正式告知说上帝的地位又重新得到了确立，灵魂的不朽又一次成了公认的教义。6 月 8 日，新上帝（那是用已故的让・雅克・卢梭留下的二手材料匆忙拼凑出来的）正式在对此盼望已久的信徒面前亮相。

罗伯斯庇尔身着一件崭新的蓝色外套，发表了欢迎词。他已经达到了一生中最高的地位，从一个三流城市里默默无闻的法律书记员，如今变成了法国大革命的高级教士。更有甚者，一个叫凯瑟琳·泰奥特的疯癫修女竟被千百万人当成上帝的真正母亲来崇拜，她刚刚宣布救世主即将到来，甚至还透露了救世主的名字，这就是马克西米利安·罗伯斯庇尔。这个马克西米利安穿着自己设计的奇异制服，高谈阔论了一番。在演讲中，他向上帝保证说从今以后他所掌管的这个小世界一切都会好起来。

为了确保万无一失，两天后他又通过了一项法律，规定凡被怀疑犯有叛国罪和异教罪的人（二者再一次被当成同一个罪名，与宗教裁判所时代的情况一样）将被剥夺一切为自己辩护的权利。这条措施非常奏效，在此后的六个星期内，一千四百多颗人头在断头台的铡刀下滚落。

罗伯斯庇尔剩下的故事大家都熟知了。

罗伯斯庇尔认为自己是一切“善”的完美化身，因此，依照他的逻辑和狂热的本性，他不可能承认其他不够完美的人有权利和他共存在同一个星球上。随着时间的推移，他对“恶”的仇恨越来越大，杀得法国血流遍地。

最后，为了保命，“美德”的敌人开始反击。经过一场短暂的殊死搏斗，这个“正义”可怕的信徒走向了毁灭。

从这以后，法国革命的势头很快减弱了。法国人民当时通过宪法承认了不同教派的存在，给予它们平等的权利和特权，至少从共和国官方的角度来讲，政府不再插手宗教方面的事情。那些希望成立教会、集会和联盟的人可以随心所欲了，但他们必须得自己养活教士和牧师，同时，承认国家至高无上的权力以及个人完全自由选择的权利。

从此以后，法国的天主教徒和新教徒开始和平共处。

天主教会从未承认过自己的失败，确实如此。教会继续诋毁政教分离的原则（参见 1864 年 12 月 8 日教皇庇护九世的教令），并且还经常支持那些妄图颠覆共和国政府，复辟君主制或帝制的政党，以图东山再起。但是这些斗争一般都发生在某个部长太太的私人会客厅，或是某个退休将军和野心勃勃的岳母打猎休息时住的山林小屋里。

这些斗争为讽刺报纸提供了极好的素材，事实证明这些都是枉费心机。

第二十八章 莱辛

1792 年 9 月 20 日，法国的革命军和前来剿灭这场可怕暴动的欧洲君主联盟军之间爆发战争。

这是一次战果辉煌的胜利，但胜者不是欧洲君主联军。联军的步兵在瓦尔密村滑溜溜的山坡上无法施展身手。战斗演变成了连续不停的炮战，叛军的火力比皇家军队更迅猛，于是后者率先撤离战场，夜间向北撤退。参加这场战斗的有一个名叫约翰・沃尔夫冈・冯・歌德的人，他是魏玛世袭公爵的副官。

几年后，这个年轻人出版了他对这一天的回忆录。当时他站在洛林没过脚踝的泥浆里，当了一回先知。他预言经过这场炮战，世界将不复以往。他说得对。在永远值得牢记的那天，神授君权被扔进地狱。人权的宣扬者并没有像人们预想的那样逃之夭夭。他们坚守在大炮边，推着那些大炮越过山谷，翻越高山，把“自由、平等、博爱”的思想传播到欧洲最边远的角落，他们的马蹄踏遍整个大陆的每座城堡和教堂。

写一番这样的描述倒是毫不费力。这场革命的领袖已经死去将近一百五十年，我们尽可以拿他们开玩笑。我们甚至还可以感谢他们为这个世界做的贡献。

但是从那些日子里熬过来的人，他们曾经在某个早晨聚在自由之树下欢快地起舞，但在以后的三个月中又像下水道里的耗子一样被四处追撵。他们不可能对这场动乱作壁上观。他们一从地窖和阁楼里爬出来，就会梳掉假发上的蜘蛛网，开始想方设法避免这种可怕的灾难再次发生。

但是为了做成功的“反动派”，他们必须首先掩盖过去。这不是广义历史上的模糊的过去，而是他们偷偷摸摸地阅读伏尔泰先生的书，并公开对百科全书派表示敬佩的“过去”。现在他们把伏尔泰先生的书堆放在阁楼上，把狄罗德先生的书卖给了废品收购商，把曾经虔诚拜读过的，被认为揭示了真理的小册子扔进了焚烧的锅炉。他们想尽一切可能的办法，煞费苦心地掩盖可能暴露他们曾在自由主义王国里逗留过的蛛丝马迹。

啊，就像经常发生的情况一样，在所有的文献被小心毁掉之后，这些痛改前非的人忽视了一件重要的东西，这件东西更能揭露大众的想法，那就是舞台。他们曾经是为《费加罗的婚礼》献过无数鲜花的那代人，现在如果宣布他们从未相信过人人平等的理想有可能实现，也未免显得有些幼稚。他们曾为《智者纳旦》流过泪，现在怎么也无法再证明自己一直坚持认为宗教宽容是政府软弱的表现。

《智者纳旦》这出戏和它的成功正好证明了相反的情况。

这出戏是十八世纪后期，为了迎合民众心理的著名戏剧。它的作者是德国人，名叫哥特霍尔德·艾夫莱姆·莱辛。他是一名路德派牧师的儿子，在莱比锡大学攻读过神学。但是他不愿意以宗教为业，经常逃学。他父亲听闻此事后，把他叫回家，让他选择退学或改为学医。哥特霍尔德既不愿意当医生，也不愿意当牧师。他虽然答应父亲，又回到了莱比锡，却继续为一些他喜爱的演员朋友们做借贷担保人。后来这些人从莱比锡逃走，莱辛为了避免因债务而被捕，被迫逃往维登堡。

逃亡途中，他不得不长途步行，忍饥挨饿。他先到柏林，在那待了几年，为一些剧院的宣传刊物写文章，挣很低的稿酬维持生计。后来他又给一个准备做环球旅行的有钱朋友做私人秘书。他们刚起程，七年战争就爆发了。这个朋友被迫从军,坐上第一辆马车回家。莱辛再次失业，流落在莱比锡街头。

但莱辛是个善于交际的人，他很快又找到一个新朋友，名叫爱德华·克里斯第安·冯·克莱斯特。这位朋友白天是军官，晚上则是诗人，个性十分敏感，他让饥饿的前神学家莱辛看到了慢慢步入这个世界的新精神,但是克莱斯特在库奈尔斯多夫战役中阵亡。莱辛在山穷水尽之下，不得不当了一名报刊专栏作者。

在此后的一段时期里，莱辛又为布莱斯勒要塞司令当了一段时间的私人秘书。由于驻防生活枯燥乏味，他认真地研读起斯宾诺莎的著作。斯宾诺莎去世一百年后，他的著作才流传到国外。

然而这一切还是解决不了日常生活的问题。莱辛这时已经差不多四十岁了，他想成家。他的朋友们建议任命他当皇家图书馆的管理员。但几年前发生的一点儿事让莱辛成了普鲁士宫廷中不受欢迎的人。他第一次访问柏林时就结识了伏尔泰。这个法国哲学家很慷慨，完全没有架子。他允许这个年轻人借阅自己即将出版的《路易十四时代》的手稿。不幸的是，莱辛匆忙地离开柏林时，把手稿打在了自己的行李中（完全是偶然）。伏尔泰本来就对吝啬的普鲁士宫廷的劣质咖啡和硬板床很恼火，此事一出，他马上大喊说自己被盗，那个年轻的德国人偷走了他最重要的手稿，警方必须监视边界等等，完全像个客居外国的普通法国人。几天之后，邮差把他丢失的手稿还了回来，里面还附有莱辛的一封信，这个直率的德国青年在信中对敢于怀疑他诚实的人表达了自己的看法。

这场小风波本应该很容易被人遗忘，但在十八世纪，小风波对人们的生活有着很大的影响。直到将近二十年以后，腓特烈国王仍然喜欢他那位暴躁的法国朋友伏尔泰，所以不让莱辛在宫里出现。

因此，莱辛告别了柏林，来到汉堡。据说这里要新建一座国家剧院。但是这项规划未能实现，莱辛在绝望中接受了一个职位，在爵位世袭的布伦斯威克大公的图书馆当管理员。沃尔分布特成了他的新家，虽然这里不算是大城市，但大公的图书馆在德国却是首屈一指的。里面存有一万多部手稿，其中好几部是历史上宗教改革史上最重要的文献。

流言蜚语主要源自无聊。就因为这个原因，一个在沃尔分布特当过艺术批评家、报刊专栏作者和戏剧散文作者的莱辛成了令人怀疑的人，他不久就再次陷入困境。这倒不是因为他做了什么事，而是有人说他发表了一系列攻击路德旧派神学正统观点的文章。

这些布道（因为它们是以布道的形式出现的）实际上是汉堡一位前任牧师所写，但布伦斯威克大公想到在他的领地爆发宗教战争就感到惶恐不安，便命令他的图书馆管理员谨慎行事，避开一切争论。莱辛按照主人的要求做了，然而当时谁也没有明确说不能用戏剧的形式来写，于是莱辛开始工作，用戏剧阐释了自己的观点。

于是《智者纳旦》这部戏诞生了。主题非常古老，我在前面提到过它。喜欢古典文学的人可以在薄伽丘的《十日谈》里找到它，在《十日谈》中，它被称为《三戒之殇》。情节如下：

从前有一位伊斯兰教的王子想从他的一个犹太臣民那儿榨取一大笔钱。但因为他没有正当理由剥夺这个可怜人的财产，就想出一条诡计。他派人把这个受害者找来，对他的学识和智慧大加赞赏一番，然后问他，在现在流传最广的三种宗教——伊斯兰教、犹太教和基督教——中，他认为哪一个最正确？这个令人尊敬的长者没有正面回答王子，而是说："噢，伟大的苏丹，我给你讲个小故事！从前，一个特别富有的人，他有一个非常漂亮的戒指。他立了一个遗嘱，说他死后，哪个儿子手上戴着这个戒指，哪个儿子就能继承所有家业。他的儿子后来也立了同样的遗嘱，孙子也一样，这样过了好几百年，戒指代代相传，一切顺利。但是最后拥有戒指的主人，他有三个儿子，他都很喜爱，无法决定将戒指传给哪一个。于是他到一个金匠那里，让他做了两个和自己手上的戒指一模一样的戒指。临终时，他躺在床上，把孩子都叫来，为每个人祝福，给了他们每人一个戒指，他们也都认为自己是唯一得到戒指的那个人。父亲一下葬，三个孩子都宣布自己是继承人，因为他们都有那个戒指。这导致了许多争吵，最后他们将这件事提交给伊斯兰法官。由于这三个戒指一模一样，连法官也无法断定真伪，于是这个案件就拖了下来，很可能会拖到世界末日。阿门！"

莱辛用这个古老的民间故事证明他的观点：没有哪一种宗教可以垄断真理。人的内心世界比表面上遵奉某种规定的仪式和教条更有价值，因此人与人之间应该友爱，任何人也无权把自己视为完美无缺的偶像让别人来崇拜,也无权宣布“我比其他任何人都好,因为只有我掌握着真理”。

三十年后，这个曾在1778年备受欢迎的思想在那些小诸侯国里却不得人心。小诸侯们从大革命的洪流中极力打捞各种残存的东西。为了恢复他们失去的尊严，他们把土地拱手交给警察，并希望那些靠他们谋生的教士们能扮演思想民兵，帮助警方这支正规军重建法律和秩序。

这场不折不扣的反动取得了完全胜利，但试图按照五十年前的模式重新塑造人们思想的努力却以失败而告终。结果只能如此。的确，各个国家的大多数人都厌恶革命、骚乱、议会以及那些毫无意义的演说，还有完全破坏了工商业的各种关税。他们想要和平,不惜一切代价的和平。他们想做生意，想坐在自己的客厅里喝咖啡，不再受驻军的骚扰，不再被迫喝从橡树里挤出的恶心汁水。如果能享受到这种幸福愉快的生活，他们宁愿容忍一些小小的不便，譬如向每个戴铜纽扣的人行礼，对每个皇家邮筒鞠躬，并用“先生”来称呼官方的烟囱清理助手。

但是这种谦卑的态度完全是出于需要，完全是因为经过了长期的动乱年代，人们需要短暂喘息的结果。在那些动乱的年代，每天早晨他们都会看到新军装、新政治纲领、新政策以及天上和地上的新统治者。但如果只看到这种屈从，看到他们对上天任命的新主人高呼万岁，就断定人们在心灵深处已经忘掉了曾经激励过他们的激昂战鼓，那可就错了。

他们的政府具有所有反动独裁者都固有的思想，只要求表面上循规蹈矩和秩序井然，但对人们的内心却不管不顾。因此，平民百姓享有了很大程度的自由。星期日他们挟着一大本《圣经》去教堂，一周里剩余的时间可以用来随意思考。但条件是必须保持缄默，不公开宣扬个人的见解，他们在发表言论之前要仔细看一看，保证沙发底下或是炉子后面没有藏着密探。这个时候，他们才可以兴致勃勃地谈论时事。当从经过官方审查、反复推敲、消过“毒”的报纸上得知新主人又采取了何种愚蠢的新方法来确保王国的和平，希望能把人们带回到公元 1600 年的好日子时，他们就又会悲哀地摇头。

主人所做的事，正是有史以来所有类似的主人在类似的情况下，完全不懂人类本质的历史时所做的。这些主人以为取缔严厉批评政府的集会场所就能言论自由。只要有集会，他们就把出言不逊的演说家送进监狱，从严宣判（四十、五十或一百年的徒刑），结果这些被判刑的可怜人成了烈士。而这些可怜人在许多情况下，不过是比较轻率的蠢人，只读过几本书和一些他们根本看不懂的小册子而已。

受到这种警告，其他人都避开了公共场所，躲到偏僻的酒馆或拥挤不堪的城市旅店里发牢骚，因为他们确信这里的听众是谨慎的，他们的影响比在公共讲台上更有害。

某人因为信仰上帝而被赋予了一丁点儿权力，而这个人又时刻害怕丢掉特权，世界上没有什么事情比这更可悲了。国王也许会失去王位，也许会对某些小插曲一笑了之，因为这打破了他生活中的枯燥无味。但不论他是戴上男仆的褐色圆顶礼帽，还是戴上祖父的王冠，他毕竟还是国王。但是一个三流城市的市长，一旦被剥夺了象征地位的小木槌和徽章，就什么也不是，而只不过是一个装腔作势的可笑的家伙。因此，谁要是胆敢接近当时掌权的人，却不对这样的人表示尊敬和崇拜，灾难就会降临到他的头上。

对于那些在市长面前不低头的人，那些用学术巨著、地质学、人类学、经济学的著作公开质疑现存秩序的人，他们的处境更糟糕。

他们会立即被屈辱地剥夺赖以生存的东西，然后被从他们传播“有害”思想的城市流放，妻儿全都要靠邻居们施舍。

这种反动精神的爆发让很多人陷入困境。他们原都是些想切实根除许多社会弊病的人。然而时间是伟大的洗衣工，它早就去除了地方警察会在这些善良学者身上发现的“污迹”。今天普鲁士的腓特烈·威廉能够被人记住，主要是因为他干涉了危险的激进分子伊曼纽尔·康德的学说。康德说：我们行动的准则必须要成为普遍的法则。按照警察的记录，康德的教诲只能取悦那些“嘴上无毛的年轻人和无所事事的傻子”。坎伯兰公爵之所以臭名远扬，是因为他作为汉诺威的国王，流放了一位名叫雅各·格林的人，这个格林在一份《陛下非法废除国家宪法》的抗议书上签过字。梅特涅的名声也不好，因为他将监控延伸到了音乐的领域，查禁了舒伯特的音乐。

可怜的旧奥地利（指第一次世界大战后消失的奥匈帝国）！

旧奥地利不再存在，整个世界就对这个“快乐帝国”产生了好感，忘记这个国家曾经也有过积极的学术生活。这个国家并不只是一个令人愉快、充满优雅的乡村集会，有物美价廉的酒、粗劣的雪茄和由约翰·施特劳斯本人作曲并指挥的迷人华尔兹。

我们甚至可以进一步说，在整个十八世纪中，旧奥地利在传播宗教宽容方面起了非常重要的作用。在宗教改革运动之后，新教徒在多瑙河和喀尔巴阡山脉之间找到一块能让他们施展手脚的沃土。但鲁道夫二世成为皇帝后，这一切就都变了。

这位鲁道夫是西班牙腓力一世的化身，在这个统治者眼里，和异教徒签订的条约没有任何约束力。虽然鲁道夫受的是耶稣会的教育，但他懒惰得不可救药，这倒是让他的帝国没有发生太大的政策变动。

等到斐迪南二世继承王位，政策便发生了巨大的变化。他当君主的主要资格是，因为在所有的哈布斯堡王室中，只有他有好几个儿子。他在统治初期还参观了有名的“天使报喜宫”，这个建筑是1291年被一群天使从拿撒勒搬到了达尔马提亚，然后再迁到意大利中部的。斐迪南的宗教狂热爆发，他发誓要把他的国家变成百分之百的天主教国家。

他恪守诺言。1629年，天主教再一次被宣布为奥地利、斯特里亚、波希米亚和西里西亚的唯一官方宗教。

与此同时，匈牙利与哈布斯堡这个奇怪的家族联姻，每个新妻子都为这个家族带来了大片欧洲土地作为嫁妆。于是，出台的一些措施要将新教徒从马扎尔聚居区赶出去。但是,由于特兰西瓦尼亚在“一位论派”和土耳其异教徒的支持下，匈牙利人直到十八世纪的后半叶还保持着独立。这时奥地利内部发生了巨变。

哈布斯堡王室是教廷的忠实支持者，但由于教皇的不断干涉，最后就连这些最迟钝的人也开始感到厌烦，很想冒一次风险，制定一项违反罗马意愿的政策。

在本书的前半部分，我已经讲过，有许多中世纪的天主教徒认为教会体制是完全错误的。评论者们说，在殉道者的时代，教会实行的是真正的民主，因为它由教民的长老和主教掌管，而这些人又由教区居民推选。这些评论者承认罗马主教因为是圣彼得的直接继承人，所以有权在教会委员会里占据最重要的位置。但他们坚持认为这种权力只是荣誉性的，因此教皇就不应该认为自己高于其他主教，并且不应该把自己的影响扩大到应有的范围之外。

教皇利用各种敕令、诅咒、开除教籍等惩罚来对付这种思想，结果几个勇敢的宗教改革家因为大胆地倡导分散教会权力而丢了性命。

这个问题一直没有明确地解决过，后来在十八世纪中叶，富裕强大的特利尔主教的代理人再次提出这个思想。此人叫约翰·冯·霍特海姆，但他的拉丁文笔名“弗布罗尼乌斯”更出名。他受过自由思想的教育。在卢万大学学习了几年以后，他暂时离开家人到莱顿大学学习。他到达时，有人怀疑以加尔文主义纯粹派传统堡垒闻名的莱顿大学开始混入了自由派。等到一位名叫杰拉德·努特的法学教授被允许进入神学界，并发表推崇宗教宽容思想的讲演时，这种怀疑变得确定无疑。

霍特海姆的推理至少是很有独创性的。

他说：“上帝是万能的，他可以定下一些在任何时间和任何情况下，对所有人都适用的科学定律。所以，只要上帝愿意，就能很容易地引导人们的思想，让人们在宗教问题上持相同的观点。我们知道上帝并没有这么做。因此，如果我们胁迫别人相信我们自己认为正确的东西，我们就违背了上帝的明确意志。”

很难说霍特海姆是否直接受到了努特的影响。但是从霍特海姆的著作中可以发现伊拉斯谟理性主义思想的痕迹。后来，他在主教权力限制和分散罗马教皇权力的问题上扩充了自己的观点，并写成了著作。

不出所料，他的书立即受到了罗马教廷（1764 年 2 月）的谴责。但这时支持霍特海姆正好符合奥地利女大公玛丽亚·特蕾西亚的利益。霍特海姆发起的这场运动被称为弗布罗尼乌斯主义运动或主教统治权运动。这个运动在奥地利继续发展，最后在 1781 年 10 月 13 日，玛丽亚・特蕾西亚的儿子约瑟夫二世向臣民颁布了《宽容特许状》。

约瑟夫是他母亲的大敌、普鲁士腓特烈的软弱翻版，他总是在错误的时刻做正确的事，这可谓是他的一大才能。在过去两百年里，奥地利的家长让孩子入睡时总会吓唬说，要是不睡觉，新教徒就会把他们抓走。这样一来，要让孩子们再把新教徒（他们知道这些新教徒都长着角和一条又黑又长的尾巴）当成兄弟姐妹是根本不可能的。一群享受高薪厚禄，当着主教、枢机主教和女执事的伯伯、伯母以及表兄妹包围着约瑟，他可怜、诚实、勤奋又容易犯错，但他突如其来的勇气很值得赞扬。在天主教君主中，他第一个大胆地宣布宽容是治理国家的实用良方。

三个月后他做的事更令人震惊。公元 1782 年 2 月 2 日，他颁布了关于犹太人的著名法令，把当时只有新教徒和天主教徒才能享有的自由也扩展到了犹太人身上。而此前，犹太人觉得能被允许和基督徒的邻居们呼吸同样的空气已经很幸运了。我们应该就此打住，让读者们相信这个事业能无限地耗下去，认为奥地利现在成了思想自由的天堂。

我希望这是真的。约瑟夫和他的几位大臣可能突然有了一个认识上的飞跃，但是奥地利的农民自古以来就一直被教导敌视犹太人，将新教徒视为反叛者和叛教者，所以这些农民不可能克服敌视犹太人和新教徒这样根深蒂固的偏见。

神奇的《宽容法令》被颁布一百五十年后，非天主教人的地位仍然和十六世纪一样糟糕。从理论上说，犹太人或新教徒也能当上首相或被任命为军队总司令。但实际上，连给皇帝擦鞋的人都不愿意和他们吃饭。

关于这一纸空文，我就讲到这儿吧。

第二十九章 托马斯·潘恩

有一首诗，它的大意是，上帝在创造奇迹，巧妙又神秘。

研究过大西洋两岸历史的人，非常清楚这句诗的真实性。

十七世纪的前半叶，美洲大陆北部住着一批对《旧约》理想非常崇拜的人，不知内情的访客还把他们当作摩西的追随者而不是耶稣的信徒。他们和欧洲之间隔着浩瀚无边、波涛汹涌的大西洋。这些早期移民在美洲大陆建立了一种恐怖的精神统治，对马瑟一家发起的狂热的猎巫行动就是其顶点。

在《美国宪法》，以及英国和其前殖民地爆发战争之前的很多文件中，宽容都是被大力提倡的。乍一看，似乎很难把这两位可敬的绅士与对宽容的偏爱相关联。但实际情况确实如此。由于十七世纪极其可怕的镇压注定会导致强烈的反弹，让人们支持更自由的观点。

这并不是说，所有的殖民主义者都突然派人去找索齐尼文集，不再用索多玛与俄摩拉的故事吓唬孩子。但是他们的领袖几乎都是新思想的代表，他们用过人的才智，将自己的宽容思想灌注到羊皮宣言中，新独立民族的大厦就要在这纲领上拔地而起。

如果他们要应付的是一个统一的国家，那也就不会这么成功了。但是在北美洲建立殖民区一直都是件很复杂的事。瑞典的路德派开辟了一部分土地，法国派来的一些胡格诺教徒抵达这里，荷兰的阿米尼乌斯派则占领了一大块土地，而英国的各个教派则都想在哈德逊湾和墨西哥湾之间的荒凉地带建立起自己的小天堂。

这有助于各种宗教发展出势均力敌的态势。在某些殖民地，一种最原始的宽容方式出现了，而在正常情况下，他们本来是不共戴天的敌人。

对于那些靠坐收渔利而获益的教士阶层而言，这个发展状况实在让他们烦恼。在仁爱的新精神到来许多年之后，他们仍然在为维持旧的“正派”理想斗争。虽然收效甚微，但他们确实让年轻人对他们的教义敬而远之。在年轻人看来，这个教义的仁爱似乎是从比它更野蛮的印第安邻居那儿借用来的。

对我们国家来说，幸运的是，在这场争取自由的长期斗争中，首当其冲的正是那些人数不多却异常勇敢的反对者。

思想的传播是迅速的，甚至一条仅重八十吨的小双桅帆船就足以传播能颠覆整个大陆的新思想。十八世纪的美国殖民主义者没有雕塑和大钢琴，但他们书很多。十三个殖民地中的有识之士开始明白，这个大世界正受到某种思想的影响。这在星期日的布道中是听不到的。那时的书商成了先知。他们虽然公开与教会决裂，表面的生活也没什么改变，但时机一到，他们马上就证明自己是特兰西瓦尼亚老公爵最忠实的信徒，那位老公爵拒绝迫害“一位论派”信徒，理由是因为仁慈的上帝自己已经明确地保留了这三种权利："从无中创造有，未卜先知以及支配人的良知。"

当他们需要为自己的国家制定一个未来治理的具体政治和社会纲领时，这些勇敢的爱国者就把自己的思想写进文件中。在文件里，他们把自己的思想置于民意这个最高法庭面前。

如果弗吉尼亚的善良公民知道他们洗耳恭听的一些讲演是由他们的大敌——自由主义者——启发的话，他们一定会被吓得魂不附体。然而最成功的政治家托马斯·杰弗逊本人就是一个思想特别自由的人。他说宗教必须用道理和良知来规范，而不能用武力或暴力，他又说所有的人都有同等的权利,可以按照自己良知的指引自由地信仰宗教。这时，他只是在重复以前伏尔泰、培尔、斯宾诺莎和伊拉斯谟思考过或写过的东西罢了。

后来人们又听到这样的异端邪说："在美国谋求任何公职都不需要公开自己的信仰。"或者说："国会不应用法律来干涉宗教问题，也不能禁止宗教权利的自由行使。"美国的反叛者们默认并接受了这种做法。

就这样，美国成为第一个政教明确分离的国家，成为第一个公职候选人接受任命时不用出示主日学校毕业证的国家，在法律上成为第一个人民可以自由信仰的国家。

但这里和奥地利（或者就这个问题来说的其他任何地方）一样，普通百姓比领袖们要落后得多,领袖们稍微偏离旧道,普通人就跟不上了。许多州不仅继续对不属于主流宗教组织的百姓施加限制，而且纽约、波士顿和费城的人对异见者依然不宽容，好像他们从未见过美国宪法一样。在托马斯·潘恩这件事上，一切问题很快暴露了出来。

托马斯·潘恩为美国的事业做出了巨大的贡献。

他是美国独立战争的宣传员。

从血统上讲，他是英国人，职业是水手，在本性和所受的训练上看，他是个反叛者。

他去美国殖民地时已经四十岁了。有一次，他在伦敦遇见了本杰明·富兰克林，接受了“西行”的建议。1774年，他带着富兰克林的亲笔介绍信，乘船驶往费城，帮助富兰克林的女婿理查德·巴赫创办了《费城报》。

托马斯是个老牌的业余政治家，他很快就发现自己处在了考验灵魂的重大事件之中。不过他的头脑特别有条理。他收集了美国人的各种不满情绪，将其编成小册子。这本小册子篇幅不长，但写得很好看。小册子通过“常识”，告诉人们要相信美国的事业是正义的，它值得所有忠心的爱国者们诚挚参与。

这本小册子马上流传到了英国和欧洲大陆，许多人有生以来第一次知道有个“美利坚民族”，这个民族完全有理由也具有神圣的职责向宗主国宣战。

独立战争刚一结束，潘恩就回到欧洲，把英国政府的各种预存行为指给英国人民看。那时塞纳河两岸正发生着可怕的事情，体面的英国人隔着海峡遥望对面的情况，内心已经非常怀疑。

一个叫爱德华·伯克的人在恐慌之下，刚刚发表了《对法国大革命的反思》。潘恩马上用《人权论》义愤填膺地予以回击，结果英国政府让法院以叛国罪审判他。

同时，他的法国崇拜者们已经将他选入国民大会。潘恩完全不懂法语，但是个乐观主义者，他接受了这项荣誉，来到巴黎。在巴黎待了一段时间，受到罗伯斯庇尔的怀疑后，他才离开。潘恩知道自己随时有可能被捕或砍头，就赶忙完成了他关于生活哲学的一本书。这本书名为《理性时代》，书的第一部分是在他入狱时发表的，第二部分是他在狱中的十个月里完成的。

潘恩认为，真正的宗教，也就是他称之为“人性的宗教”，有两大敌人，一个是无神论，另一个是宗教狂热。但他在表达这种思想时，遭到了大家的攻击。1802 年他回到美国，受到了人们极大的仇视。最后，“肮脏可鄙的无神论者”这样的名声在他去世后还伴随了他一个多世纪。

他确实没有被怎么样。既没有被绞死烧死，也没有在轮子上被分尸，只是所有的邻居都排挤他。当他壮着胆子要出门时，大人就怂恿小孩子向他吐舌头，他去世的时候已经成了被人唾弃遗忘的人。他撰写了讽刺的文章，反对法国大革命中的其他主要人物，以此发泄自己的愤怒。

这就像有了一个好的开头，但结局却十分不幸。

但同样的事情在近两千年的历史中反复重演。

一旦公众的不宽容成为强弩之末，个人的不宽容又开始了。

官方死刑刚唱罢，私刑又接着登场。

第三十章 过去一百年

二十年前写这本书一定很容易。那时在大多数人的头脑中，“不宽容”这个词几乎完全和“宗教不宽容”是同义词。历史学家写道“某人是为宽容而战的斗士”，一般人都会认为此人毕生都在反对教会和职业教士的暴政。

然后大战爆发。

世界发生了很大变化。

本来只有一种不宽容的制度，之后又有了十几种。

本来人对同类只有一种形式的残忍，现在有了几百种。

社会刚开始摆脱宗教偏执的恐怖，又不得不忍受更多更让人痛苦的种族不宽容、社会不宽容以及许多不足挂齿的不宽容。十年前，人们甚至没有想过这些不宽容形式的存在。

许多善良的人直到最近还活在快乐的幻觉之中，认为进步是一块自动表，只要偶尔认可，就不用再上发条，这样的想法似乎太可怕了。

他们悲伤地摇着头，喃喃地说："虚妄，虚妄，所有这一切皆是虚妄！"他们抱怨人类本性令人讨厌的顽固，一代又一代的人进入学校，却总是拒绝吸取教训。

在完全绝望之下，他们加入了迅速增长的精神失败主义者的行列，依附于这个或那个宗教制度（这样能把自己的包袱转移到别人身上），他们用最令人悲哀的语调宣布自己失败了，此后将不再参与他们之后的社会俗事。

我不喜欢这种人。

他们不仅是懦夫。

他们是未来人类的叛徒。

话说到这里，如果有解决的办法，那又应该是什么?

我们对自己要诚实。

没有任何解决的办法。

起码在当今的世界上是没有的，世人都要求立竿见影，希望借助数学公式或药的配方或国会的法案，迅速而又轻松地解决世上的所有难题。但是我们这些习惯用发展的眼光看待历史的人，知道文明不会在二十世纪开始或结束的，这样一想，倒会觉得还略有希望。

现在我们听到许多人悲哀地谈到恶性循环（像"人一向如此"，"人将来也不会变"，"世界从未变过"，"情况和四千年前完全一样"），都是不符合事实的。

这是个错觉。

进步的轨迹常常中断，但是我们如果把感情上的偏见搁置，对过去两万年来的历史做个清醒的判断（我们对这段时期多少还掌握了一些具体的材料），就会注意到，人从几乎难以启齿的野蛮升华到了一种境界，过程虽然缓慢，却是毋庸置疑的，而且未来应该会更好。这是千真万确的，即使是第一次世界大战也不会动摇这一坚定的信念。

人类具有难以置信的生命力。

它经受住了神学的考验。

总有一天，它也会经受住工业主义的考验。

它经受住了霍乱和瘟疫，残酷迫害和清教法规。

人类将学会怎样克服许多困扰这一代人的精神疾病。

历史小心地揭示了自己的秘密，它已经给我们上了伟大的一课。

人能系铃，也能解铃。

这首先是勇气的问题，其次是教育的问题。

当然这听起来像是老生常谈。在过去的一百年中，我们的耳朵被“教育”灌满，甚至厌恶这个词，希望回到过去，那时的人既不会读也不会写，但能用过剩的精力偶尔进行独立思考。

但是，我这里说的“教育”不是指纯粹的事实积累，这种积累被看作是现代孩子们必要的精神基础。我想说的是对现状的真正理解，这种理解是建立在过去慷慨大度的知识之上的。

在这本书中我已经努力证明，不宽容不过是“群氓”自卫本能的一种表现。

一群狼不会容忍一只与众不同的狼（无论强弱），它们一定会除掉这个不受欢迎的伙伴。

在一个食人部落里，如果某个人的癖性会激怒上帝，给整个村庄带来灾难，部落就不会容忍他，而将此人残忍地放逐到荒野之中。

在希腊城邦中，谁要是胆敢质疑社会的基石，他就无法在城邦神圣的高墙内久留。在一次不宽容情绪可悲的爆发中，苏格拉底被仁慈地判处饮鸩自绝。

在古罗马，如果允许几个好心的狂热分子无视某些法律（自从罗慕路斯时代起，这些法律就被认为是不可缺少的），那么罗马帝国就不可能生存下去。因而它只得违背自己的意愿去做不宽容的事情，而这完全有悖于它的传统的自由政策。

教会其实是这个古老帝国版图上的精神继承人，它要生存，就得要求最恭顺的臣民绝对服从。所以教会被迫走向镇压与凶残的极端，致使许多人觉得相比之下，连土耳其人都要比基督教仁慈。

反对教会暴政的著名宗教改革家总是处在重重困难之中，但是他们要想生存，就必须对所有的精神创新或科学实验不宽容。于是在“宗教改革”的名义下，他们又犯了（或试图去犯）刚刚让自己的敌人丢掉权势的错误。

就这样一直循环，生命本来是光荣的冒险，结果变成了可怕的经历，之所以这样，是因为迄今为止人类的生存完全被恐惧所笼罩。

我要重复一遍，所有不宽容都源自恐惧。

无论迫害的方法和形式是什么，都源自恐惧，迫害越凶残，越表现出施加迫害者的恐惧程度。

我们一旦认清了这个事实，马上就有了解决这个难题的方法。

人们在没有受到恐惧笼罩的时候，是很愿意倾向正直和正义的。

到现在为止，人们很少有机会实践这两个美德。

但不管怎么说，我觉得自己有生之年看不到这两个美德得到践行，也没有什么关系。这是人类发展的必经阶段。人类毕竟是年轻的，应该说太过年轻，年轻得荒唐可笑。要求一个在几千年前才开始独立的哺乳动物具备这些只有随着年龄和经验的增长才能获得的美德，这既不合理，也不公平。

而且，它会歪曲我们的思想。

当我们本该耐心的时候，它让我们愤怒。

当我们本该怜悯的时候，它让我们口出恶言。

在写这本书的最后几章时，往往有一种诱惑力，那就是扮演苦难先知的角色，做一点业余的说教。

老天千万别让我这样!

生命是短暂的，而说教会没完没了。

如果一件事无法言简意赅地说清楚，不如不说。

我们的历史学家犯了一个大错。他们高谈阔论史前时代，告诉我们希腊和罗马的黄金时代，对一段所谓的黑暗时代信口评论。他们还歌颂比过去昌盛十倍的现代。

如果这些学识渊博的博士偶然发现，人类的某种情况似乎与他们拼凑的美丽画面并不吻合时，他们就会喃喃地道歉，说某些不理想的情况是继承自过去野蛮时代的残余，但时机一到，这些情况就会像马车让位于火车一样，早晚会消失的。

听起来不错，但事实并非如此。认为我们是时代的继承人会满足我们的虚荣心，但如果我们知道自己的本质——我们只是穴居人的当代化身，是叼着香烟、开着福特汽车的新石器时代的人，是坐着电梯回家的穴居人——那对我们精神健康倒更好些。

也只有这样，我们才能向还隐藏在未来崇山峻岭之中的目标迈出第一步。

只要这个世界还被恐惧所笼罩，那谈论黄金时代，谈论现代和进步都是浪费时间。

只要不宽容是我们的自保法则中必不可少的一部分，那么要求宽容简直是犯罪。

宽容总有一天会大行其道。那时，不宽容会像屠杀无辜的俘虏、烧死寡妇和盲目崇拜一纸文字那样成为荒谬之事。

为了这一天的到来我们可能要等一万年，也可能要等十万年。

但是，这一天一定会到来，只要人类战胜自己的恐惧，取得有史以来第一个真正的胜利，那么这一天就不会遥远。

康涅狄格州西港

1925 年 7 月 19 日

亨德里克·威廉·房龙

Hendrik Willem Van Loon

(1882—1944)

荷兰裔美国人。作家、历史地理学家。

著有《宽容》《人类的故事》《文明的开端》和《圣经的故事》等作品。

吴奕俊

毕业于英国华威大学，现任教于暨南大学外国语学院，中国翻译协会会员。曾出版《习惯的力量》《大国与将军》和《惠特妮·休斯顿传》等译著。

陈丽丽

毕业于华南师范大学，现任教于广州航海学院外国语学院。曾出版《穷忙》《预言家丘吉尔传》和《欲惑》等译著。

谢谢。您选择的是一本果麦图书

诚邀关注“果麦文化”微信公众号

宽容

产品经理｜周　延

设 计 师｜裴峰南

媒介推广｜王维思

技术编辑｜顾逸飞

特约印制｜刘　淼

策划助理｜武红利　杨　威　郭宏雪　袁紫千　袁　野

策 划 人｜陈　勤　路金波

图书在版编目(CIP)数据

宽容 / (美)房龙著;吴奕俊,陈丽丽译. -- 南昌:江西人民出版社, 2016.5

ISBN 978-7-210-08409-9

Ⅰ.①宽… Ⅱ.①房… ②吴… ③陈… Ⅲ.①思想史—世界 Ⅳ.① B1

中国版本图书馆 CIP 数据核字 (2016) 第 084883 号

《宽容》

[美] 亨德里克·威廉·房龙 著

责任编辑 / 王华

出版发行 / 江西人民出版社

印刷 / 北京旭丰源印刷技术有限公司

版次 / 2016 年 5 月第 1 版

2017 年 6 月第 3 次印刷

开本 / 880 毫米 ×1230 毫米 1/32 印张 / 10.25

字数 / 220 千字

书号 / ISBN 978-7-210-08409-9

定价 / 49.00 元

赣版权登字—01—2016—239